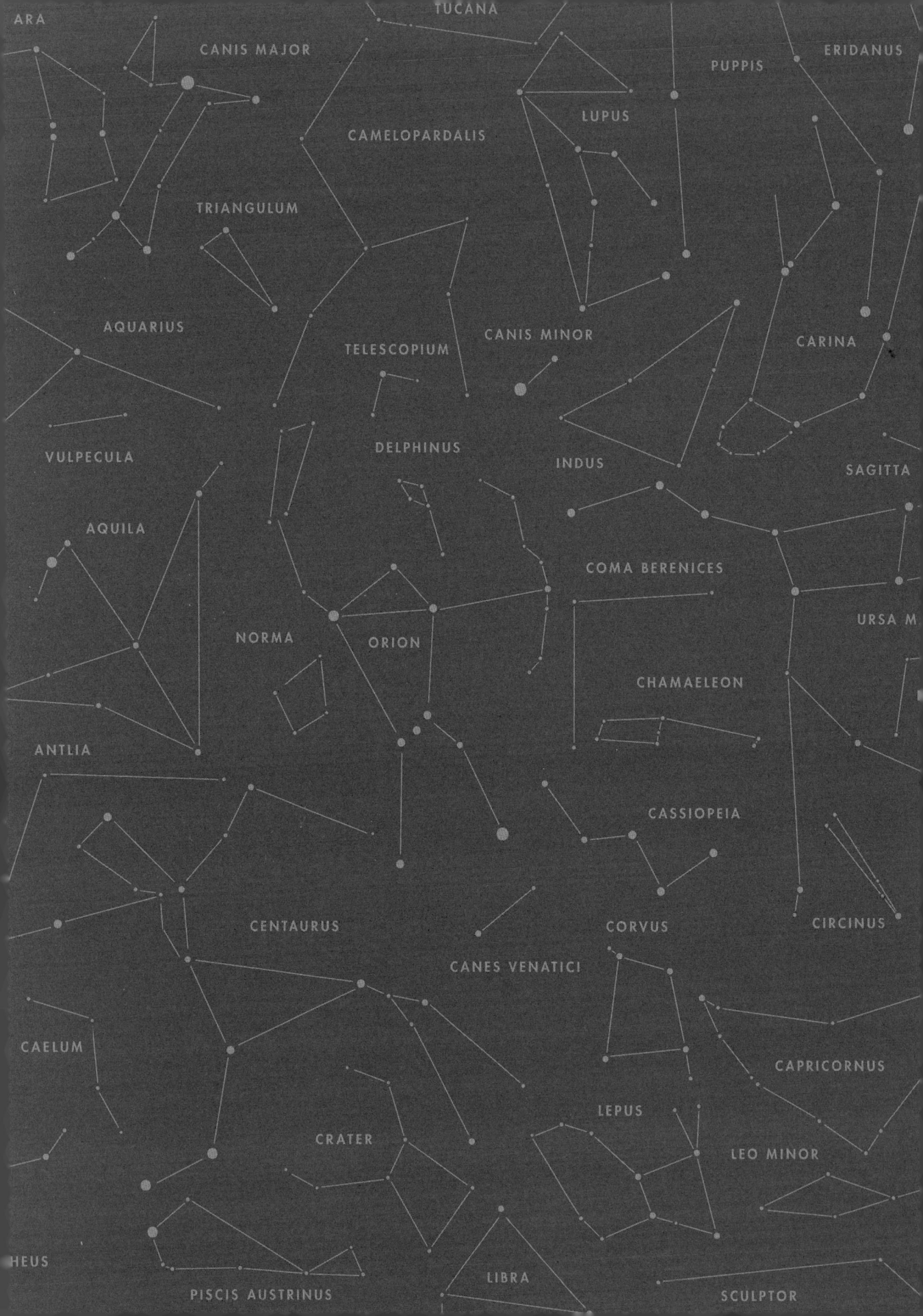

SUSANNA HISLOP

ALS DIE GÖTTER NOCH MIT MENSCHEN RANGEN

GESCHICHTEN, DIE UNS DIE STERNE ERZÄHLEN

MIT ILLUSTRATIONEN VON
HANNAH WALDRON

ÜBERSETZUNG AUS DEM ENGLISCHEN VON
KARIN WEINGART

QUADRIGA

Die Übersetzung des Gedichts auf Seite 70 stammt aus
William Butler Yeats, Die Gedichte
Die Rechte an der deutschen Übersetzung von Marcel Beyer, Mirko Bonné,
Gerhard Falkner, Norbert Hummelt und Christa Schuenke liegen beim
Luchterhand Literaturverlag, München, in der Verlagsgruppe Random House GmbH

FÜR MEINE MUTTER,
EINE GROSSARTIGE GESCHICHTEN-
ERZÄHLERIN, DIE MIR BEIGEBRACHT HAT,
STEINSUPPE ZU KOCHEN.

S.H.

· ·

FÜR WILF.

H.W.

INHALT

»I SPY IN THE NIGHT SKY«
(BLUR, *FAR OUT*)

....

ICH STEHE irgendwo mitten auf einem Acker. Meine Freunde und Freundinnen habe ich schon vor Stunden aus den Augen verloren; es ist noch die Zeit, in der nicht jeder ein Handy hat – geschweige denn eine Fünfzehnjährige. Matsch dringt unerbittlich durch die Plastiktüten, die ich mir mit Klebeband um die Sneakers gewickelt habe, damit sie einigermaßen wasserdicht sind.

Ich kenne die Worte aus dem Effeff. Lautstärke und Inbrunst, mit denen ich sie gröle (gemeinsam mit Tausenden anderer, die sich verhalten wie Teilchen eines dichten Gases unter einer Glasglocke: Mal stoßen sie zusammen, mal geht einer ein Bier holen), stehen in direktem Verhältnis zu der unvergleichlichen Leidenschaft, die ich für die vier Stars vor mir empfinde.

Obwohl ich die Worte Hunderte von Malen gesungen habe – in meinem Zimmer, auf pheromongeschwängerten Partys, selbst beim Sport –, ist mir vollkommen schleierhaft, was sie bedeuten. Ich könnte sie weder buchstabieren noch schreiben: Für mich sind es einfach nur Laute und Silben.

Deshalb weiß ich auch nicht, dass Alex James über Astronomie singt. Und dass es sich bei den seltsamen Wörtern dieses Blur-Songs, die ich lauthals in den Nachthimmel schicke, um die Namen der Monde, Planeten und Sterne über mir handelt. Aber selbst wenn ich mir der Bedeutung des Textes, der in meine Fantasie einsickert, bewusst wäre, bezweifele ich, dass ich den Kopf gehoben hätte: Es schüttet wie aus Eimern, und das Wasser hämmert in dicken Tropfen auf die Kapuze meiner Regenjacke. Würde sich mein Blick jedoch trotzdem von den hellen Lichtern der Bühne lösen und in den Juni-Himmel schweifen, könnte ich womöglich Scorpius und Sagittarius erkennen, die sich ihrem höchsten Punkt nähern, oder das funkelnde Diadem der Corona Borealis direkt über mir, eventuell sogar Altair und Wega, zwei der Sterne, die mir so viel bedeuten, selbst in dem Song, von dem ich kein Wort verstehe, und die zusammen mit Deneb das Sommerdreieck bilden, das gerade am Himmel steht.

Im Moment jedoch singe ich nur. Ich singe die mir unbegreiflichen Worte eines Liedes, das mir die Freuden, die ungeheure Ausdehnung und die Mysterien des Universums erklären soll – und mir vollkommen einleuchtet.

...

Etwa in der Mitte des 2. Jahrhunderts unserer Zeitrechnung verfasste der aus Griechenland stammende ägyptische Mathematiker und Geograf **Claudius Ptolemäus** in Alexandria eine wissenschaftliche Abhandlung über Astronomie, die in Umfang und Aufgabenstellung ihresgleichen suchte. Denn sie stellte nicht nur den Gipfel des griechisch-römischen Wissens zu diesem Themenkomplex dar, sondern prägt sogar noch unsere heutige Art der Himmelsbetrachtung. Im Mittelpunkt dieser Abhandlung stand ein Katalog von mehr als tausend Sternen, angeordnet in 48 Sternbildern, mit deren Hilfe wir den Himmel bis in unsere Tage kartieren. Das Werk beruhte zum Großteil auf den Beobachtungen des griechischen Universalgelehrten **Hipparchos** aus dem 2. vorchristlichen Jahrhundert und war in mancherlei Hinsicht auch ein Abgesang auf die hellenische Astronomie; im 8. Jahrhundert unserer Zeitrechnung befand sich das Zentrum dieser alten Wissenschaft längst nicht mehr in Alexandria, sondern in Bagdad. Die arabischen Manuskripte der *Mathematike Syntaxis* – so der Titel der monumentalen Abhandlung – blieben glücklicherweise erhalten. Sie avancierte schnell zu einer Art Bibel der Astronomie, bekannt unter ihrem arabischen Titel *Almagest*. Viel weniger gesichertes Wissen haben wir über ihren Autor, den berühmten, mythenumrankten Ptolemäus.

Mit unserer Neugier in Sachen Sterne verhält es sich ganz ähnlich wie mit der Faszination, die von der Person des Ptolemäus für die Geschichte ausgeht: Sie dreht sich nicht weniger um Storys, Mythen und Geschichten als um wissenschaftliche Erkenntnisse. Jedes astronomische System, das die Geschehnisse am Firmament zu erklären versucht, repräsentiert den Wissensstand der Gesellschaft, die es hervorbringt – zugleich spiegelt es aber auch ihre Kultur wider: Denn die Art und Weise, wie ein Volk die Sterne kartiert, ist immer ein Destillat seiner kollektiven Fantasie. Wie der englische Schriftsteller und Maler John Berger schreibt:

> *Diejenigen, die die Sternbilder erfanden und ihnen Namen gaben, waren große Geschichtenerzähler. Indem sie verschiedene Himmelskörper durch eine imaginäre Linie verbanden, verschafften sie ihnen ein Image und eine Identität. Die Sterne, die auf dieser Linie lagen, waren wie einzelne Episoden, die sich zu einer Erzählung zusammenfügten. Natürlich hat die Vorstellung von Sternbildern nichts an den Himmelskörpern selbst verändert, genauso wenig wie an der schwarzen Leere, von der sie umgeben sind. Was sie aber verändert hat, ist die Art und Weise, wie der Nachthimmel gedeutet wurde.*

Bei allem Empirismus, der in Ptolemäus' Meisterwerk steckt, ist es schwer vorstellbar, dass es sich Tausende von Jahren hätte halten – und geliebt werden – können, wenn es nicht eine ebenso brillante Zusammenstellung von Mythen wäre wie von mathematischen Erkenntnissen.

Ptolemäus war nicht der Erste, der die Geschichte von einer wild knurrenden Bestie am Nachthimmel erzählte oder die von dem Jäger, der übers Firmament jagt, gefolgt von seinen Hunden, doch war er der Erste, der den Bären von Ursa Major in die Beschreibung des Himmels aufnahm und Orion mit seinem Gürtel. Wir werden nie erfahren, wie aus den Geschichten, die vor Tausenden von Jahren unsere Vorfahren erzählten – welche von Wüsten oder Berggipfeln oder den staubigen Straßen ihrer alten Städte aus in das weite Dunkel über ihren Köpfen schauten –, genau die Legenden wurden, die Ptolemäus in seinem *Almagest* mit so großer Bestimmtheit dingfest machte. Ebenso wenig werden wir je herausfinden, auf welche Weise die Tiere, Götter und Helden, die in Assyrien, Babylonien oder im alten Ägypten verehrt wurden, über Jahrhunderte und Weltmeere hinweg ihren Weg in den griechischen Zeitgeist fanden. Auch das Rätsel, wie diese Gestalten ihren Namen veränderten und zu Römern wurden, werden wir wohl nie lösen. Was zu der ewigen Frage führt, ob wir den Helden, der die berühmten zwölf Horrorarbeiten verrichtete, **Herkules** oder **Herakles** nennen sollen. Oder ob die Königin der Götter **Hera** oder **Juno** heißt. (Für dieses Buch habe ich beschlossen, ganz nach Gusto mal den einen, mal den anderen Namen zu verwenden.)

X

Nachdem die Alten das Sternenwissen Mesopotamiens verschlungen und als ihr eigenes wieder ausgeschieden hatten, bastelten auch die Araber, mittelalterliche Mönche, kühne Reisende im 16. Jahrhundert und die mit Teleskopen ausgestatteten Astronomen der Aufklärung an den siderischen Storys der Vergangenheit herum. Noch im vorletzten Jahrhundert versuchte ein Kartograf namens Schiller, den Himmel zu christianisieren, indem er alle Sternbilder mit biblischen Namen und entsprechenden Geschichten versah. Im letzten Jahrhundert ging dann ein Hersteller von Globen her und orientierte sich bei der Darstellung der Sternbilder an Episoden aus *Alice im Wunderland*. Und das alles spielte sich nur im Rahmen der westlichen Sichtweise ab. In China war die Astronomie genauso komplex, beruhte aber auf einem vollkommen anderen System. Und die Vielzahl der von den Kolonialmächten zumeist ignorierten Mythen der indigenen Völker beginnt überhaupt erst allmählich auch in das Bewusstsein von Menschen außerhalb der Kulturen einzudringen, die sie hervorgebracht haben.

Zudem hatten die Entwicklungen auf den Gebieten der Astronomie und Nautik im Laufe der Zeit zur Folge, dass ganz neue Sternbilder ge- beziehungsweise erfunden werden mussten, deren Urheber der nunmehr erweiterten Himmelskartografie ebenfalls ihren Stempel aufdrückten, ob es sich nun um die europäischen Forschungsreisenden handelte, die komplette Kontinente neu entdeckten und den dortigen exotischen Tierarten die Ehre erweisen wollten, oder um die Naturwissenschaftler des 18. Jahrhunderts, die bis dato unbekannte Galaxien ausmachten und den Instrumenten, die ihnen dies ermöglicht hatten, ein Denkmal am Himmel setzten.

All das hatte zur Folge, dass zu Beginn des 20. Jahrhunderts nicht nur eine Vielzahl von Geschichten vorlag, die einander oft widersprachen, sondern auch von Sternenatlanten, die den Nachthimmel katalogisierten und kartierten. Doch während für den Geschichtenerzähler die mysteriösen Schichten aus Folklore, Fakten und Fiktion, die den Sternbildern zugrunde liegen, ein wahres Vergnügen ist, erweisen sie sich für den Sterngucker oft als wenig hilfreich. Die Himmelsdarstellungen, die die einzelnen Kartografen im Laufe der Zeit und auf den jeweiligen Kontinenten erstellten, unterschieden sich nicht nur in puncto Definition und Abbildung der Figuren am Firmament, sondern auch im Hinblick auf Namen und Anzahl der Sternbilder sowie auf die Himmelskörper, aus denen sie sich zusammensetzten. Hinzu kam (und kommt auch heute noch) eine weit verbreitete Unsicherheit in der Unterscheidung zwischen Asterismen – bei denen es sich um bloße Muster aus Sternen handelt, wie zum Beispiel beim Großen Wagen – und Sternbildern wie Ursa Major, die (obwohl sie historisch auch oft als Bilder gesehen werden) Segmente des Nachthimmels darstellen nebst allem, was sich darin befindet. Im Unterschied zu einigen nichtwestlichen Kulturen definierten die alten Griechen und auch noch all die Astronomen, die ihnen folgten, die Sternbilder informell anhand der Umrisse von Tieren, Göttern und Helden, die sie in den Sternen zu sehen meinten. Zu Beginn des 20. Jahrhunderts jedoch konnte dieses antiquierte, unpräzise System mit dem Tempo, in dem die Astronomen – auch dank der zunehmend komplexen Technologie, die ihnen zur Verfügung stand – immer neue Sterne entdeckten, nicht mehr Schritt halten.

Deshalb machte sich die drei Jahre zuvor gegründete Internationale Astronomische Union (IAU) 1922 daran, die herrschende Verwirrung auszuräumen, und verständigte sich auf die 88 offiziellen Sternbilder, die wir heute kennen. Ferner wurde der belgische Astronom **Eugène Delporte** mit der Erstellung einer verbindlichen Karte beauftragt, aus der auch die historisch umstrittenen Grenzlinien hervorgingen. 1930 verständigte man sich international auf eine offizielle, wissenschaftlich begründete Methode, den Nachthimmel zu kartieren: Von da an war ein Sternbild nicht länger ein Muster aus Sternen, die durch imaginäre Linien miteinander verbunden sind, sondern ein exakt lokalisierbares Teilstück der Himmelssphäre.

In diesem Buch geht es nicht um die Feinheiten der Astronomie (wäre dies der Fall, hätte ich es gar nicht schreiben dürfen, denn ich kenne mich zwar mit den Geschichten der Sterne aus, nicht aber in der Wissenschaft, die sich mit ihnen befasst). Dessen ungeachtet haben die Illustratorin Hannah Waldron, der Buchgestalter Will Webb und ich dem vorliegenden Atlas der Fantasie doch auch einige einfache astronomische Elemente beigegeben. Die gepunkteten Linien in Hannahs Zeichnungen entsprechen den von der IAU veröffentlichten offiziellen Begrenzungslinien der Sternbilder. Asterismen erkennt die Internationale Astronomen Union zwar nicht direkt an, jedoch weist sie durchaus auf die »traditionellen« Verknüpfungen zwischen den Sternen hin, aus denen sich ihre Muster ergeben, und an diese halten auch wir uns überwiegend. Bei der Zeichnung der Figuren hat sich Hannah dieselben wunderbaren Freiheiten herausgenommen wie früher die Illustratoren der großartigen alten Himmelsatlanten. Von den Geschichten, die ich über die einzelnen Sternbilder erzähle, ließ sie sich dabei inspirieren – und hat sie wiederum ganz herrlich illustriert. Apropos: Die orangefarben eingezeichneten Sterne, aus denen die Figuren bestehen, werden anhand ihrer Magnitude dargestellt, der »scheinbaren Helligkeit«, in der man sie von der Erde aus sehen kann. Je kleiner die Magnitudenzahl eines Sternes ist, desto heller kommt er uns vor. Die unterschiedlichen Größen der orangefarbenen Punkte weisen also auf die Unterschiede in der Helligkeit hin und finden sich am Fuß jeder Seite wieder. Sterne innerhalb der von der IAU festgelegten Sternbildgrenzen, die nicht zu einem Muster verbunden sind, deren Magnitude aber höher ist als 4, erscheinen als winzige blaue oder weiße Kreise innerhalb der gepunkteten Grenzlinien und strukturierten Muster der jeweiligen Illustration. Ihre Magnitude wurde jedoch nicht einzeln vermerkt. Traditionell verwendet man griechische Buchstaben, um einzelne Sterne zu kennzeichnen und ihre Helligkeit zu bestimmen, wobei α für den hellsten Stern eines Sternbildes steht, gefolgt von β, γ und so weiter. In den Illustrationen verwenden wir diese Buchstaben zwar nicht, doch im Text greife ich mitunter darauf zurück. Und in diesem sind – um auch das noch zu erklären – die Namen der Sternbilder orangefarbig hervorgehoben und die sowohl von mythologischen Gestalten als auch »realen Figuren«, die in mehr als einer Geschichte auftauchen, halbfett. Und ich kann jetzt nur noch hoffen, dass Sie genauso viel Spaß daran haben werden, die einzelnen Punkte miteinander zu verbinden, wie ich ihn beim Schreiben hatte.

Nun ist es aber eine Sache, den Sternen ihre Geschichten zu entlocken, und eine ganz andere, wesentlich schwierigere, mit der Himmelskartografie klarzukommen. Und deshalb hier noch ein letztes bisschen Astronomie, das Ihnen dabei vielleicht behilflich sein kann: Bei der Himmelssphäre handelt es sich um eine imaginäre Kugel, die über die Erde projiziert wird. So entsteht eine Art Kuppel, eine Kugel, mit deren Hilfe die Astronomen den Nachthimmel vermessen. Dieser wird in eine Nord- und eine Südhalbkugel (Hemisphäre) unterteilt – und der Anblick der Sterne unterscheidet sich je nach Aufenthaltsort genauso sehr wie die Kulturen und Mythen, die die Himmelskörper beschreiben. Grob gesagt können wir zu jedem gegebenen Zeitpunkt etwa die Hälfte des Himmels sehen – die Erdrotation und der jeweilige genaue Standort bestimmen darüber, welche andere Hälfte sich gerade unter unseren Füßen verbirgt. Mit anderen Worten: Die tägliche Umdrehung unseres Planeten sowie sein Jahreslauf um die Sonne bestimmen unsere Sicht der Sterne.

Diese »einfachen« Bewegungen sind es, die unsere Liebesaffäre mit dem Nachthimmel überhaupt erst möglich machen. Die Sternbilder verschieben sich mit den Jahreszeiten, sodass sich uns in der Dunkelheit von Monat zu Monat andere Eindrücke präsentieren. Es ist wie bei einer Laterna magica, die keine Schatten auswirft, sondern Lichter, helle, helle Lichter, die wiederum die Legenden vieler Generationen in Bilder verwandeln.

· · ·

Auf dem Weg zur Schule streite ich mich mit meiner Freundin. Ihre Haare sind grün, sie schaut eigentlich immer grimmig drein und ist ein genauso leidenschaftlicher Blur-Fan wie ich. Fast jeden Morgen haben wir dieselbe Auseinandersetzung, mal mehr, mal weniger heftig. Was ist wichtiger: Kunst oder Wissenschaft? Noch fünfzehn Jahre später wird sie den Argumenten, die ich für das Primat der Kunst vorbringe, schwer zusetzen. Dann wird sie nämlich ein lebensbedrohliches Jahr in Usbekistan verbringen und gegen eine entschieden medikamentenresistente Form der Tuberkulose ankämpfen. In Wirklichkeit sind die beiden aber natürlich untrennbar: Geschichten sind Wissenschaft, und Wissenschaft besteht aus Geschichten. Wir schauen uns um, erkennen Muster und versuchen, uns einen Reim darauf zu machen.

Und wir schauen hoch, in den Himmel.

Das für Geschichtenerzähler so Wunderbare am Sternegucken ist: Über unseren Köpfen breitet sich quasi ein leeres Blatt Papier aus (nur eben schwarz statt weiß). Beziehungsweise eine mit hellen Punkten gespickte Leinwand nebst einem ganzen Sack voller Mythen, Religionen, Wiegenliedern und Märchen, mit deren Hilfe wir die Punkte miteinander verbinden können. Ein ganzes Universum von Geschichten, die nur darauf warten, dass wir sie uns ausborgen, und die genauso dem Wandel unterworfen sind wie die Sterne – nicht weniger glänzend und magisch als diese, aber auch immer kurz davor, zu explodieren und sich aus den Gasen und dem Staub der Geschichte zu vollkommen neuen Geschichten zu formieren.

SUSANNA HISLOP

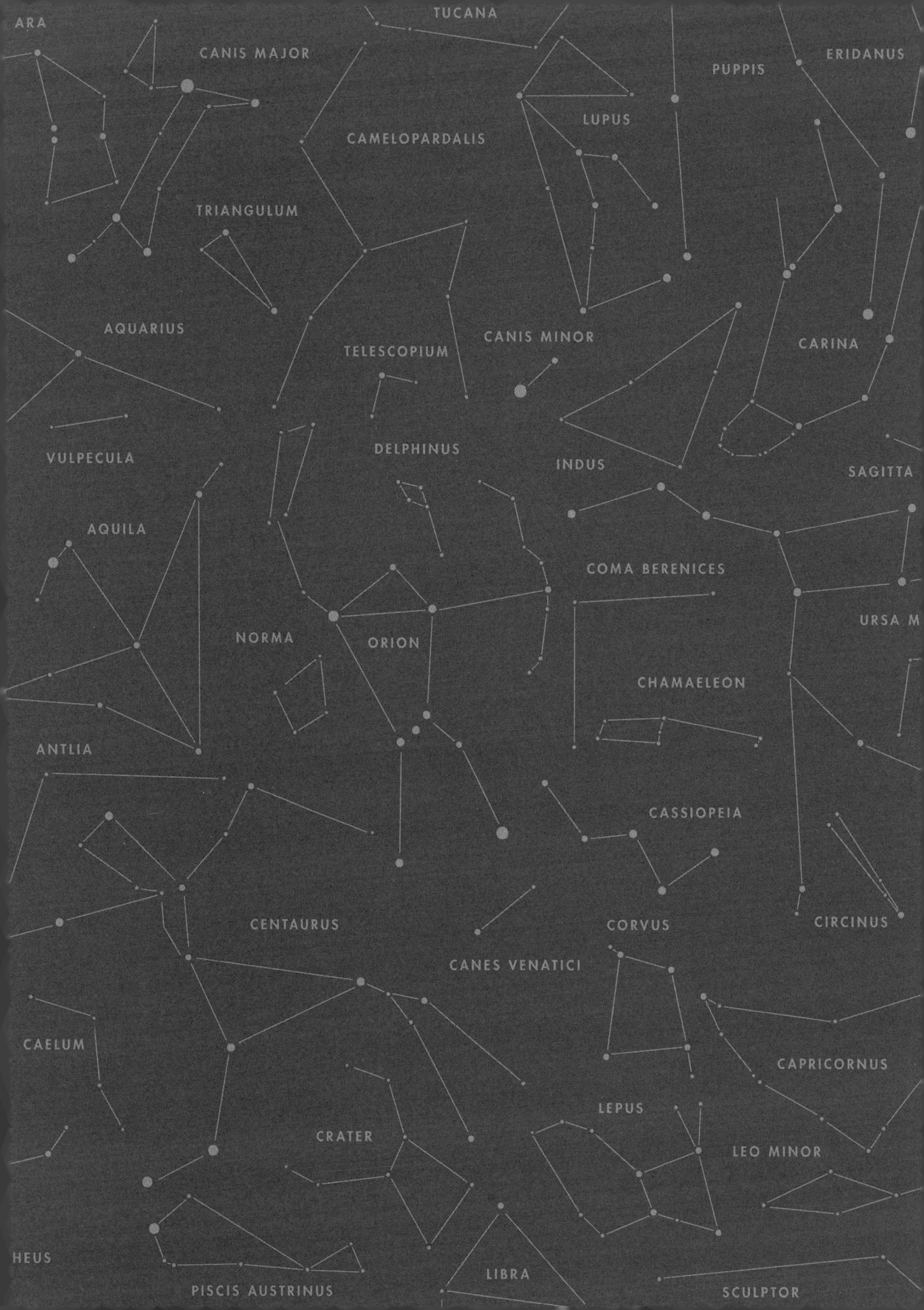

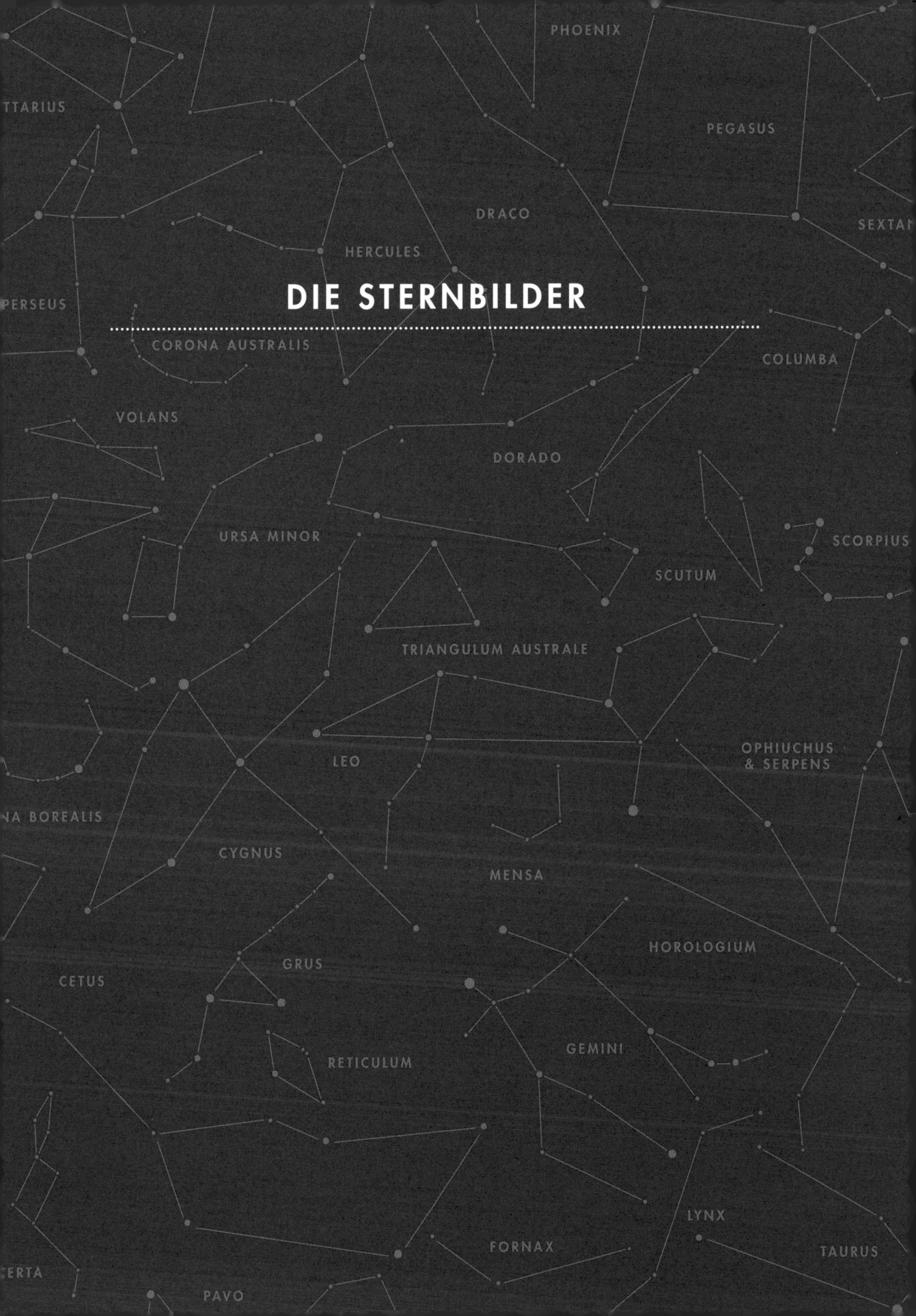

DIE STERNBILDER

ANDROMEDA
AND/ANDROMEDAE, ANDROMEDA

PLATZ IN DER GRÖSSENORDNUNG: 19
ASTERISMEN: **BASEBALLFELD, FRIEDRICHS EHRE,
GROSSES RECHTECK, DREI WEGWEISER**

HEBEN SIE den Kopf und schauen Sie so weit nach oben, wie es nur geht. Können Sie es erkennen? Das, was da in großer Ferne hell flackert? Was zweieinhalb Millionen Lichtjahre weit weg ist und mit einer Geschwindigkeit von 300 Kilometern in der Sekunde auf Sie zugerast kommt?

Sie müssen sich wirklich Mühe geben: Schauen Sie ganz genau hin …

Da ist sie: die Andromedagalaxie, die auch den Namen einer himmlischen Autobahn trägt: M31. Das am weitesten entfernte Objekt, das man mit bloßem Auge wahrnehmen kann, und zugleich die Spiralgalaxie, die der Erde am nächsten ist.

Auf mich, Andromeda, bewegt sich permanent Cetus zu, das durchgeknallte Seeungeheuer: Drachenfisch, Seeschlange oder Riesenwal – egal, jedenfalls immer eine »sie«. Aber sind diese zwielichtigen Wassermonster nicht eh alle weiblich? Wenn Sie auf der Nordhalbkugel im Spätherbst gegen zehn Uhr abends in den Himmel schauen – oder falls Sie zu dieser Zeit schon im Bett sein sollten, Mitte Dezember um acht –, sehen Sie den Walfisch, die grimmige Cetus (oder Keto), Richtung Ekliptik aufsteigen. Aus den Tiefen des Südens stürzt sie auf mich zu; im Weg stehen ihr nur die Fische-Zwillinge, Pisces.

Und ich? Ich bin das Urbild der Jungfer in Bedrängnis. Die in Ketten Geschlagene in Erwartung ihres Ritters ohne Furcht und Tadel. Deren *eigene Eltern* sie an einen *Felsen* gekettet haben. (Wenn Sie wissen wollen, wie ich in diese sternenumrankte familiäre Horrorstory hineingeraten bin, schauen Sie sich bitte das Kapitel über meine Mutter Kassiopeia an, das Miststück.) Im Sanskrit lässt sich das Entsetzen angesichts meines Schicksals noch erahnen, denn in dem Wort *medha* klingt die Erinnerung an die blutigen Menschenopfer alter Zeiten nach. Als Mädchenname jedoch steht Medha für einen von der Liebe durchdrungenen Intellekt. Und das trifft, finde ich, den Sachverhalt ziemlich genau.

Denn so viel steht fest, meine Damen und Herren: Die Liebe hat mich gerettet. An die Felsen von Joppe gekettet schrie ich aus Leibeskräften aufs Meer hinaus und erregte damit die Aufmerksamkeit des scharfäugigen Perseus. Dem Anschein nach war es Scham, die mich erröten und verstummen ließ – aber das ist eine Lüge. In Wirklichkeit färbte wilde Begierde meine Wangen.

Tut mir leid, wenn die Wahrheit meiner nicht ganz so jungfräulich-keuschen Jugend – ein kesses Gefummel in den Olivenhainen hier, ein neckisches Stelldichein hinter dem Schuppen mit den Pferdewagen dort – die Behauptungen der Geschichtsbücher über den Haufen wirft, aber das Gefasel dieses ganzen Poetenpacks geht mir dermaßen auf den Zeiger. Als der herrliche »Percy« mir auf einem riesigen Schimmel zu Hilfe eilte (und nicht etwa auf geflügelten Sandalen, **Ovid**), präsentierte ich mich ihm nämlich, abgesehen von etwas Schmuck, in meiner ganzen prachtvollen Nacktheit – was euch, als ihr mit euren Sternenkarten anfingt, auch noch bewusst war, bevor ihr dann später die Sittsamkeit für euch *ent-* und mich züchtig *bedeckt* habt. So wie diese arabischen Astronomen, die vor lauter Scheu, den menschlichen Körper abzubilden, ein fettes kleines Seekalb aus mir machten. Angekettet blieb ich aber natürlich trotzdem.

Die Art, wie Rubens mich malte, gefällt mir übrigens am besten (obwohl er sich, was meine Figur angeht, auch noch nicht ganz von der Vorstellung des Seekalbes frei gemacht zu haben scheint). Wenn Sie sich aber einen Eindruck von meiner *wahren* sinnlichen Körperfülle machen wollen: Jene Spiralgalaxie, welche die Wissenschaft mit dem romantischen Namen M31 versehen hat, schmiegt sich eng an meine rechte Hüfte.

CAMELOPARDALIS

PERSEUS

TRIANGULUM

ARIES

PISCES

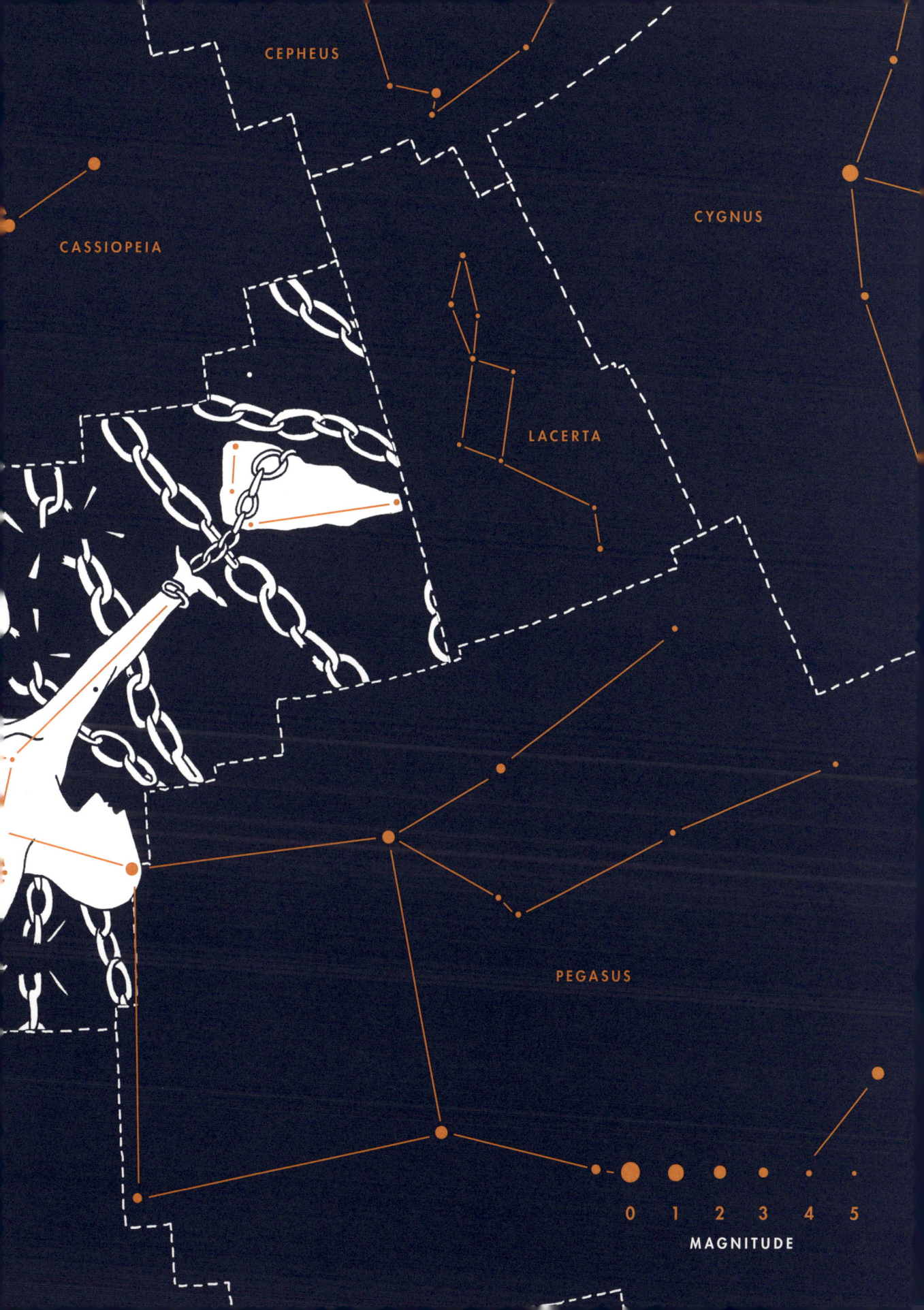

CEPHEUS

CYGNUS

CASSIOPEIA

LACERTA

PEGASUS

0 1 2 3 4 5

MAGNITUDE

ANTLIA

ANT/ANTLIAE, LUFTPUMPE

PLATZ IN DER GRÖSSENORDNUNG: **62**
ASTERISMEN: **KEINE**

VIELLEICHT WEIL er die Nase voll hatte von der heißen Luft des Mythos, den die Alten in den Himmel bliesen (um nicht zu sagen: pumpten), arbeitete der Astronom **Nicolas Louis de Lacaille** im 18. Jahrhundert unermüdlich daran, stattdessen den handfesten Errungenschaften der Naturwissenschaften einen Platz am Firmament zu verschaffen (als Namensgeber für vierzehn Sternbilder). Deshalb hätte ihn der Geniestreich, der den Herstellern von Globen bei Greaves & Thomas vor nicht allzu langer Zeit gelungen ist, womöglich nicht ganz so begeistert wie mich: ein prächtiger Sternenglobus, der den Nachthimmel mithilfe von Figuren aus *Alice im Wunderland* und *Alice hinter den Spiegeln* kartiert. Das ist ebenso originell wie scharfsinnig, weil Lewis Carrolls Nonsens dadurch bemerkenswert viel Sinn erhält.

Denn Alice ist natürlich ein junges Mädchen (Virgo), das in ein tiefes, die Zeit krümmendes Schwarzes Loch fällt (»Entweder war der Schacht sehr tief, oder sie fiel sehr langsam ...«) und von einer Menge menschenähnlicher Figuren in ein seltsames Universum eingeführt wird. So begegnet sie etwa einem Märzhasen (Lepus) und den Zwillingen (Gemini) Dideldum und Didelei; sie wohnt dem Kampf zwischen einem Löwen (Leo) und einem Einhorn (Monoceros) bei und sieht einen Hummer (Cancer) die Quadrille tanzen. Der exotische Vogel Borogove mit seinem langen Schnabel wird Alice kaum weniger wundervoll vorgekommen sein als der Tukan (Tucana) den Forschern des 16. Jahrhunderts. Derweil fließt aus der Kanne des Hutmachers der Tee genauso unaufhörlich wie das Wasser aus dem Krug von Aquarius. Und der Hutmacher gibt Alice sogar das Rätsel auf, was ein Rabe (Corvus) und ein Schreibtisch gemeinsam haben.

Als James D. Bissell-Thomas die Idee zu dem Alice-Globus hatte und er sich die Herkulesaufgabe ausmalte, die da vor ihm lag, war er zunächst nicht sicher, ob es sich dabei nicht vielleicht nur um ein Hirngespinst handelte. Doch je mehr verblüffende Himmelsbezüge er im *Wunderland* entdeckte, desto überzeugter wurde er, dass der Autor von Alice' Abenteuern beim Schreiben die Sternbilder im Sinn gehabt haben musste. Als Mathematiker und Dozent an der Universität von Cambridge kannte sich Charles Dodgson (so Carrolls bürgerlicher Name) gut mit Astronomie aus; in seiner Bibliothek standen viele Bücher darüber, und er besaß sogar ein eigenes Teleskop.

Aber was ist mit Antlia? Lacaille würde sich vielleicht im Grab umdrehen, wenn er wüsste, dass man sich den Umriss seiner Luftpumpe – die eigentlich eher eine Vakuumpumpe ist –, jenen Triumph der Physik, den Denis Papin in den Siebzigerjahren des 17. Jahrhunderts erfand, am Himmel ebenso leicht als die Wasserpfeife vorstellen kann, die Carrolls maulfaule Raupe raucht – genau das Kriechtier, das ihr am Himmel so nahe ist. (Oder handelt es sich nicht vielleicht doch eher um die Wasserschlange Hydra?)

SEXTANS

CRATER

HYDRA

PYXIS

CENTAURUS

VELA

0 1 2 3 4 5

MAGNITUDE

CARINA

APUS

APS/APODIS, PARADIESVOGEL

PLATZ IN DER GRÖSSENORDNUNG: **67**
ASTERISMEN: **KEINE**

SIE STEHEN im British Museum und schauen in eine offene Holzkiste, aus der rotes und goldenes Gefieder hervorquillt. Mittendrin klemmt an einem senkrechten Zweig ein ausgestopftes Vögelchen. Kaum vorstellbar, wie weit sich der Paradiesvogel von seiner Heimat Papua-Neuguinea entfernt fühlen mag an diesem hässlich grauen Londoner Nachmittag in seiner Glasvitrine.

Leicht gelangweilt betrachten Sie das Etikett des Exponats. Dass es sich um eine Leihgabe des Naturgeschichtlichen Museums handelt, interessiert Sie im Grunde ebenso wenig wie der Umstand, dass es eine gewisse Lady Lyttleton war, die jener ehrwürdigen Institution das Ausstellungsstück 1931 gestiftet hat. Sie fragen sich vielleicht, warum die oberen Zehntausend wohl so erpicht darauf gewesen sein mochten, sich ausgestopfte Tiere an die Wand zu hängen. Denn neben dem Vogel in seiner Holzkiste liegen allem Anschein nach noch einige körperlose Artgenossen von ihm – also ihre Köpfe mit Federn dran, aber ohne Füße, Flügel und Rumpf.

Nicht bewusst ist Ihnen, dass es keineswegs irgendwelche britischen Gentlemen waren, die die prächtigen Federn ihrer dazugehörigen Leiber entledigt hatten, sondern Angehörige eines ozeanischen Stammes. Sie können ja schließlich nicht ahnen, dass 1821 ein verliebter junger Mann den einen der Bälge nutzte, um sein Hochzeitsgewand damit zu schmücken. Dass er tagelang nach dem perfekten Vogel gesucht hatte und seine Braut vor Aufregung errötete, als sie ihres dermaßen prachtvoll herausgeputzten Zukünftigen ansichtig wurde. Oder dass ein Dorfältester den anderen verkauft hatte, um seiner sterbenden Frau etwas zu essen besorgen zu können, bevor die ganze Herrlichkeit als Putz auf dem Hut einer Holländerin landete, den sie auch an jenem Tag im Jahr 1788 trug, als sie von einer Pferdekutsche zu Tode getrampelt wurde.

Zugegeben, was ich Ihnen hier auftische, entspricht vielleicht nicht ganz der Wahrheit. Seien Sie aber versichert, dass die Leute in Neuguinea den Paradiesvögeln seit mehr als 2000 Jahren Füße und Flügel abschneiden und die Federn zu Schmuck- oder Ritualzwecken nutzen; und dass die Europäer mit diesen Bälgen handeln, seit **Ferdinand Magellans** Flotte zwischen 1519 und 1522 als Erste die Erde umsegelte. Einer seiner Begleiter, Antonio Pigafetta, notierte: »Die Leute sagten uns, dass diese Vögel aus dem irdischen Paradies stammten und dass sie sie *bolon diuata* nennen, ›Gottesvögel‹.« Als die mysteriösen Kreaturen im Westen eintrafen (der Name Apus geht auf das griechische Wort *apous* zurück und bedeutet »ohne Füße«), vermuteten die verblüfften Europäer, sie würden ihr ganzes Leben damit verbringen, sich durch die Lüfte gleiten zu lassen; eine Zeit lang hielt man sie sogar für den mythischen Phoenix (den aus der Asche).

Im alten China sahen die Astronomen in den Sternen des Südens ebenfalls einen seltsamen Vogel: Während jedoch **Keyser** und **de Houtman** einen Paradiesvogel ausmachten, sprachen diese von einem »neugierigen Sperling«.

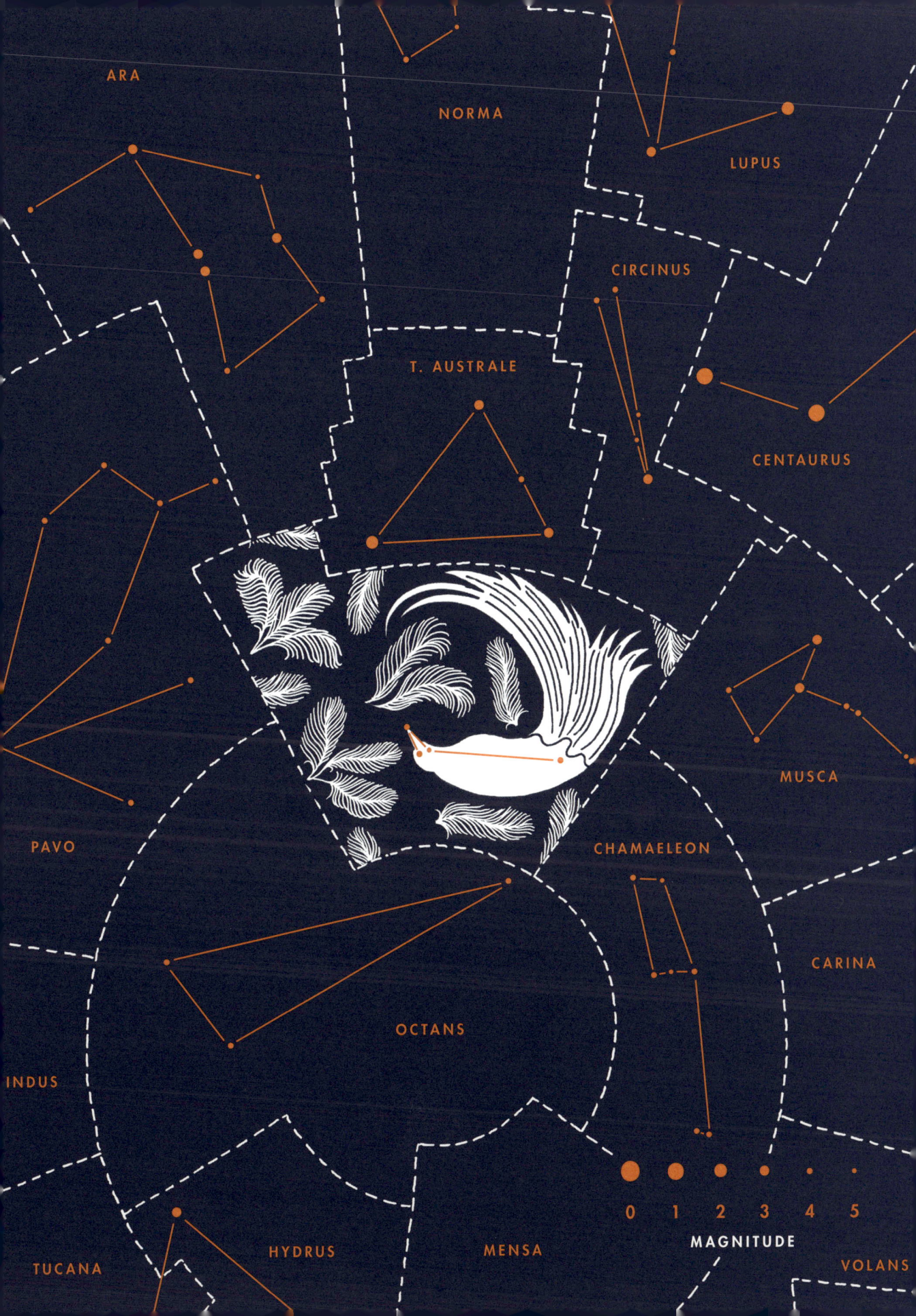

AQUARIUS
AQR/AQUARII, WASSERMANN

PLATZ IN DER GRÖSSENORDNUNG: **10**
ASTERISMUS: **WASSERKRUG**

DIE STERNE haben genauso einen Ozean wie wir auf der Erde. Ein wässriges Königreich hoch oben im Himmel voll mit Fischen und allerlei Meeresgetier. Pisces, Cetus und Hydra lauern in seinen Tiefen, Delphinus tummelt sich auf den Wellen. Und der Herrscher über diese ganze See aus Sternen ist Aquarius, der Wassermann, das elfte Zeichen im Tierkreis.

Für die Angelsachsen konnte nie ein Zweifel daran bestehen, dass vom Anbeginn aller Zeiten an Wasser aus »se Waeter-gyt« (dem Wasserträger) fließt. Und als die Babylonier vor vier Jahrtausenden in den Himmel schauten, sahen sie eine bis zum Rand mit Wasser gefüllte Urne, deren Inhalt sich in die Sterne ergoss. Für sie markierte dieses Sternbild die Regenzeit. Die alten Ägypter dagegen sprachen vom Gott des Nils. Im hinduistischen Tierkreis wiederum wurde der Wasserkrug »kumbha« genannt, und in seinem Wälzer *Meteorologiae* aus dem Jahre 1703 gab ein gewisser »Mr. Cock, Philomathemat«, Aquarius den Spitznamen »Skinker«, was so viel heißt wie »Kellner für harte Sachen«.

Doch mit der deftigsten Geschichte warten selbstverständlich die alten Griechen auf: Die Bühne betritt der langbeinige, extrem gutaussehende Jüngling **Ganymed**.

· · ·

»Seht nur! Ganymed erscheint mit einem Krug voll schäumenden Bieres«
Punch, 1841

Eines sonnigen Morgens, als der aufgeweckte Ganymed über die Wiesen hüpfte, die blonden Locken warf und in aller Unschuld seine Schafe hütete, schickte **Zeus** – der einen Narren an dem holden Knaben gefressen hatte – seinen Adler Aquila auf die Erde hinab, um das Objekt seiner Zuneigung entführen zu lassen. Stellen Sie sich bloß mal vor, wie entsetzt Ganymed gewesen sein muss, als dieser grausame Vogel (derselbe, der an den Innereien des **Prometheus** pickte) am Horizont erschien und mit seinen weiten Schwingen auf ihn zugeflogen kam. Angesichts des rasiermesserscharfen Schnabels konnte er ja noch nicht ahnen, dass ihn der Adler ganz behutsam vom Boden aufheben würde und unvorstellbare Glückseligkeit auf ihn warten sollte. Folglich nahm der verängstigte Schäfer die Beine in die Hand und rannte, so schnell ihn seine Füße trugen, über Stock und Stein und von seinen blökenden Schafen davon.

Es war natürlich ein vergebliches Unterfangen. Aquila schnappte sich unseren bildschönen Helden und flog mit ihm zum Olymp empor. Ganymed, der es schon kaum fassen konnte, dass er überhaupt noch am Leben war, fiel aus allen Wolken, als er den König der Götter persönlich erblickte, der ihn mit einem merkwürdigen Blick musterte – was ihm aber durchaus angenehm war. Zeus nahm den Jungen bei seiner langgliedrigen, weichen Hand und zeigte ihm die Wolken. In den nächsten Tagen oder Jahren – Ganymed hätte es nicht sagen können, hier oben im Olymp spielte die Zeit nach ganz anderen Regeln – ließ der Gott ihn an seinem Thron sitzen und verwöhnte ihn mit all den himmlischen Vergnügungen, die ihm zu Gebote standen. Überwältigt von Liebe und Verlangen, gewährte Zeus Ganymed immerwährende Jugend und Unsterblichkeit, damit sie die berauschenden Wonnen bis in alle Ewigkeit genießen konnten. Und welche bessere Möglichkeit, die Ewigkeit zu bestreiten, gibt es schon, als sich von einem schönen jungen Menschen süßen Nektar auf die Lippen tröpfeln zu lassen? Deshalb erklärte Zeus Ganymed zu seinem persönlichen Mundschenk – was eine sehr privilegierte Position darstellte.

Allerdings vertrieb er damit Hebe, die Tochter seiner Gattin **Hera**, die diesen ehrenvollen Posten bis dato innehatte. Und das sorgte für Zoff – keine Seltenheit auf dem Olymp. Hera schäumte vor Wut. Nicht genug, dass ihr unerträglicher Gatte die arme Hebe vor den Kopf gestoßen hatte, nein, er musste auch noch ausgerechnet einen *Typen* verführen – bei dem Gedanken stieg ihr das Blut in die Wangen. Sie fluchte, raste und tobte mit der gesamten himmlischen Verve, die ihr eigen war. Schnell wurde Zeus klar, dass er Hera besser nicht allzu sehr gegen sich aufbrachte; doch wenn er seinen Liebhaber schon nicht länger an seiner Seite haben konnte, beschloss er, ihm wenigstens einen prominenten Platz am Himmel einzuräumen. So entstand aus Ganymed – der Name bedeutet übrigens »der Glanzfrohe« – dieses prächtige Sternbild.

Und deshalb schenkt Aquarius bis in alle Ewigkeit göttlichen Nektar aus, und zwar – ein herrliches und überaus beliebtes griechisches Symbol – aus einem goldenen Pokal.

PISCES

CETUS

SCULPTOR

PISCIS AUSTRIN

GRUS

AQUILA
AQL/AQUILAE, ADLER

PLATZ IN DER GRÖSSENORDNUNG: **22**
ASTERISMEN: **FAMILIE, SOMMERDREIECK**

GOLDEN, GRAUSAM, SCHNELL bin ich, der Adler, König der Vögel.
Mir ist es bestimmt, dem allmächtigen **Zeus** zu dienen. Für meinen Meister zu kämpfen und die Blitzstrahlen seines Zorns zu tragen. Bis in alle Ewigkeit auf der Milchstraße gen Osten zu fliegen.

Ich bin auch der Vogel, der den wohlgestalten **Ganymed** in den Klauen zu seinem göttlichen Verführer brachte. **Ovid**, dieser Dichterling, der zu allem seinen Senf hinzufügen muss und auch meine Geschichte nach seinem Gusto umgemodelt hat, behauptet, Zeus persönlich hätte die Entführung durchgezogen; meine Gestalt angenommen, um sich den Jungen zu krallen. Auf »listenreichen Schwingen« sei er vom Olymp herabgeflattert. Das stimmt mit keiner Silbe. **Mich** hat der Meister losgeschickt, während er selbst auf dem Olymp blieb und in fiebriger Vorfreude wartete.

Mich hat er auch damit beauftragt, an den Innereien des armen **Prometheus** zu picken. Ja, diese Grausamkeit habe ich begangen, das muss ich zugeben. Aber verzeihen musste ich sie mir nie: Ja, ich bin wild, ich bin brutal, aber als ungerecht betrachte ich mich nicht. Ich wurde ins Hochgebirge des Kaukasus geschickt, wo dieser wackere Titan – der sich erdreistet hatte, der Sonne einen Feuerball zu entwenden, um der Menschheit Licht, Wärme und Wissen zu bringen – nackt an einen Felsen gekettet war.

Tagaus, tagein stürzte ich mich auf das Fleisch des Prometheus, durchbohrte seine Leber mit dem Schnabel und schlug meine Klauen in seine Gedärme. In der Nacht heilten die Wunden des Unsterblichen wieder – auf ebenso schmerz- wie wundervolle Weise wuchs sein Fleisch nach. Und am Morgen kehrte ich immer wieder aufs Neue zurück, tauchte fliegend vor seinen verängstigten Augen auf, um mich an seinem Leib zu laben. Ich war grausam, ich war schnell, aber das Herz eines Soldaten folgt den Befehlen nicht immer so leicht wie seine Gliedmaßen.

Der gute Herkules erbarmte sich schließlich des schon so lange leidenden Prometheus. Zusammen mit dem weisen Zentauren **Cheiron** – den die Folter, die Zeus diesem liebenswürdigen Vorkämpfer der Menschheit antat, nicht weniger aufbrachte als Herkules – machte er dem allmächtigen Gott ein Angebot: Der gutmütige Cheiron würde auf seine Unsterblichkeit verzichten, wenn Zeus Prometheus freiließ.

Statt Zeus hat es dann mich erwischt. Ich war es, den Herkules mit einem Streich niedergestreckt hat. Direkt in mein Herz bohrte sich sein magischer Pfeil.

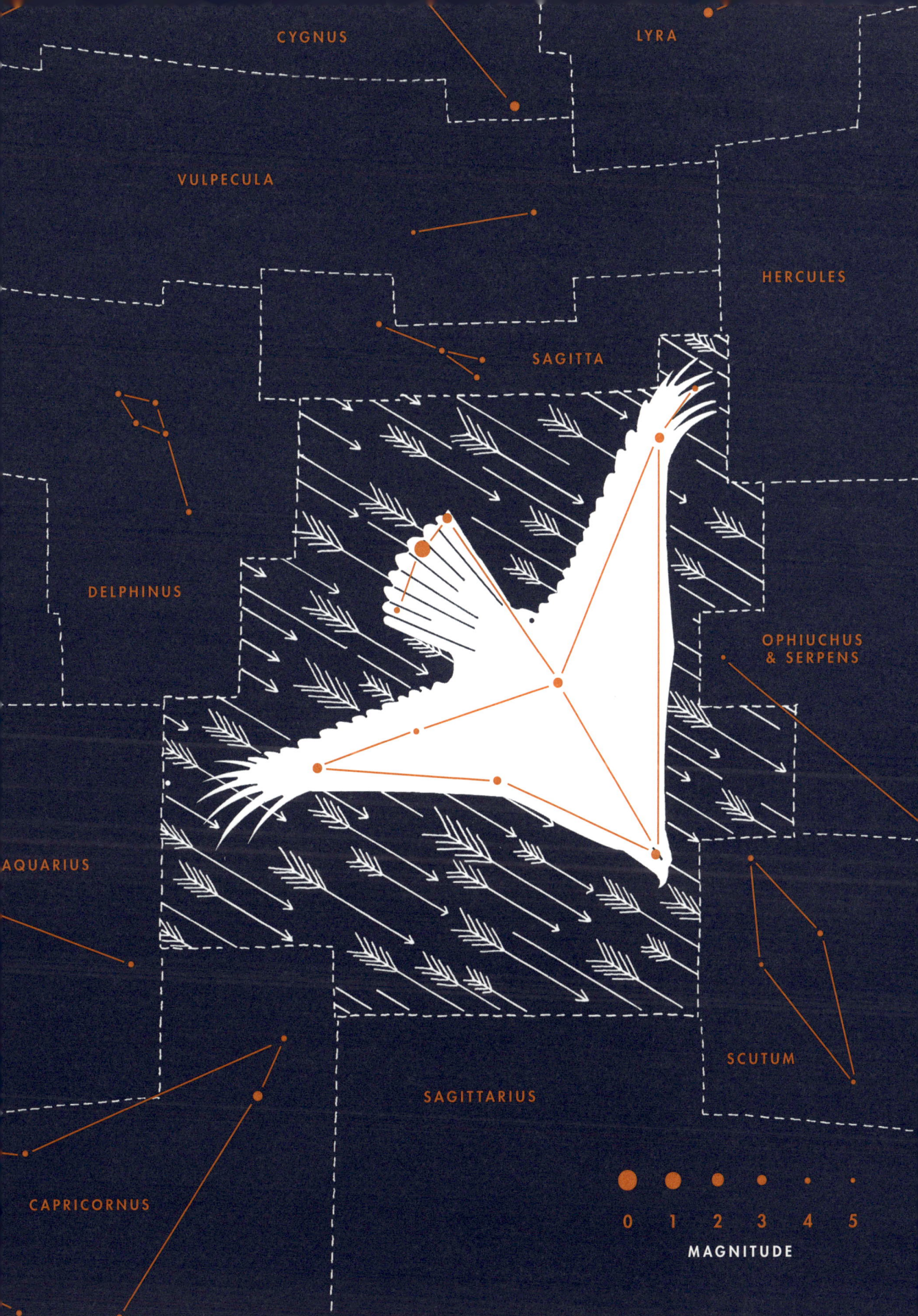

ARA

....

....

IN DEN SÄMIGEN Tiefen der Milchstraße liegt ein Sternenaltar. Er ist schwer wahrzunehmen und zeichnet sich astronomisch durch keine nennenswerten Besonderheiten aus. Und doch wurde dieses kleine Sternbild, das so unbedeutend zu sein scheint, dass sich niemand je die Mühe gemacht hat, seine einzelnen Himmelskörper zu benennen, jahrtausendelang gewürdigt und verehrt. Vor langer, langer Zeit, als der Irak noch zu Mesopotamien gehörte, ging die Legende, dass auf diesem himmlischen Altar Brandopfer dargebracht wurden, um den Göttern für die Rettung König Utnapischtims zu danken, eines Vorfahren des großen Helden **Gilgamesch**.

Utnapischtim war der weise König und Priester Schuruppaks, einer Stadt am Ufer des Flusses Euphrat, so alt wie die Zeit und von Göttern bevölkert, die es sich eines Tages in den Kopf setzten, den Ort mit einer großen Flut heimzusuchen. Daraufhin begab sich Enki – der Gott der Magie, des Handwerks und der Schöpfung – zu Utnapischtim und forderte ihn auf, ein großes Boot zu bauen, um der Sintflut zu entkommen.

Utnapischtim ging auf die Knie, und Enki skizzierte den Plan eines Schiffs vor ihm in den Sand: Riesig sollte es werden, ebenso lang wie breit und sieben Stockwerke hoch. Utnapischtim ließ die Handwerker Schuruppaks kommen, und sie arbeiteten, so schnell sie konnten. Mit Wein und Bier gestärkt stellten sie die Arche bis zum Abend des siebten Tages fertig.

Als sich der Himmel bedrohlich zu verdunkeln begann, versammelte der König seine Angehörigen sowie all die treuen Handwerker um sich und raffte eilig auch seine Tiere, Getreide, Gold und Silber zusammen, um alle und alles in die aus allen Nähten zu platzen drohende Arche zu quetschen. Unmittelbar vor dem Ablegen versiegelte er ihre Türen mit Ton.

Sturm tobte, und aus Land wurde Wasser. Das Schiff quälte sich ächzend über die mächtigen Wellen, und selbst die Götter zogen sich aus Angst vor der Flut zurück. Als das Unwetter nach zwölf Tagen allmählich abflaute, öffnete Utnapischtim vorsichtig die Luke. Er sah, dass die Arche auf dem Berg Nimusch gestrandet war und dass seine Welt mit allem, was er je gekannt hatte, vom Wüten der Elemente verschluckt worden war. (Einem Wüten so heftig und wild, dass die moderne Archäologie Spuren der Narben, die es hinterließ, im Staub ausmachen konnte.) Sieben Tage später schickte Utnapischtim eine Taube aus. Als sie zurückgeflogen kam, schickte er eine Schwalbe. Und als auch diese wieder auftauchte, schickte er einen Raben. Dieser stellte sich nicht mehr ein – für den König ein Zeichen, dass es wenigstens noch ein bisschen festes Land gab. Deshalb öffnete er die Türen der Arche und entließ die Passagiere in die Freiheit.

Im Gegenzug für seine Gefolgschaft und die Rettung des Menschengeschlechts gewährten die Götter Utnapischtim nicht nur Unsterblichkeit, sondern auch einen Platz am Himmel. Und der »Sternenrauch«, der zu seinen Ehren von Ara aufsteigt, ist das Band der Milchstraße.

ARIES

ARI/ARIETIS, WIDDER

PLATZ IN DER GRÖSSENORDNUNG: **39**
ASTERISMUS: **NÖRDLICHE FLIEGE**

A STEHT FÜR ARIES, den Beginn von allem, das erste Sternbild im Tierkreis und auch der erste Monat in den alten Kalendern. Der Widder befördert uns mit einem Stoß seiner Hörner ins neue Jahr und bringt den Frühling, das Licht sowie die Tagundnachtgleiche mit sich.

Wir schreiben das Jahr 1664. In den frühen Morgenstunden schaut ein übellauniger Robert Hooke durch sein Teleskop. Eigentlich versucht er einen renitenten Kometen zu beobachten. Hunger hat er, er friert, und noch ist er weder so reich noch so berühmt, wie er es eines Tages sein wird. Er späht also durch sein Fernrohr (viel mehr war das damals nicht), als ihm plötzlich etwas vor die Linse kommt, was sein Herz höher schlagen lässt. Was mag es wohl sein? Ist es irgendein Vorkommnis auf dem hellsten Gestirn im Sternbild Widder – dessen wissenschaftliche Bezeichnung α Arietis lautet, das aber bekannter ist unter dem Namen Hamal, der auf das arabische Wort für »Lamm« beziehungsweise »Kopf des Schafbocks« (*ras al-hamal*) zurückgeht? Oder hat er sein Teleskop vielleicht auf die Sterne Sherjatan und Mesarthim gerichtet, und es zeigt ihm nicht deren Licht, wie sonst, sondern stattdessen die berittenen Ashvin-Zwillinge über den Himmel preschen – die beiden unzertrennlichen Ärzte der Götter aus der hinduistischen Mythologie? Erblickt das aufgeklärte Auge des Robert Hooke womöglich die Götter?

Vielleicht sieht er ja, wie **Zeus**' Widder das Geschwisterpaar **Phrixos** und **Helle** aus der griechischen Mythologie vor dem Tod auf dem Opferaltar rettet? Womöglich sieht der verblüffte Hooke sogar den weisen **Ptolemäus** in einem überhitzten Stübchen irgendwo in Alexandria hocken in der zweiten Hälfte des 2. Jahrhunderts und über seinen verstaubten Büchern brüten? Sich am Kinn kratzen, während er tausend Himmelskörper zu einem Katalog von achtundvierzig Sternbildern zusammenfasst – seinem Opus Magnus, die Krönung des antiken astronomischen Wissens, dem *Almagest*?

Nein. Kaum vorstellbar, dass Hooke, dieser gewissenhafte Forschergeist, all diese Dinge sieht. Nicht ein Mann, dessen Name aufs Engste mit einem unwiderlegbaren physikalischen Gesetz verbunden ist (mit dem er zahllose Generationen von Schülern gezwungen hat, Gewichte von Metallfedern baumeln zu lassen und missmutig ihre Bewegungen zu beobachten). Man kann sich wirklich nicht vorstellen, dass der rationale Robert all diese Geschichten am Himmel wahrnimmt. Doch das, *was* er sieht, mutet ihm nicht weniger wundersam an. Denn während er diesen dusseligen Kometen zu beobachten versucht, landet sein Teleskop plötzlich ganz unbeabsichtigt auf etwas, dass bislang vollkommen Unbekannt war: γ Arietis, Mesarthim, der »Erste Stern im Widder« ist in Wirklichkeit nicht *ein* Himmelskörper, sondern zwei: ein Doppelstern.

Und so hat er letzten Endes doch noch ein ansprechendes Zwillingspaar seinen Pferdewagen über den Himmel ziehen sehen.

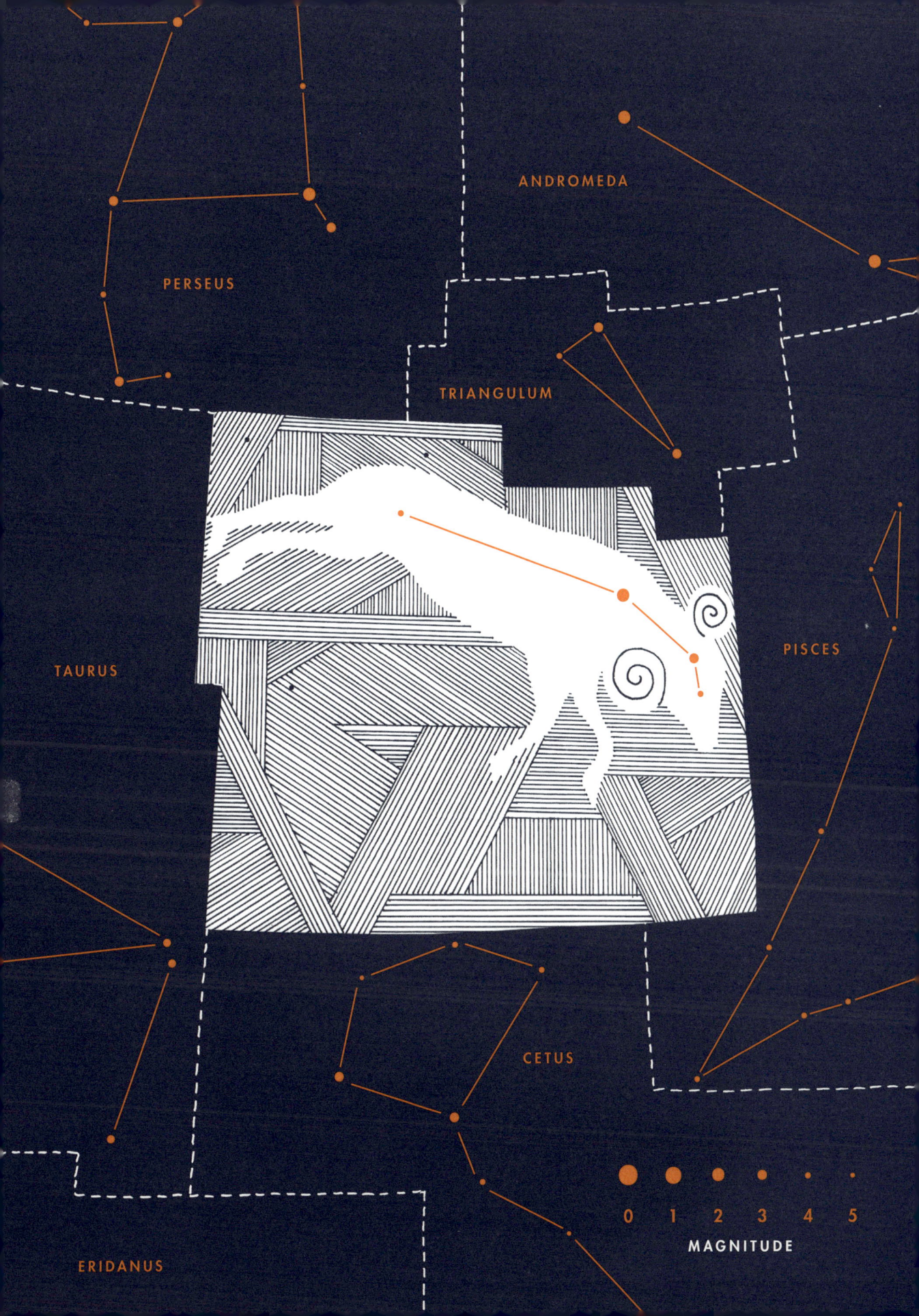

AURIGA

AUR/AURIGAE, FUHRMANN

PLATZ IN DER GRÖSSENORDNUNG: **21**
ASTERISMEN: **HIMMLISCHES G, KINDER,
WINTERSECHSECK, WINTEROVAL**

FÜR MANCHE ist der Fuhrmann Erichthonios, ein Sohn der Erdmutter und des Feuergottes **Hephaistos**; von **Athene** ausgebildet, soll er der Erste gewesen sein, dem es gelang, Pferde zu zähmen und vor einen Wagen zu spannen. Andere wiederum meinen, es handele sich um Myrtilos, den superschlauen Wagenlenker, der bei dem Versuch, eine Nacht mit der Tochter seines Chefs Oinomaos zu verbringen, zu Tode kam.

Niemand aber weiß, warum er die Ziege Amaltheia im Arm hält.

DIE GESCHICHTE DER MYSTERIÖSEN ZIEGE

Kronos, der Anführer der **Titanen**, war der Sohn von **Gaia**, der Erde, und **Uranos**, dem Himmel, seine Schwester **Rhea** zugleich seine Frau. Gemeinsam zeugten sie **Zeus**, der dereinst zum Gott der Götter heranwachsen sollte.

Nun war Kronos die ewig hungrige, fiese Sorte von Vater, die den Nachwuchs gleich nach der Geburt verschlingt. Nachdem Rhea den kleinen Zeus geboren hatte und Kronos bereits die Hand ausstreckte, um den Winzling zu verzehren, übergab sie ihm deshalb statt des Babys einen in blutige Windeln gewickelten Stein.

Und bevor der König der Titanen sich versah, hatte Rhea den Kleinen bereits tief in einer Höhle im Ida-Gebirge auf der Insel Kreta versteckt.

Lange musste Zeus nicht hungern und dürsten, denn schon bald traf die Ziege Amaltheia ein, die Rhea als Amme für ihn engagiert hatte.

Und nicht umsonst nannte man Amaltheia auch die »zärtliche Göttin«. Sie säugte das Baby und kümmerte sich rührend, bis aus ihm ein starker, guter Junge geworden war. Und zwar so gut und stark, dass er mitunter ganz vergaß, wie viel Kraft er eigentlich besaß: Beim Herumtollen mit seiner sanften Amme brach er ihr versehentlich ein Horn ab.

Dieses wurde zu dem auch als Cornucopia bekannten Füllhorn, aus dem sich für alle Zeiten Gutes in Fülle ergießt, so nährend und reichlich wie die Milch, die Almatheia dem kleinen Zeus gegeben hatte.

CAMELOPARDALIS

LYNX

PERSEUS

GEMINI

TAURUS

ORION

0 1 2 3 4 5

MAGNITUDE

BOÖTES
BOO/BOÖTIS, BÄRENHÜTER

PLATZ IN DER GRÖSSENORDNUNG: **13**
ASTERISMEN: **RAUTE (DER JUNGFRAU), EISTÜTE, (KINDER)DRACHEN, FRÜHLINGSDREIECK, TRAPEZ**

FÜR DIE EINEN handelt es sich um einen Bärenhüter mit einer Keule, der Ursa Major und Ursa Minor im Kreis um den Himmelsnordpol herum vor sich hertreibt. Andere sprechen von einem Viehhirten mit Sichel und Schäferstab. Manche denken auch, gemeint sei der Erfinder des Pfluges. So oder so wird die riesige Figur des Boötes im Allgemeinen als die eines Mannes interpretiert, der Tiere über den Himmel treibt. In Sophokles' *König Ödipus* erinnert sich ein Hirte, seine Herden »vom Frühjahr an bis zum Aufgang des Arktur im Herbst« über die Weiden geleitet zu haben. Und Gaius Julius Hyginus' *Poeticon Astronomicon* zufolge stellt das Sternbild eine Erinnerung an den Hirten **Ikarios** dar.

In der Legende um Canis Minor erfahren Sie später noch die Vorgeschichte dieses Hirten und Weinbauern, dem der Gott des Weines persönlich das Fermentieren der Trauben beigebracht hat. (Die wirre Reihenfolge ist dem Alphabet geschuldet.) Die wilde Party, die er zur Feier dieser Entdeckung schmiss, hat aber ein übles Ende: Als sich seine Gäste am nächsten Morgen ächzend von Ikarios' Liegesofas erhoben, kamen sie zu dem Schluss, ihr Gastgeber müsse sie vergiftet haben. Denn warum sonst sollten ihre Schädel so stark dröhnen? Deshalb töteten sie den unschuldigen Hirten im Schlaf. **Maira**, Ikarios' treue Hündin, jaulte daraufhin so laut und jämmerlich, bis seine Tochter Erigone das Tier von der Kette ließ. An ihrer Tunika zerrend brachte der Hund Erigone zu dem Graben, in den die Männer ihren Vater geworfen hatten. Vor Trauer und Entsetzen erhängte sie sich daraufhin an einem Baum in der Nähe, während sich die anhängliche Maira neben Ikarios' Leiche legte, um selbst auf den Tod zu warten. Von Zeus wurden die drei als Boötes, Virgo und Canis Minor am Himmel verewigt.

Der früheste antike Hinweis auf dieses Sternbild stammt von Homer, der berichtete, Odysseus habe Kalypsos Insel durch dessen Hilfe verlassen. Aber es waren keineswegs nur die Griechen, die sich beim Segeln am Licht des Arktur orientierten, dem Hauptstern im Bärenhüter und vierthellsten des Nachthimmels. Die europäischen Forschungsreisenden, die den Pazifik unter Zuhilfenahme ihrer komplizierten astronomischen Instrumente erreicht hatten, konnten ihre Verblüffung nicht verbergen, als sie erfuhren, dass die alten polynesischen »Sternen-Kompasse« nichts waren, was man in der Hand halten konnte wie ihren Sextanten oder das Astrolabium, sondern reine Kopfsache. Die Polynesier steuerten ihre Kanus nämlich allein anhand des Auf- und Untergangs der Sterne; dass sie in Hawaii eingetroffen waren, wussten sie in dem Moment, in dem sie das orangefarbene Licht des *Hoku-iwa* (so ihr Name für den Arktur) senkrecht über sich hatten. Fuhren sie gen Süden weiter, begann er allmählich unterzugehen. Paddelten sie dagegen direkt im weißen Licht des Sirius, wussten sie, dass sie bald Tahiti erreicht hatten.

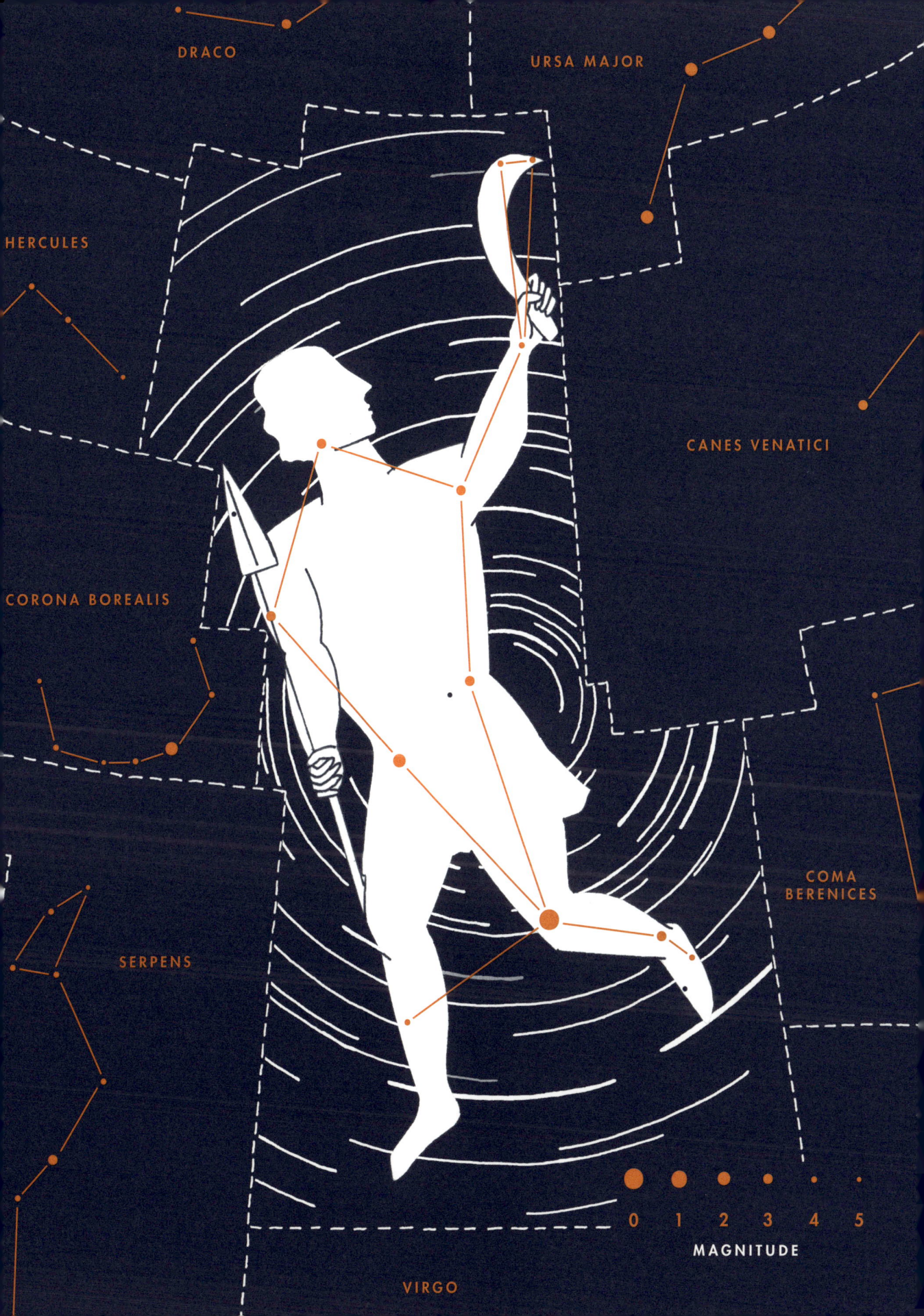

DRACO

URSA MAJOR

HERCULES

CANES VENATICI

CORONA BOREALIS

COMA
BERENICES

SERPENS

0 1 2 3 4 5

MAGNITUDE

VIRGO

CAELUM
CAE/CAELI, GRABSTICHEL

PLATZ IN DER GRÖSSENORDNUNG: **81**
ASTERISMEN: **KEINE**

DASS LINDA Wahnsinnsbeine hatte, sagten alle. Schon immer. Und wenn sich ihre Fußnägel mit alarmierender Geschwindigkeit gelb verfärbten oder die Haut oberhalb der Knie mitunter an den Hals einer gerupften Pute erinnerte, so ließen sich eventuell aufkommende Ängste mit zwei Schichten Le Vernis von Chanel und einer schicken neuen Stützstrumpfhose locker vertreiben.

Wenn sie vor dem Duschen ihre Silhouette kurz im Badezimmerspiegel erspähte, zeigte die Kurve ihrer Brüste sanft nach oben; und wenn sie beim Schließen der Falttür einen Blick über die Schulter warf, reflektierte der Spiegel nichts Besorgniserregenderes als zwei vielleicht eine Spur zu pralle Pobacken.

Doch was sie verriet, wusste sie, war ihr Gesicht. Immer wieder wurde sie gefragt, ob mit ihr auch alles in Ordnung sei. Am Fotokopierer im Büro hatte sie Kolleginnen über ihre »ständigen Sorgenfalten« tuscheln hören. Bauarbeiter riefen ihr »Entspann dich mal, Süße« nach, und neulich im Bus hatte ihr eine wildfremde Frau demonstrativ aufmunternd zugenickt.

Als sie auf den Empfang der Klinik zustöckelte, drohte ihre Entschlossenheit noch kurz in der hochflorigen Auslegware zu versickern. Doch die Frau hinter dem Tresen – eher noch ein Mädchen – war so hübsch, so stylish, echt stylish, und wahnsinnig gut gekleidet. Zudem hatten die kunstvoll arrangierten Lilien in der asymmetrischen Glasvase und das leise Gluckern des Wasserspenders irgendetwas an sich, was sie davon abhielt, wieder kehrtzumachen. Wenn man das Kleingedruckte nicht allzu sorgfältig las, bestand praktisch keinerlei Risiko, außerdem konnte sie aus mehreren attraktiven Leistungspaketen wählen – und das alles bei null Prozent Finanzierung!

Dass Dr. Sinclair schon einen langen Arbeitstag hinter sich hatte, war Pech. Und Radio 3 kann einen tatsächlich ablenken. Und so bemerkte er erst, als er die letzten Fäden hinter Lindas Ohren vernähte, dass da, wo eigentlich ihre Nase sein sollte, jetzt eine Brustwarze war. Und erst als die Pumpe, die das überschüssige Körperfett absaugte, zu stottern und zu spucken anfing, wurde ihm klar, dass das linke Bein nicht mehr war als ein Stumpf, wenn auch perfekt abgerundet wie Lindas straffe linke Brust.

Diese Fabel über eine Verwandlung hat natürlich nicht das Geringste mit Astronomie zu tun, ich habe sie schlicht und ergreifend erfunden. Da aber **Lacaille** dieses Sternbild ausgerechnet nach dem Grabstichel benannt hat – einem Werkzeug, dem nicht mehr mythische Kraft innewohnt als Lindas großem Zeh –, dachte ich, ein bisschen künstlerische Freiheit dürfte ich mir wohl herausnehmen.

ERIDANUS

LEPUS

FORNAX

COLUMBA

PUPPIS

PICTOR

HOROLOGIUM

ARINA

RETICULUM

DORADO

0   1   2   3   4   5

MAGNITUDE

CAMELOPARDALIS
CAM/CAMELOPARDALIS, GIRAFFE

PLATZ IN DER GRÖSSENORDNUNG: **18**
ASTERISMEN: **KEINE**

HABEN GIRAFFEN Plattfüße? Einige der sorgfältig eingezeichneten langhalsigen Geschöpfe auf den Sterngloben und in den Himmelsatlanten des 17. Jahrhunderts sehen schon recht merkwürdig aus. Und ein anderer Grund, weshalb Peter Plattfuß – also der Kartograf, Astronom und calvinistische Theologe **Petrus Plancius** – 1612 beschloss, eine Giraffe ans Firmament zu projizieren, ist schwer zu erkennen. Petrus Plancius war natürlich nicht der Name, den ihm seine niederländische Mutter mitgegeben hatte, als sie ihn 1552 in dem Städtchen Dranouter zur Welt brachte. Es handelt sich vielmehr um die latinisierte und deshalb angemessen gelehrt klingende Version seines Geburtsnamens – Pieter Platevoet (wörtlich: Plattfuß) –, die er sich selbst zulegte.

Jahre später, genauer gesagt 1624, verwechselte der deutsche Astronom Jacob Bartsch die himmlische Giraffe mit einem Kamel. (Bartsch war ganz eindeutig nicht so versiert im Lateinischen wie unser Freund Peter, der genau wusste, dass das Wort *camelopardalis* die romanisierte Form des Griechischen ist und so viel bedeutet wie »kamelähnliches Tier mit leopardenartigen Flecken«.) Bartsch vermutete, dass dieses Kamel an das Tier erinnern sollte, auf dem Rebekka und Isaak im 1. Buch Mose zu ihrer Hochzeit ritten. Na, und das ist vielleicht mal eine seltsame Geschichte …

Der hochbetagte Abraham schickt einen seiner Knechte in die Heimatstadt seiner Vorfahren zurück, um die passende Frau für seinen Sohn Isaak zu finden. Dieser hat bereits siebenunddreißig Lenze auf dem Buckel, es ist also allerhöchste Eisenbahn. Mit zehn Kamelen, deren Satteltaschen schier überquellen vor Geschenken, rückt der Knecht aus und erreicht die Stadt bei Sonnenuntergang – wie das Schicksal es will, genau zu der Zeit, in der die Frauen jenseits der Stadtmauern Wasser holen gehen. Er bittet Gott, ihm einen Hinweis zu geben, woran er die Richtige erkennen kann, und kommt zu dem Ergebnis: Diejenige, die auf seine Bitte hin ihren Eimer abstellt, ihm zu trinken gibt und darüber hinaus seine zehn Kamele tränkt, die soll es sein. Glücklicherweise kommt die betörend schöne, knackige Jungfrau Rebekka des Weges. Bereitwillig läuft sie zum Brunnen, füllt ihren Eimer und bringt dem Knecht das Wasser, dann eilt sie noch einmal zum Brunnen, um das erste Kamel zu tränken. Diesem genügt aber ein Eimer nicht, denn so ein Kamel läuft Hunderte von Kilometern am Tag und kommt gut eine Woche ohne Flüssigkeitszufuhr aus. Danach aber hat es sehr großen Durst und braucht Gallonen um Gallonen von Wasser, um seine Höcker wieder aufzufüllen. Bis alle zehn Kamele getränkt sind, muss Rebekka also viele, viele Male hin- und herlaufen. Im Auftrag seines Herrn schenkt der Knecht ihr einen goldenen Nasenring, der einen halben Schekel wiegt, und obendrein zwei Armreife, dann begleitet er Rebekka zu ihrem Elternhaus, um den Deal perfekt zu machen. Auf diese Weise gelangte Isaak an so eine wunderbare Ehefrau wie Rebekka.

URSA MINOR

DRACO

URSA MAJOR

CEPHEUS

LYNX

CASSIOPEIA

AURIGA

PERSEUS

0 1 2 3 4 5

MAGNITUDE

CANCER
CNC/CANCRI, KREBS

PLATZ IN DER GRÖSSENORDNUNG: **31**
ASTERISMUS: **DIE ESEL UND DIE KRIPPE**

UNTER DER dunklen Weite des Nachthimmels über Afrika rollt der Mistkäfer Kot durch die Savanne. Mithilfe seines Winzgehirns hat der Pillendreher die nahrhaftesten Fäkalien erschnüffelt, die er finden konnte, sie zu einer Kugel komprimiert, die etwa vierzig Mal größer ist als er selbst. Und nun transportiert er sie in einer überraschend geraden Linie auf sein Nest zu. Ein Freund von ihm hat einmal versucht, den Mist bei Tag zu befördern, aber das ist ihm schlecht bekommen: Noch bevor er richtig loslegen konnte, verbrutzelte er im grellen Sonnenlicht. Ein anderer wurde von einer rivalisierenden Gang überfallen, die beobachtet hatte, wie der arglose Artgenosse den wuseligen Misthaufen verließ, worauf sie ihn verfolgte und seiner wertvollen Fracht entledigte. Deshalb also malocht unser weiser Pillendreher lieber nur bei Nacht. Er zieht durch die Dunkelheit, wie es seine Familie seit Jahrhunderten tut, und zwar auf eine Weise, die die Riesenhirne der menschlichen Wissenschaftler erst 2013 entschlüsseln konnten: Er richtet sich nach den Sternen. Mit seinen dürren Hinterbeinchen bewegt er die Dungkugel auf einer langen geraden Bahn voran und orientiert sich dabei am Licht der Milchstraße.

Ob er wohl weiß, dass die alten Ägypter vor 2000 Jahren Amulette herstellten, die seiner Gestalt nachgebildet waren, und sie den Gräbern ihrer Könige als Sakralobjekte beigaben? Ist dem bescheidenen Mistkäfer bewusst, dass seine Urahnen einmal auf gleicher Stufe verehrt wurden wie der Sonnengott Chepri, der ebenfalls eine wertvolle Kugel transportierte – die Sonne, die er über den Horizont schob? Ahnt er vielleicht, dass man ihn als Symbol für Schöpfung und Wiedergeburt betrachtete? Oder dass Chepri oft mit dem Kopf des heiligen Skarabäus dargestellt wurde, dem zu Ehren die Ägypter sogar ein Sternbild benannten?

Während sich der Mistkäfer durch die Savanne kämpft, krabbelt ein kleiner Krebs über den sandigen Boden des Ozeans. Er weiß vielleicht, warum dieses Sternbild heute nicht mehr Skarabäus genannt wird, sondern Cancer. Seine Großeltern könnten ihm die Geschichte wieder und wieder erzählt haben: dass vor vielen Monden, als das Leben noch weit schöner war und das Meer ein Paradies frei von Plastiktüten, Karkinos, einer seiner scherenbewehrten Vorfahren, den großen **Herakles** in den Zeh zwickte, als dieser gegen die vielköpfige Hydra kämpfte. Der tapfere Riesenkrebs geriet dabei zwar unter einen Fuß des Helden und fand den Tod, aber immerhin darf er am Himmel weiterleben. Als Dankeschön von **Hera**, Herakles' erbitterter Feindin, für den kleinen Beitrag des Krustentiers zu diesem göttlichen Handgemenge.

Wahrscheinlich sind Sie überzeugt, dass keinem der beiden Tiere seine Rolle in den Himmelsgeschichten bewusst ist. Aber die Menschen dachten auch einmal, nur Robben, Vögel – und natürlich wir selbst – könnten sich an den Sternen orientieren. Und deshalb bin ich mir da heute gar nicht mehr so sicher.

URSA MAJOR

LEO MINOR

LYNX

AURIGA

GEMINI

LEO

XTANS

CANIS MINOR

HYDRA

0 1 2 3 4 5

MAGNITUDE

CANES VENATICI
CVN/CANUM VENATICORUM, JAGDHUNDE

PLATZ IN DER GRÖSSENORDNUNG: **38**
ASTERISMUS: **RAUTE [DER JUNGFRAU]**

HENRIETTA saß nun schon eine ganze Weile. Natürlich hatte er es nicht geschafft, den Spaniel über einen längeren Zeitraum ruhig zu halten, aber das war kein Problem – diese Schoßhündchen sahen eh alle gleich aus. Das perlenbesetzte Kleid seines Frauchens, der Busen, die abfallenden sahneweißen Schultern – auch das war leicht, und es galt ohnehin stillschweigend der Befehl, dass er deren exakte Proportionen mit einiger Freiheit behandelt. Schwierig war die Prinzessin trotzdem. Da gab es etwas in ihren hervorquellenden Augen, was sich unmöglich richtig hinkriegen ließ: eine Mischung aus Traurigkeit, Arroganz und Flirtbereitschaft, die unweigerlich in eine Richtung kippte, sobald man versuchte, sie in einem Gemälde festzuhalten.

Aber was hat sie auch für ein Leben geführt, diese »Minette« (wie ihr Bruder sie in seinen Briefen liebevoll nannte). Im Alter von drei Jahren zur Flucht aus England gezwungen; der Vater hingerichtet, die Mutter verarmt; römisch-katholisch erzogen, obwohl das Mädchen doch in der Kathedrale St. Peter von Exeter getauft worden war; und zu guter Letzt in eine unglückliche Ehe mit einem lüsternen Franzosen verfrachtet. Er fragte sich, wie gut sie wohl ihren Vater gekannt hatte, den alten König Charles (Karl). In jener Nacht des Jahres 1660, als Henriettas Bruder nach London zurückkehrte und die Monarchie wiederhergestellt wurde, strahlte wohl ein Stern ungewöhnlich hell am Himmel. (An die Zeit erinnerte er sich noch gut – an das Gefühl, dass plötzlich alles möglich war, dass der Puritanismus zurückgedrängt würde und er endlich auch wieder fröhliche Farben würde verwenden dürfen.) Zu Ehren des geköpften Vaters gab der Leibarzt des neuen König Charles dem Stern den Namen Cor Caroli (»Karls Herz«).

Die Herzogin seufzte tief. Er nahm seinen Pinsel und malte weiter.

· · ·

Ob der historisch nicht eindeutig identifizierbare Maler des Porträts je davon erfuhr oder nicht, ist ebenfalls ungeklärt; auf alle Fälle integrierte der polnische Astronom **Johannes Hevelius** 1687 ebenjenen Stern (α Canum Venaticorum) in ein neues Sternbild. Hevelius beschrieb Canes Venatici als die zwei Jagdhunde des Bärenhüters Boötes, die Ursa Major auf den Fersen sind. Kurioserweise war der King Charles Spaniel (der seinen Namen dem Umstand verdankt, dass es sich um die Lieblingsrasse Karls II. handelte) ursprünglich nicht nur Schoß- beziehungsweise Gesellschafts-, sondern auch Jagdhund. Selbstverständlich bevor der bevorzugte Setter des Königs mit einem Mops gekreuzt wurde, woraus das plattnasige Hündchen mit den Glupschaugen wurde. Was mich an die beiden anderen berühmten Jagdhunde am Himmel erinnert: Canis Major mit seinem hell rot und weiß flackernden Leitstern Sirius und Canis Minor, den Kleinen Hund, einen verspielten Welpen, der seinem größeren Kameraden nachrennt.

DRACO

URSA MAJOR

BOÖTES

COMA BERENICES

● ● ● ● ● ● ·
0 1 2 3 4 5

MAGNITUDE

CANIS MAJOR
CMA/CANIS MAJORIS, GROSSER HUND

PLATZ IN DER GRÖSSENORDNUNG: **43**
ASTERISMEN: **HIMMLISCHES G, WINTERSECHSECK,
WINTEROVAL, WINTERDREIECK**

UM DEN GROSSEN HUND ranken sich viele Legenden. Der Jagdhund, den die alten Meso-potamier über den Himmel ziehen und einem Hasen – Lepus – folgen sahen, zu Füßen eines riesigen Jägers. Für die Griechen handelte es sich bei diesem Jäger um Orion, dessen Hund Canis Major zumeist in Gesellschaft seines Kameraden, Canis Minor, auftrat. In einem der beiden Himmelshunde meinte man oft **Maira** zu erkennen, die treue Begleiterin des ermordeten **Ikarios** (siehe auch Boötes und Canis Minor). Um den Tod dreht sich auch die Legende von Kerberos, dem dreiköpfigen Höllenhund, der den Tartaros bewachte, den Abgrund in den Tiefen des Hades. Eine Erscheinungsform des altägyptischen Gottes Anubis trägt den Kopf eines Schakals. In dieser Gestalt war er der Führer der Toten, deren Seelen er auf der Waage der Gerechtigkeit ab-wog, um über ihr Schicksal zu befinden. Am Himmel sahen die Menschen diesen Gebieter über Einbalsamierung und Begräbnisrituale in einem ganz bestimmten Stern verkörpert, im hellsten, dem Leitstern des Sternbildes: Sirius, dem »Hundsstern«.

Sirius (α Canis Majoris) ist der hellste Stern an unserem gesamten Himmel und findet bereits in den frühesten astronomischen Aufzeichnungen Erwähnung. Bei den alten Ägyptern als *Sopdet* bekannt, markierte sein helikaler Aufstieg (wenn er nach einer Zeit der Unsichtbarkeit erstmals wieder kurz vor Sonnenaufgang im Osten zu erkennen war) den Beginn des Sothis-(oder auch Sopdet-)Jahres – unmittelbar vor der alljährlichen Nilflut und der Sommersonnenwende, wenn es am heißesten war. Griechen und Römer nahmen diese Idee der drückend schwülen »Hunds-tage« auf. Man stellte sich vor, dass sich die Hitze des Sirius mit der der Sonne verband, um seltsame, unheilvolle Kräfte des Kosmos hervorzubringen, die die Menschen »verstrahlten« und Hunde zu wilden Bestien mit Schaum vor dem Maul machten.

Auch die alten Chinesen sahen in Sirius einen wütenden Hund. Bei ihrem Himmlischen Schakal *T'ien-lang* handelte es sich um einen wilden Wolf aus dem Osten, der die Höfe der Bau-ern verwüstete und vom Himmlischen Jagdhund *T'ien-kaou*, den auch sie in den Sternen von Canis Major erkannten, zur Strecke gebracht werden musste. Zur gleichen Zeit nannten die Inuit Alaskas den Sirius »Mondhund«; die Seri-Indianer in Mexiko sowie die Tohono O'Odham Arizo-nas sahen in ihm einen bellenden Vierbeiner, der Gebirgsschafe jagte; die Inuit auf dem Gebiet der Kupferminen in den Nordwest-Territorien meinten in seinen funkelnden Flammen einen roten und einen weißen Fuchs zu erkennen, die gegeneinander kämpfen.

1862 entdeckte der amerikanische Teleskopbauer Alvan G. Clark, dass es sich bei Sirius in Wahrheit um einen Doppelstern handelt, der einen treuen, wenn auch lichtschwachen Gefähr-ten besitzt, den Weißen Zwerg Sirius B, der mitunter auch liebevoll »Welpe« genannt wird.

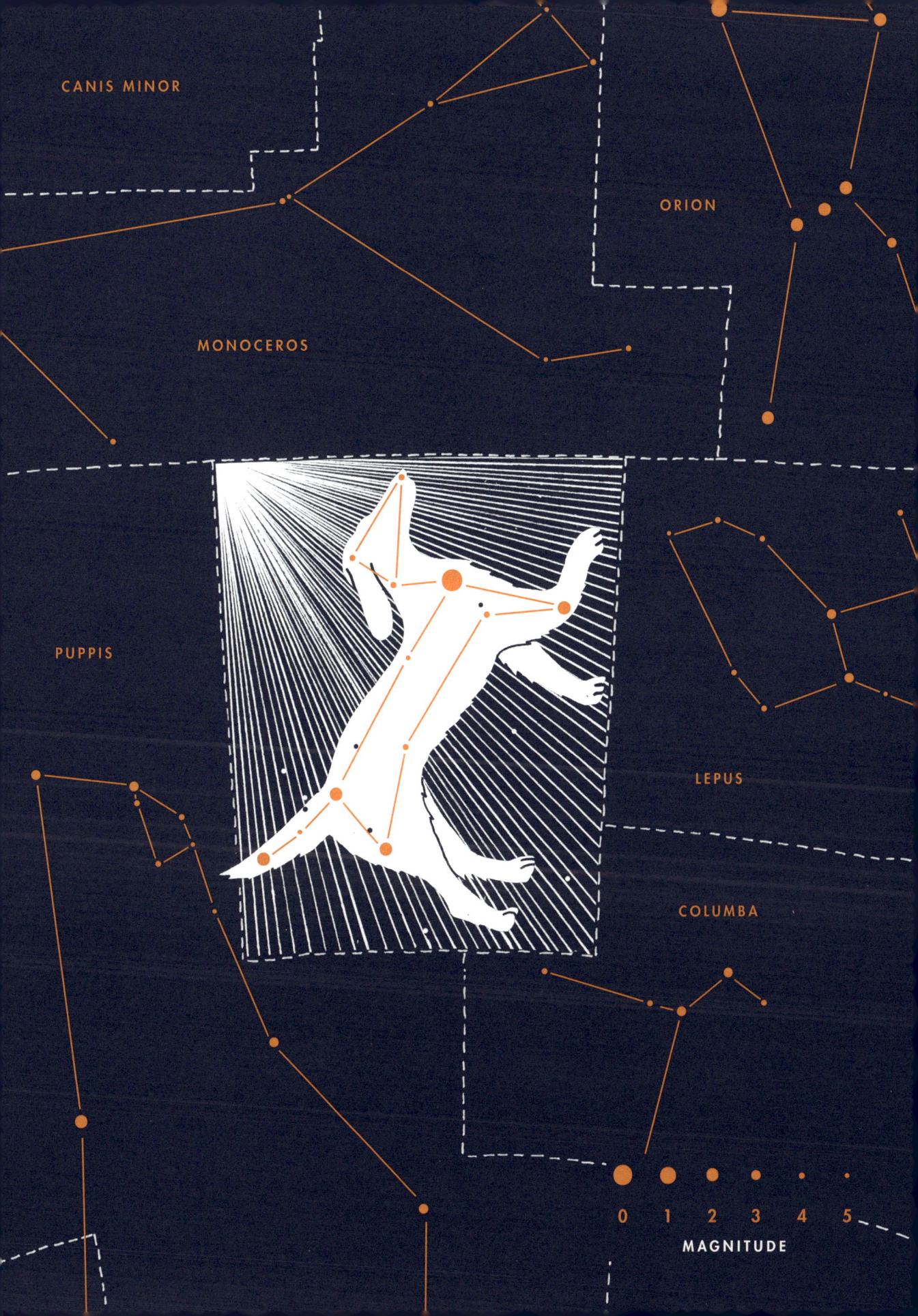

CANIS MINOR

ORION

MONOCEROS

PUPPIS

LEPUS

COLUMBA

0 1 2 3 4 5

MAGNITUDE

CANIS MINOR
CMI/CANIS MINORIS, KLEINER HUND

PLATZ IN DER GRÖSSENORDNUNG: 71
ASTERISMEN: HIMMLISCHES G, WINTERSECHSECK,
WINTEROVAL, WINTERDREIECK

ZWEI BRUTALE LEGENDEN

um den kleineren Jagdhund des Orion, ebenso blut- wie lehrreich:

DIE INUIT-LEGENDE VON SIKULIAQSIUJUITTUQ

Es war einmal ein Mann namens Sikuliaqsiujuittuq, dessen Bauch aus mehr Fett bestand, als es Walfischtran im kalten dunklen Meer gab. Während die anderen Männer zur Jagd gingen, blieb Sikuliaqsiujuittuq vor lauter Angst, er könne im Eis einbrechen, daheim. Das brachte die anderen im Camp mehr und mehr gegen ihn auf. Als die Eisschicht schließlich so dick war, wie sie dicker nicht werden konnte, überredeten die Männer ihn doch, sie auf die Robbenjagd zu begleiten. Glücklicherweise hielt das Eis Sikuliaqsiujuittuq stand, sodass er sich nach einem langen Arbeitstag auf dem bis weit in die Tiefe zugefrorenen Wasser zum Schlafen legen konnte. Da er dergleichen aber noch nie getan hatte, erkundigte sich Sikuliaqsiujuittuq, was man dabei beachten müsse. Seine listigen Kumpane erzählten ihm, dass sich vor der ersten Nacht jeder mit einer Lederschnur die Hände fest hinter dem Rücken zusammenbinden lassen müsse. Nichtsahnend folgte Sikuliaqsiujuittuq der ungeschriebenen Vorschrift. Und sobald er friedlich vor sich hin schnarchte, wurde er von den Jägern erstochen. Woraufhin er in den Himmel aufstieg als der blutrote Stern, den wir unter dem Namen Sikuliaqsiujuittuq kennen und der andernorts Prokyon genannt wird: der allerhellste Stern im Sternbild Canis Minor und der achthellste (sowie fetteste) am gesamten Himmel.

DIE ATTISCHE LEGENDE VON IKARIOS

Es war einmal ein Mann namens **Ikarios**, der sehr saftige Trauben anbaute. Bacchus beziehungsweise Bakchos, der eines schönes Nachmittags einen Spaziergang machte, beeindruckten sie so sehr, dass er beschloss, dem talentierten Mann das Weinkeltern beizubringen. Man stelle sich Ikarios' Begeisterung vor, als er die ersten Tropfen dieser himmlischen Flüssigkeit kostete, als die heiter gelöste Stimmung in ihm aufzusteigen begann und sich bald zu beflügelnder Ekstase steigerte! Ikarios indes war ein großherziger Mensch, weshalb er sein neues Vergnügen mit allen teilen wollte und eine große Party organisierte. Nicht lange, und die Gäste kippten – immer ein Zeichen für eine gelungene Sause – aus den Latschen. Einfach herrlich! Aber nur, solange man ausblendet, welch grausames Ende der unschuldige Weinbauer am nächsten Morgen fand, und wie seine treue Hündin Maira als Canis Minor in den Himmel gelangte – nachzulesen beim Bärenhüter (Boötes).

CAPRICORNUS
CAP/CAPRICORNI, STEINBOCK

PLATZ IN DER GRÖSSENORDNUNG: **40**
ASTERISMEN: **KEINE**

SCHADE FINDE ICH, dass das Erste, was einem in den Sinn kommt, sobald jemand Panflöten erwähnt, ein Typ im Poncho ist, der einer unbeeindruckten Menschenmenge »My Heart Will Go On« aus *Titanic* entgegenpfeift – und nicht die lyrischen Eskapaden des ausgelassenen Pan. Und ich mag mir auch gar nicht erst vorstellen, was wohl **Zeus** – den ebendiese Wald-, Wiesen- und Naturgottheit aus den Fängen des Seeungeheuers **Typhon** befreite und damit vor dem Tod rettete – von dem tumben Gedudel dieser einst so ergreifenden Melodien auf den Entspannungs-und-Selbsthilfe-CDs unserer Tage gehalten hätte.

In der Antike wurde Pan, die für alles Ländlich-Natürliche zuständige Gottheit, gewöhnlich als wollüstiger gehörnter Satyr mit den Beinen einer Ziege und gespaltenen Hufen dargestellt. Mittelalterliche Schriften, in denen Capricornus mit Fischschwanz und Ziegenkopf porträtiert wird, weisen jedoch darauf hin, dass die Ursprünge dieses Sternbildes noch weit älter sind. Oannes, der assyrisch-babylonische Gott der Weisheit, halb Fisch, halb Mensch, wurde dort verortet, und die alten indianischen Astronomen sahen in den betreffenden Sternen sowohl ein Krokodil als auch ein Nilpferd mit dem Kopf einer Ziege. Den Römern war Capricornus als Neptuni Proles bekannt – Nachkommen Neptuns (das lateinische Äquivalent des griechischen Meeresgottes Poseidon) –, und der hellste Himmelskörper in diesem Sternbild, Deneb Algedi (δ Capricorni), was »Schwanz der Ziege« bedeutet, befindet sich nur wenige Bogengrade östlich von der Position, die der französische Astronom Le Verrier für den Planeten Neptun berechnete.

Aber zurück zur Panflöte. Wenn sich Ihre Laune beim nächsten Besuch einer heillos überfüllten Fußgängerzone wieder einmal dem Tiefpunkt nähert, versuchen Sie, die kitschigen Klänge auszublenden und sie durch die Kraft der Mythen zu ersetzen. Stellen Sie sich vor, Sie säßen am idyllischen Ufer eines plätschernden Bächleins. Dort nehmen Sie aus den Augenwinkeln eine Bewegung wahr. Hinter einem Felsen versteckt, entdecken Sie eine bärtige Gestalt. Lachend und lärmend stellt sie einer nackten Nymphe nach. Diese heißt Syrinx und versucht verzweifelt, sich den Avancen zu entziehen. Der Ziegen-Mann will sich gerade auf die verängstigten Baumnymphe stürzen, da ist sie plötzlich verschwunden. In der Hand hält er nur etwas Schilfrohr. (Mitfühlende Wassernymphen haben die Hilfeschreie ihrer Kollegin aus dem Wald vernommen.) In seiner Enttäuschung lässt er sich mit einem melancholischen Seufzen auf den Erdboden fallen. Und als sein Atem das Schilfrohr streift, erklingen die schönsten, bittersüßen Töne. Er rupft einige Gräser aus, schneidet sie in unterschiedlichen Längen zu und erfindet auf diese Weise jenes Musikinstrument, das später dermaßen unverschämt entwürdigt werden sollte, dessen Klang für ihn aber so wunderschön ist wie die Nymphe Syrinx, deren Namen er seiner Hirtenflöte gibt.

CARINA
CAR/CARINAE, KIEL DES SCHIFFS

PLATZ IN DER GRÖSSENORDNUNG: **34**
ASTERISMUS: **FALSCHES KREUZ DES SÜDENS**

JASON UND DIE ARGONAUTEN: EIN EPOS ...

*(in dem fünfzig hellenische Helden in einem Schiff mit fünfzig Ruderplätzen nach Kolchis aufbrechen, um das Goldene Vlies sowie den Geist des **Phrixos** nach Griechenland zurückzuholen)*

... RÜCKWÄRTS ERZÄHLT IN DREI TEILEN

*(ähnlich wie **Ptolemäus'** ursprüngliches Sternbild, das diesem Schiff zu Ehren den Namen Argo Navis trug, 1756 von dem französischen Astronomen **Lacaille** dreigeteilt wurde: in Carina, Puppis und Vela)*

TEIL I: CARINA

BETAGT UND ABGERISSEN sitzt Jason neben seiner vermodernden *Argo* an der Küste von Kolchis. Schon einmal stand er an diesem Strand, stark und unerschrocken. Wie alle Helden ist er einst bildschön gewesen. Aber zugleich auch brutal, der Verzweiflung nahe und hitzköpfig. Der Ruderwettbewerb, den sie seinerzeit auf dem verrotteten Kasten da neben ihm veranstaltet haben, fällt ihm wieder ein. **Herkules**, **Polydeukes**, **Kastor** und er – stolz haben sie sich ins Zeug gelegt, bis ihnen jeder Muskel wehtat. Und wie zur Strafe für diese flüchtige Erinnerung an die Vergnügungen der Jugend fährt ihm ein scharfer Schmerz durch den Brustkorb.

Er muss an **Medea** denken. Und wird am Ende reumütig. Es war mein Fehler, räumt er ein. Die barbarische Ermordung seiner Kinder. Die Halsstarrigkeit und Wut in seinem Blut, gegen die er einfach nicht angekommen ist. Wem versucht er hier eigentlich Rechenschaft abzulegen? Den Göttern, über die er immer nur gelästert hat? Er hat seine Versprechen gebrochen: Bei allen Göttern des Olymp hat er geschworen, Medea die Treue zu halten. Und das nicht einmal aus Liebe sondern um mithilfe ihrer List und Tücke seinen Anspruch auf das Goldene Vlies geltend zu machen. Als sie ihre Zaubertränke mischte und wilde Bestien hypnotisierte, hätte ihm klar sein müssen, dass sie die Magie im Blut hatte – im Herzen aber Gewalt. Genau wie er selbst.

Medea. Sie hat für ihn gekämpft, getötet und ihm in Korinth auf den Thron verholfen. Sieben Töchter und sieben Söhne hat sie ihm geboren. Und er hat sie verlassen – um einer dummen Göre willen. Kein Wunder, dass sie seiner naiven Braut eine vergiftete Robe zur Hochzeit geschickt hat. Es war sein Fehler, dass nicht nur sie, sondern auch ihr Vater, König Kreon, nebst allen Hochzeitsgästen unrettbar in Flammen aufgingen – während er selbst dem Palast durch ein Fenster entkommen konnte. Es war sein Fehler, dass sich die entrüsteten Korinther zur Strafe daraufhin all seine Kinder schnappten und zu Tode steinigten.

Jason erklimmt das Schiffswrack, um sich am Bug zu erhängen. Just in diesem Augenblick gibt ein morscher Balken nach und fällt Jason direkt auf den Kopf. Mit fatalem Ausgang.

COLUMBA

PICTOR

PUPPIS

DORADO

VELA

VOLANS

MENSA

CHAMAELEON

CENTAURUS

OCTANS

MUSCA

CRUX

MAGNITUDE

0 1 2 3 4 5

CASSIOPEIA
CAS/CASSIOPEIAE, KASSIOPEIA

PLATZ IN DER GRÖSSENORDNUNG: **25**
ASTERISMEN: **HIMMELS-W, HIMMELS-M**

ZEILEN, DIE HÄTTEN EIN GEDICHT WERDEN SOLLEN, ABER LEIDER HAT'S DOCH NICHT GANZ KLAPPEN WOLLEN

Es war mal im fernen Aithiopia 'ne Queen,
die hatte nichts als ihr Frätzchen im Sin.
»Meine Schönheit und Beauty«, vollmundete oft sie,
»ist sowas von dermaßen irre erlesen,
da kann man doch jede Nymphe drüber vergesen.«

Poseidon, dem Chef aller Wellen,
ging darob der Dreizack in Dellen,
was wiederum in der Tiefe der See
'ne Bestie auf den Plan rief, och nee,
die rasend das Eiland verwüs-té-té.

Doch Cassiopeia, vom König die Olle,
hat 'nen Vorschlag für Cetus: »Du treibst es zu dolle,
und auch wenn der Deal meine Tochter erbost,
du kannst sie haben, nimm sie zum Trost,
damit nicht länger du auf den Nerven uns rumtobst.«

Nicht die beste Idee, denkt Andromeda,
an den Felsen gekettet von der eignen Mama.
Aber dann tritt auf mit großem Bumbum
ein Held nebst Pferdchen und allem Drumrum
zu retten die Maid und zu ernten den Ruhm.

Held Perseus tut also, was Helden tun müssen,
schnappt sich die Holde, um sie – was wohl? – zu küssen,
und Cassiopeia, um ihre Sünde zu büßen,
kommt in den Himmel in fragwürdger Pose,
wo alle schon warten – siehe rechts: sie ohne Hose!

CAMELOPARDALIS

DRACO

CEPHEUS

PERSEUS

ANDROMEDA

TRIANGULUM

PISCES

0 1 2 3 4 5

MAGNITUDE

CENTAURUS
CEN/CENTAURI, ZENTAUR

....

PLATZ IN DER GRÖSSENORDNUNG: **9**
ASTERISMUS: **SÜDLICHE WEGWEISER**

....

BEIM AUFRÄUMEN des Dachbodens stieß Asklepios (Äskulap) in einer der Kisten auf sein altes Schulzeugnis. Angesichts der staubigen Blätter fühlte er sich auf der Stelle in **Cheirons** Höhle auf dem Pilio zurückversetzt. Der liebe Cheiron! Hatte ihm alles beigebracht, was er wusste und konnte. Doch die schreckliche Ironie des Schicksals: Ausgerechnet derjenige, der ihn in Medizin unterrichtet hatte, der Lehrer, ohne dessen Unterweisungen er ein Nichts geblieben wäre – und schon gar nicht der große Heilkundige hätte werden können, der er heute war –, hatte sich außerstande gesehen, mit den Folgen eines Giftpfeils fertigzuwerden, der ihn getroffen hatte. Unwillkürlich zuckte Asklepios zusammen, als er an den sanften Zentauren denken musste und daran, wie er sich den Metallsplitter aus dem Knie gezogen hatte.

> *Mit Bogenschießen und Jagen tut er sich zwar etwas schwer, im Magie- und Kräuterkundeunterricht jedoch zeichnet Asklepios sich durch hervorragende Leistungen aus. Der Wettbewerbsgeist meiner anderen ehemaligen und derzeitigen Schüler, insbesondere **Jason**, **Achilles** und Herkules, setzt seinem Selbstbewusstsein mitunter zu, aber er macht erfreuliche Fortschritte.*

Asklepios runzelte die Stirn. Er dachte an seine Jugend zurück. Vielleicht war er angesichts der Legionen von Heroen, die Cheiron unterrichtete, tatsächlich zu schüchtern gewesen. Und hätte er für diese Schwäche nicht gezüchtigt gehört? Doch Cheiron war es immer schwergefallen, streng zu sein. Im Gegensatz zu den anderen Zentauren, die in der Hauptsache grausam und zumeist besoffen waren, hatte er sich immer als freundlich und gutmütig erwiesen. Vielleicht war es das, was ihn zu einem so guten Lehrer machte, der das Vertrauen der Götter genoss. Asklepios musste an seine eigenen Kinder denken und fragte sich, ob er die Sache womöglich falsch anpackte. Hygieia war stets so folgsam, so sauber und ordentlich, dass er sich um sie nie hatte Sorgen machen müssen (von ihrem Großvater **Apollon** war sie bereits dazu ausersehen, die Göttin der Gesundheit zu werden); die anderen gaben ihm etwas mehr Anlass zu Kummer, aber auch sie kamen irgendwie durch. Nur seinen Sohn Telesphoros, den Zwerg, behandelte er oft etwas barsch, zu ihm war er selten nett genug, dessen war er sich durchaus bewusst.

Weiter unten in der Kiste stieß er auf eines seiner alten Lehrbücher: *Musik und Sphärenharmonie für Anfänger*. Während er darin blätterte, entsetzten ihn seine doofen Kritzeleien von damals. Zeichnungen, eher schon Karikaturen, die er von seinem Lehrer angefertigt hatte, misslungene Versuche, dessen Gestalt – halb Mensch, halb Pferd – einigermaßen realistisch wiederzugeben. Seinerzeit hatte er sich nie getraut, Cheiron nach der Geschichte seiner Herkunft zu fragen. Heute wusste er natürlich Bescheid. Jetzt war ihm klar, dass es sich bei Cheirons Vater um Kronos handelte, den Anführer der Titanen; seine Mutter war Philyra, die Tochter des Okeanos. Er wusste, dass Kronos' Frau **Rhea** die beiden in flagranti ertappt hatte und dass sich dieser daraufhin in ein Pferd verwandelte und Cheiron – das Mischwesen – mit der Meeresnymphe zeugte, bevor er sich auf- und davonmachte, um dem Zorn seiner Gattin zu entfliehen.

Was für Höllenqualen sein armer Lehrer hatte erleiden müssen, dachte Asklepios zwischen all den Erinnerungsstücken an seine Schulzeit. In seiner Höhle hatte er sich verkrochen, außerstande, die schwärende Wunde zu stillen. Herkules konnte natürlich nichts dafür, dass sich bei einem Gerangel mit irgendwelchen rauflustigen Zentauren ein Pfeil löste und seinen alten Lehrer am Knie erwischte. Woher hätte er denn auch Jahre zuvor, als er die Hydra besiegte und seine Pfeile in ihr Blut tauchte, wissen sollen, dass das Gift von deren Spitzen eines Tages durch Cheirons Adern fließen würde? Wie hätte er dem Schicksal Einhalt gebieten können? Auch war es nicht sein Fehler (obwohl er schreckliche Schuldgefühle deswegen hatte), dass Cheiron aufgrund seiner göttlichen Abstammung unsterblich war und deshalb keine Aussicht bestand, dass seine unerträglichen Qualen, die auch Asklepios nicht lindern konnte, je ein Ende fanden. Glücklicherweise hatte **Zeus** Cheiron dann aber gestattet, seine Unsterblichkeit an Prometheus abzutreten, wodurch der gequälte Held vor Aquila gerettet wurde und der liebenswürdige Zentaur in Frieden das Zeitliche segnen konnte.

VIRGO

LIBRA

LUPUS

SCORPIUS

NORMA

ARA

TRIANGULUM AUSTRALE

CIRCINUS

APUS

CEPHEUS

CEP/CEPHEI, KEPHEUS

PLATZ IN DER GRÖSSENORDNUNG: **27**
ASTERISMEN: **KEINE**

ICH WAR der König von Joppe, Gatte der großmäuligen Cassiopeia und Erzeuger – denn das Recht, mich Vater zu nennen, habe ich wohl verwirkt – des schönsten aller Mädchen, meiner Andromeda. Meine Sterne sind allerdings heutzutage kaum mehr wahrzunehmen, Sie müssen schon sehr genau hinschauen, wenn Sie meine Gestalt überhaupt wahrnehmen möchten. Aber so oder so erinnert sich in dieser ganzen Geschichte eh niemand an mich. Ganz anders verhält es sich mit meiner Frau, deren fünf hellste Sterne dieses berühmte W bilden – für Weib, Widerling und was weiß ich noch alles. Ich war vermutlich einfach zu schwach. Und natürlich hat mich meine Königin um den kleinen Finger gewickelt – aber das war vielleicht auch ein Fingerchen …

Doch als sich Cassiopeia eines Tages wieder einmal ihre dicken dunklen Locken kämmte, übertrieb sie es mit ihrer Angeberei. Sie behauptete doch allen Ernstes, sie sei hübscher als die **Nereiden**, **Poseidons** blonde Töchter, die überaus schönen Wassernymphen. Der Meeresgott war natürlich außer sich. Mit seinem Dreizack schlug er auf den Ozean ein und ließ seiner Wut freien Lauf. Zunächst wurde das Festland von der Gewalt des Wassers, das er aufrührte, überschwemmt, dann tauchte das abscheuliche Seeungeheuer Cetus aus den Tiefen des Meeres auf und stürzte mein Königreich ins Chaos. Ich begab mich zum Orakel von Siwa, um zu fragen, wie ich mein Volk retten könne, doch die Antwort, brach mir schier das Herz: Wenn ich nicht bereit sei, der hungrigen Teufelin meine Tochter zu opfern, würde sie in ihrem Zerstörungswahn nicht nachlassen. So brachte ich Andromeda ans Ufer und kettete sie dort an einen Felsen. Meine eigene Tochter!

Ihre verzweifelten Schreie quälen mich in meinen Träumen auch heute noch. Das Ungeheuer türmte sich im Meer vor Andromeda auf und beschmutzte mein liebes Kind mit seinen dreckigen Blicken. Nur **Zeus** ist es zu verdanken, dass die Geschichte kein schlimmes Ende fand. Nachdem Perseus die Gorgone **Medusa** enthauptet hatte, war er gerade auf dem Heimweg, als Andromedas gellende Schreie an sein Ohr drangen. Die Schönheit meiner Tochter verzauberte ihn sofort. Perseus versprach, das Ungeheuer zu töten, wenn Andromeda bereit sei, ihn zu ehelichen – und tatsächlich gelang es ihm, Cetus auszutricksen. Mit der Sonne im Rücken baute er sich vor dem Scheusal auf und rammte ihm, während sich das Untier Perseus' Schatten in den Weg stellte, sein Schwert ins Fleisch.

Unsere Tochter hat natürlich weder ihrer Mutter je verzeihen können noch mir. Die Strafe, die ich erhielt, sind meine Betrübnis, meine Trauer und mein Kummer sowie der Umstand, dass ich am Himmel ständig an sie erinnert werde. Ihre Mutter hingegen ist dazu verdammt, den Himmelspol zu umkreisen, als Strafe für ihren Hochmut die Hälfte des Jahres kopfüber mit gespreizten Beinen in einer ordinären, beschämenden Körperhaltung.

CETUS

CET/CETI, WALFISCH

PLATZ IN DER GRÖSSENORDNUNG: **4**
ASTERISMUS: **SCHÄDEL**

EINE UNHEIMLICHE STILLE. Wir befinden uns unter Wasser. Kaum, dass die gedämpften Geräusche vom Strand zu hören sind. Lange, bildhübsche Beine strampeln im Meer. Wir tauchen kurz auf, sofort wird der Ton auf volle Ferien-Lautstärke hochgedreht. Dann wieder die unheimliche Stille unter Wasser. Und die Beine.

Kommt Ihnen das bekannt vor?

Ein unschuldiges Mädchen, das im flachen Wasser um sich schlägt. In den Wellen spielen Kinder. Aufblasbare Luftmatratzen, aufgeregtes Quietschen, eine sommerliche Szene auf Super 8.

Kommt Ihnen das bekannt vor?

Aus den bodenlosen, abgründigen dunklen Tiefen des Ozeans hievt ein Ungeheuer seinen massigen Leib dem Licht entgegen. Die Fische huschen ihm aus dem Weg. Dann unheimliche Stille. Und das Planschen von Beinen.

Kommt Ihnen das bekannt vor?

Was ist das für eine stinkende Kreatur, die da aus den himmlischen Tiefen emporsteigt? Die Krebstiere auf dem Rücken sitzen hat und altes Seegras zwischen den Kiemen? Die in unstillbarer Gier in den Ozeanen lauert? Die schon seit Urzeiten die Küsten terrorisiert, Menschen tötet und Helden hervorbringt?

Handelt es sich vielleicht um **Tiamat**, die babylonische Bestie des uranfänglichen Schöpfungschaos? Nein, deren Leib wurde durch einen Hieb des göttlichen **Marduk** in zwei Teile gespalten. Auf einem weißen Pferd kam er zu ihr geflogen, und aus ihren beiden Körperhälften entstanden Himmel und Erde.

Ist es die Bestie, aus deren Fängen Perseus die an den Felsen gekettete Andromeda rettete? Auch nicht, denn das war die widerliche, schuppige Cetus, die sich von Perseus' Schatten in die Irre führen ließ und daraufhin seinem Schwert zum Opfer fiel.

Oder haben wir es hier vielleicht mit dem Drachen (der auch eine Art Krokodil gewesen sein könnte) aus dem Meer bei Beirut zu tun, der Saint George Bay? In seiner Verzweiflung war der König eben dabei, dem Untier seine Tochter zum Fraße vorzuwerfen, um sein Land vor der Bestie zu retten, als der Heilige Georg vorbeigeritten kam und die Prinzessin vor dem sicheren Tod bewahrte. In Großbritannien kennt man sogar den Namen des Schwertes, mit dem er den Drachen tötete: Ascalon. Jahrhunderte später benannte Winston Churchill sein Flugzeug nach ihm.

Könnte es Moby Dick sein?

Nun mal im Ernst: Wer ist dieses fischige Ungeheuer? Dieses gesichtslose Monster, das seit Jahrmillionen unsere Küsten verwüstet und unsere Fantasie heimsucht? Das aus den dunklen Tiefen des Unbewussten aufsteigt, um uns in der Nacht hinterrücks zu überfallen? Und dem wir nicht nur in Albträumen begegnen, sondern auch am Himmel?

Beine, die im Wasser strampeln; quietschende Kinder; der Klang eines – ja was eigentlich? – Cellos, eines Horns (nein, einer Tuba), der Unheil verheißend zwischen zwei Tönen oszilliert; etwas, das sich ganz langsam nach oben bewegt, auf die Beine zu.

Aber ich glaube, Sie wissen längst, wer Cetus in Wirklichkeit ist …

ARIES

TAURUS

ERIDANUS

FORNAX

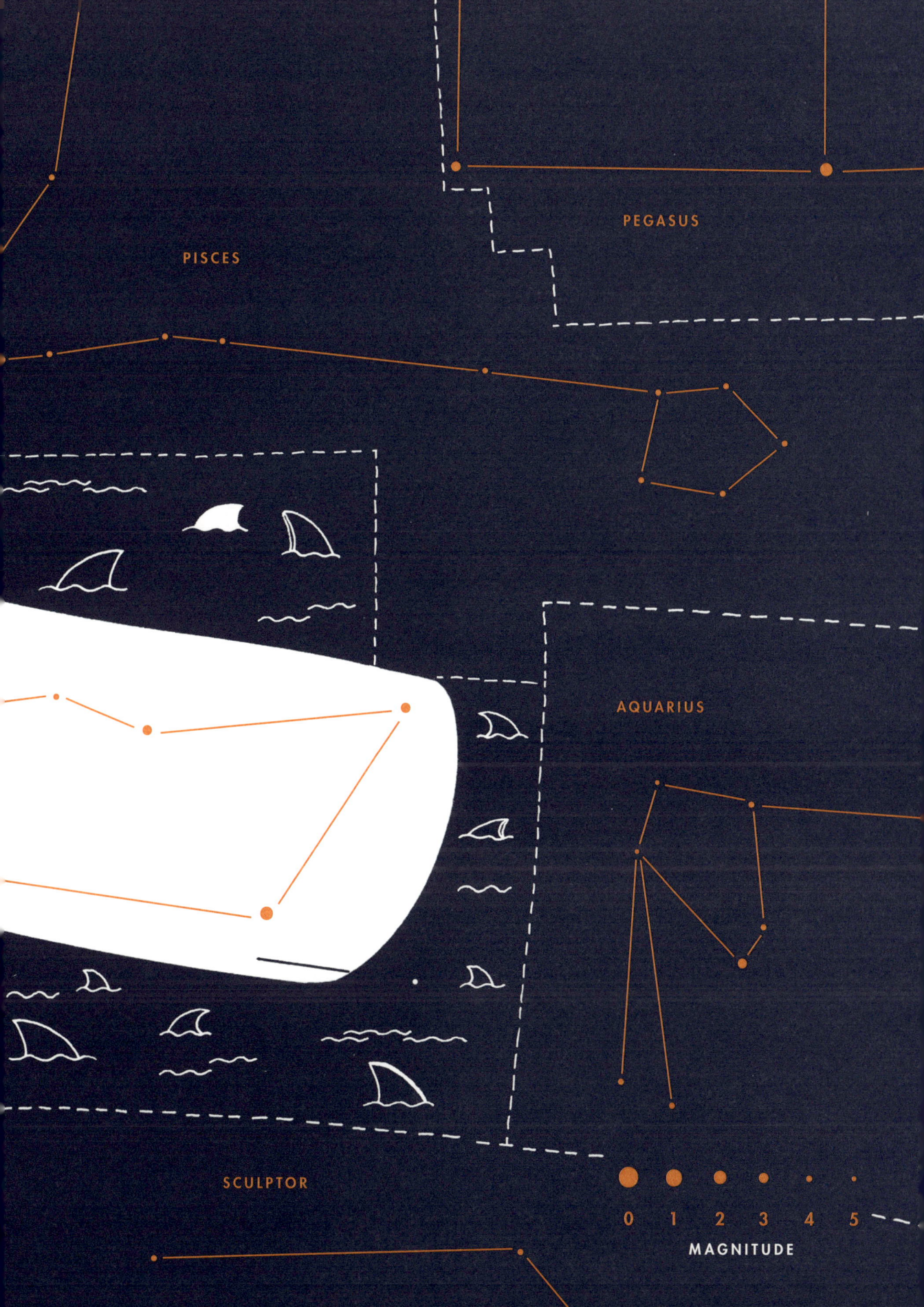

PEGASUS

PISCES

AQUARIUS

SCULPTOR

0 1 2 3 4 5

MAGNITUDE

CHAMAELEON
CHA/CHAMAELEONTIS, CHAMÄLEON

PLATZ IN DER GRÖSSENORDNUNG: **79**
ASTERISMEN: **KEINE**

DASS MIR DIESE Ehrung in den Sternen endlich zuteilwurde, kam keinen Moment zu früh. Jahrtausende hatte ich zuvor schon am Himmel verbracht, mal als Schildkröte für die Chinesen, mal als der Kojote bei den Navajos. Aber wenn ich das sagen darf: Besonders gut habe ich mich beim alten Volk der Boorong in Australien gemacht – als Thermometerhuhn.

O ja, bevor mir diese äußerst netten, niederländischen Kartografen einen eigenen Platz auf der Himmelssphäre zuwiesen, haben eure Leute mich ziemlich mies behandelt. Den Anfang machte dieser römische Typ mit der Knollennase, dieser **Ovid**. Er behaupete, dass ich ständig meine Farbe verändere und mich angeblich ausschließlich von Luft ernähre. Da haben sich plötzlich auch andere interessiert. Dass ich diese Aufmerksamkeit durchaus genossen habe, möchte ich gar nicht bestreiten. Aber musste sich der alte William denn unbedingt so unklar ausdrücken, als er diesen Jüngling Hamlet veranlasste, mich als Metapher zu verwenden?

> König Claudius: *Wie lebt unser Vetter Hamlet?*
> Hamlet: *Vortrefflich, mein Treu, von dem Chamäleongericht: Ich esse Luft, ich werde mit Versprechungen gestopft; so kann man Kapaune nicht mästen.*

Nun hatte ich schon Jahrhunderte Zeit, mir die Worte, die der junge Prinz seinem übergriffigen Onkel entgegenschleudert, durch den Kopf gehen zu lassen, und habe immer noch keine Ahnung, ob er mir damit nun ein gutes Zeugnis ausstellt oder eher nicht.

Als Nächster kam dann **Keats**, dieser tuberkulöse Teenager, der mich für sich und seinesgleichen vereinnahmen wollte: »Was den auf Tugend bedachten Philosophen schockiert, entzückt den Chamäleon-Poeten.« Nun sind mir eure Moralphilosophen reichlich schnuppe. Ob ich aber auf eure brüllenden Barden viel größere Stücke halten soll? Ich weiß nicht so recht. Am meisten verletzt hat mich jedenfalls dieser junge Romantiker mit seiner Unterstellung, es fehle mir an eigener Identität: »... hat kein eigenes Ich – ist alles und nichts – hat keinen Charakter – erfreut sich am Licht genauso wie am Schatten; ... lebt im Gusto, sei er verdorben oder anständig.« Wie jene ehrenwerten Forscher **Keyser** und **de Houtman** herausfanden, als sie 1595 in Madagaskar eintrafen, ist gerade die Fähigkeit, mich in feindlicher Umgebung zu tarnen, Beweis für meine Besonderheit – und nicht etwa ein Ausdruck charakterloser Beliebigkeit!

Übrigens: Meinen australischen Spitznamen mag ich gar nicht. So etwas Langweiliges wie eine Bratpfanne bin ich nun wahrhaftig nicht – und war es auch nie, verstanden? Ebenso wenig wie eine »Kleine Schöpfkelle« (auch wenn es die chinesischen Sternegucker, die mir dieses Etikett ursprünglich aufgepappt haben, bestimmt auch nur gut mit mir gemeint haben).

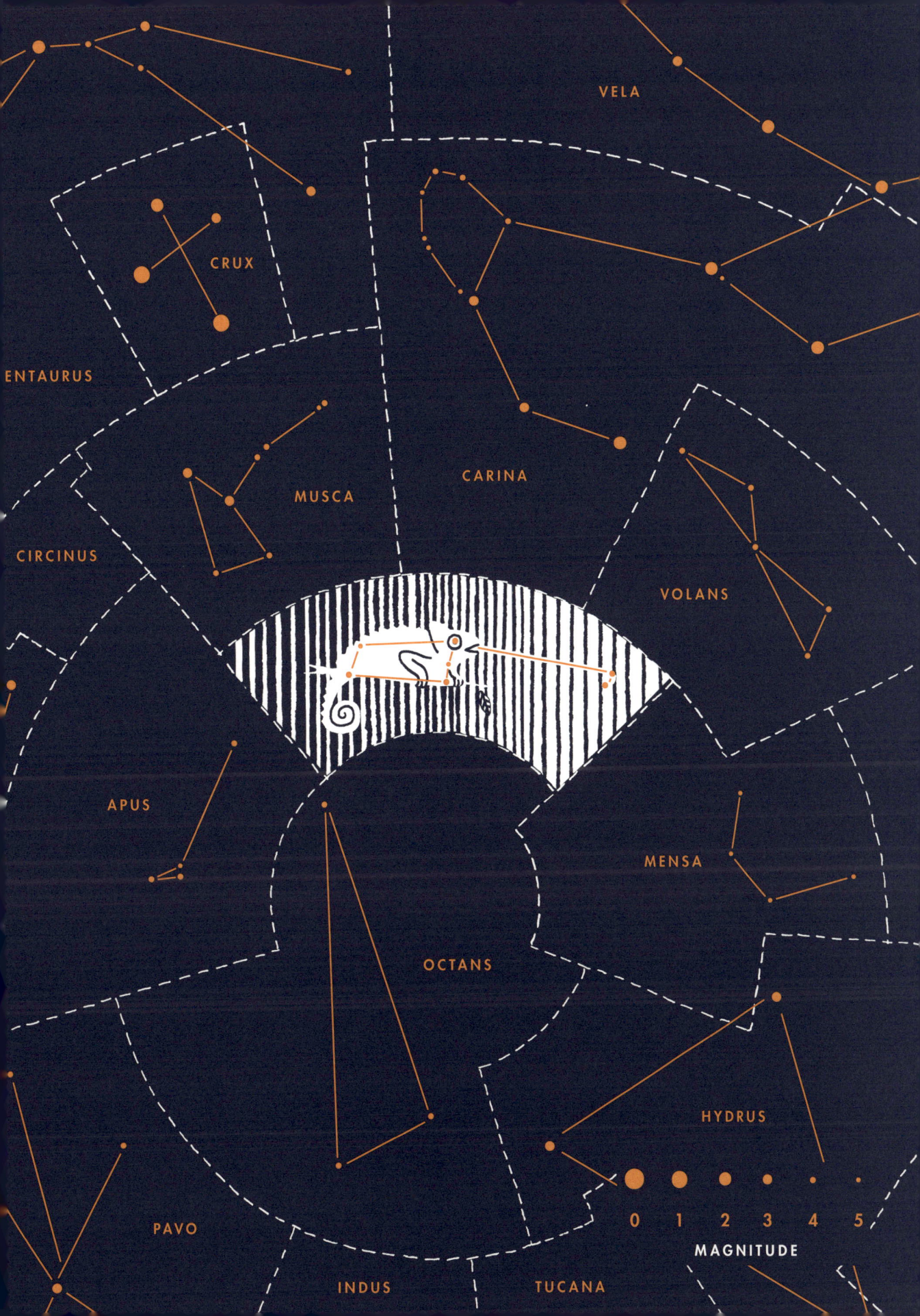

CIRCINUS
CIR/CIRCINI, ZIRKEL

PLATZ IN DER GRÖSSENORDNUNG: **85**
ASTERISMEN: **KEINE**

Die unendliche Stille des unendlichen Raums macht mir Angst.
Blaise Pascal (1623–62)

AUCH HIERBEI handelt es sich um eines der Bilder, mit denen der französische Astronom **Nicolas Louis de Lacaille** den zu seiner Zeit verwendeten naturwissenschaftlichen Instrumenten ein Denkmal setzte. Circinus stellt den (Feld-)Zirkel der Landvermesser dar. Dieses scheinbar so unbedeutende Sternbild – das, wie die Forschung 1970 ergeben hat, eine ganze dem menschlichen Auge verborgene Galaxie enthält – hat auf mich verrückterweise einen genau umgekehrten Effekt: Seine relative Kleinheit vergrößert bei mir nur die Furcht vor der riesigen Undurchschaubarkeit des Weltraums. Allein wenn ich mir die Größe dieses perfekten Kreises vorzustellen versuche, den der himmlische Zirkel auf immer und ewig im Universum zieht, weckt das Teile meines Unbewussten, die ich lieber dumpf vor sich hin schlummern lassen würde.

Auch den englischen Renaissance-Autor John Donne (1572–1631) beunruhigte die implizite metaphysische Dimension des wissenschaftlichen Fortschritts. In vielen seiner Schriften rang er mit den unglaublichen Entdeckungen, die auf dem Gebiet der Astronomie zu seiner Zeit gemacht wurden. Zu einer klaren Einschätzung der Forschungsergebnisse von **Kopernikus**, **Brahe**, **Galileo** und **Kepler** fand er zeitlebens aber nie. Ob die Haltung, die er ihnen gegenüber einnahm, eher religiösem Skeptizismus entsprach oder im Gegenteil einer intellektuellen Bewunderung, wurde oft diskutiert. Eines aber scheint mir klar: Gefühlsmäßig war sie ebenso kompliziert und zwiespältig wie ein Großteil seines dichterischen Werkes.

Absolut sicher war er sich jedoch der Liebe zu seiner Frau. In *A Valediction, Forbidding Mourning* (*Ein Lebewohl – trauern verboten*) benutzt er den Zirkel als Metapher für das Einzige, was meine Angst vor der ewigen Stille des unendlichen Weltraums besänftigen kann: die Liebe.

Die Seelen, die nur eine sind,
Erleiden – geh ich fort jetzt auch –
Doch keinen Bruch; sie weiten sich,
Wie Gold gehämmert wird zu Hauch.

Und sind's zwei Seelen, dann nur so,
Wie es mit Zirkelspitzen steht:
Der feste Fuß – du scheint zu ruhn,
Doch folgt er, wenn der andere geht.

Ob er auch still im Zentrum weilt:
Doch wenn der andre schweift im Lauf,
So neigt er sich und horcht ihm nach
Und stellt sich, wenn er heimkehrt, auf.

So bist du mir, dem andern Fuß,
Der laufen muss in seinem Bann:
Dein Stillsein rundet meinen Kreis –
So ende ich, wo ich begann.

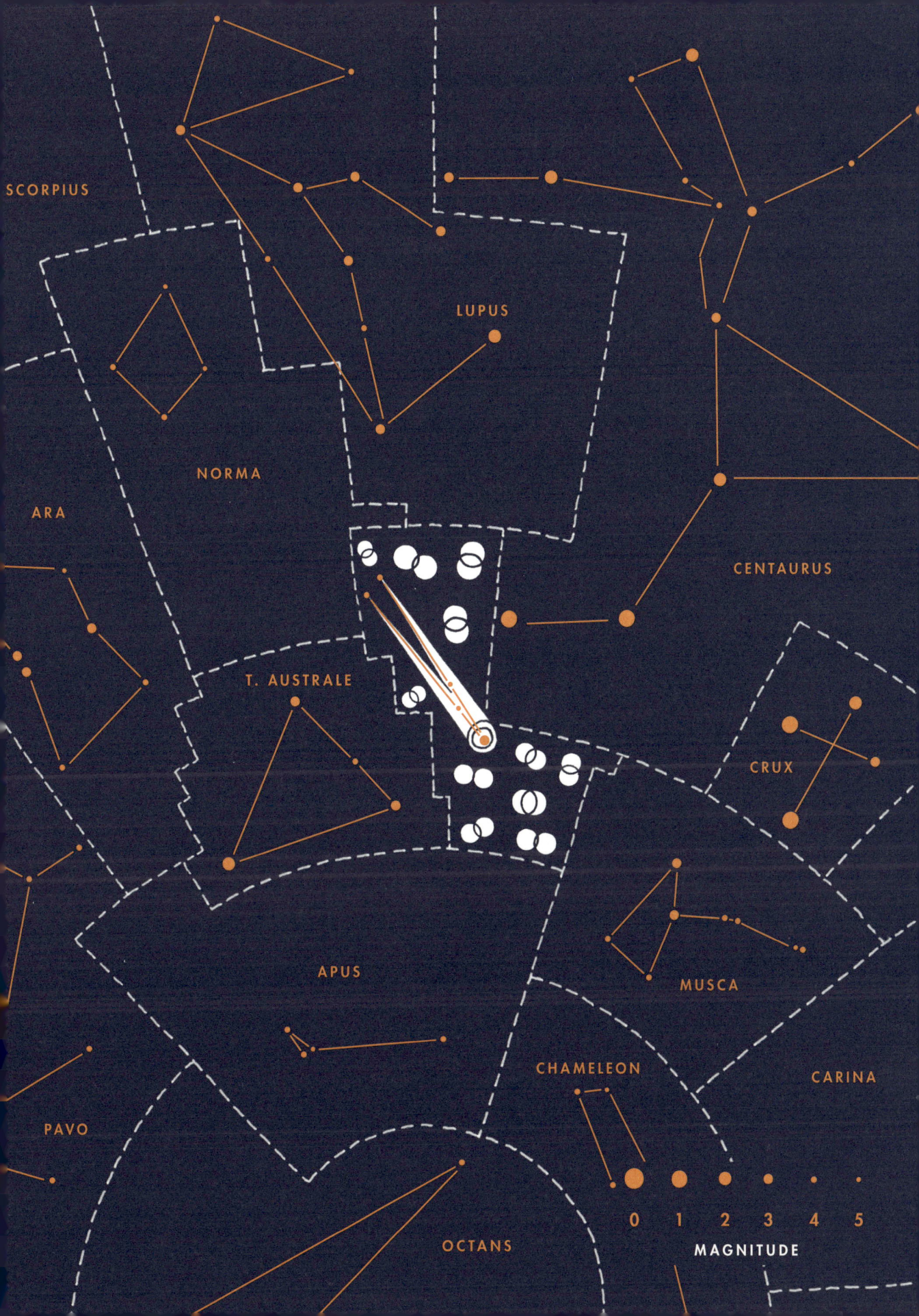

COLUMBA
COL/COLUMBAE, TAUBE

BIS ZUM Spanischen Bürgerkrieg war Pablo Picasso (1881–1973) ein äußerst unpolitischer Mensch. Dieses Ereignis inspirierte den Maler jedoch nicht nur zu einem seiner berühmtesten Werke, sondern begründete auch Picassos nimmermüden Kampf gegen den Faschismus und sein entschiedenes Eintreten für Frieden in Freiheit. Das Chaos des unermesslichen Leidens, das er unmittelbar nach der Bombardierung der baskischen Stadt Gernika durch die Nazis im Jahr 1937 auf die Leinwand bannte, ist ein erschütterndes Zeugnis der Schrecken des Krieges. *Guernica* steckt voller Symbole und Metaphern, und die Dinge, die wir auf dem Wandbild erkennen, sind ebenso mythischer wie materieller Natur, zum Beispiel der Stier – **Minotaurus** – und die Glühbirne. So fasziniert, wie er von den Legenden des Altertums war, bezog Picasso die Sterne mit Sicherheit in seine Visionen ein und wies ihnen eine neue Rolle zu.

Unter dem Dach des Hauses, in dem er aufwuchs, unterhielt sein Vater eine Taubenzucht und brachte dem kleinen Pablo bei, die weißen Vögel zu malen. Auch in seinen Wohnungen und Ateliers später sollten immer einige davon gurren. Als der französische Dichter und Schriftsteller Louis Aragon Picasso 1949 an der Stätte seines künstlerischen Wirkens aufsuchte, entschied er sich für die Lithografie einer schönen weißen Taube als Motiv für das Plakat zum Pariser Weltfriedenskongress. Picasso reduzierte es später zu einer schlichten Strichzeichnung, die bald zum wohl bekanntesten und aussagekräftigsten Friedenssymbol weltweit avancierte. Am Vorabend des Kongresses brachte Françoise Gilot ein Mädchen zur Welt, Picassos viertes Kind. Sie nannten es Paloma – spanisch für Taube.

Am Nachthimmel flattert die Taube über **Jason** und dem Achterdeck der *Argo*, welche der Vogel einst sicher durch die Symplegaden geleitete, jene zusammenschlagenden Felseninseln an der Einmündung des Bosporus ins Schwarze Meer, zwischen denen jedes Schiff zerschellte. Doch erst der niederländische Astronom und Kartograf **Petrus Plancius** führte dieses Sternbild in einem seiner Himmelsgloben ein – und hatte dabei allein die biblische Taube im Sinn, die mit dem Olivenzweig im Schnabel. Sogar das historische Sternbild »Schiff Argo« taufte er in »Arche Noah« um. Doch die Argonautensage hielt sich, und genau wie die Taube, die darin eine so wichtige Rolle spielt, sind auch die beiden einzigen benannten Himmelskörper im Sternbild Columba womöglich Vorboten guter Nachrichten. Der leuchtendere der beiden ist der blauweiße Phakt; er verdankt seine Bezeichnung dem arabischen Wort für Taube. Bei β Columbae beziehungsweise Wazn handelt es sich dagegen um einen gelben Stern, dessen Namen so viel wie »Gewicht« bedeutet. Und sollte es wirklich allzu naiv sein zu glauben, dass endlich Friede auf Erden herrschen wird, wenn nur einmal genügend Menschen in ihrem Leid zu jenem himmlischen Täubchen emporgeblickt haben?

MONOCEROS

ORION

LEPUS

ERIDANUS

CANIS MAJOR

CAELUM

PUPPIS

PICTOR

CARINA

DORADO

RETICULUM

0 1 2 3 4 5

MAGNITUDE

COMA BERENICES
COM/COMAE BERENICES, HAAR DER BERENIKE

....
PLATZ IN DER GRÖSSENORDNUNG: **42**
ASTERISMEN: **KEINE**
....

Zum Verderben aller Männer, nährte diese Nymph ein Paar
Angenehm gewundner Locken, welches gleich gekräuselt war,
Hinten schön hinunter hieng, wohl vereint, mit schönen Ringeln,
Einen Hals von Elfenbein desto schöner zu umzingeln.
Liebe sperret ihre Sclaven in dieß Labyrinth hinein;
Und geringe Ketten müssen starker Herzen Fesseln seyn.
Alexander Pope, *Der Lockenraub*

»**DIESER AUFGEBLASENE** Gockel! Muss irgendwann vergessen haben, dass er Dichter ist und kein Pope der Heiligen Römischen Kirche ... oder gar der Papst persönlich ...«

Mitten in der Bewegung ließ der Barbier das Rasiermesser sinken und gab ein affektiertes »Tststs« von sich. Der Kunde auf dem Stuhl zog ängstlich den Kopf zurück.

»So scheint das Ganze überhaupt angefangen zu haben. Bei irgendeinem Stelldichein hochherrschaftlicher Katholen stiehlt er ihr eine Locke, die Familien kriegen sich darob fürchterlich in die Haare, und der alte Dichterling wird herbeigerufen, um das Ganze mit ein paar Versen wieder einzurenken. So hat es mir jedenfalls einer meiner vornehmen Kunden erzählt.«

Er zwinkerte vielsagend in den Spiegel.

»Mit Perücke wäre das kein Problem, aber versuchen Sie mal eine Frisur zu retten, nachdem eine dieser Etepetete-Ladys im Liebeswahn an ihren Haaren herumgeschnippelt hat!«

Wieder gibt er ein theatralisches »Tststs« von sich.

»Alles fing ganz harmlos an: So eine versponnene Baroness kommt zu mir und lässt sich hinten eine Locke abschneiden – ›wie in diesem Heldengedicht‹, sagte sie noch. Dann aber tauchte eine Markgräfin auf und ließ sich die Hälfte ihrer Lockenpracht entfernen. Seither fährt ganz London darauf ab. Offenbar beruhen die armseligen Verschen auf einer alten Legende über irgendeine Klatschbase, die sich die Haare abgeschnitten hat, um sie in die Sterne ...«

»Berenike, Königin von Ägypten«, unterbrach ihn der junge Mann. »Eine echte historische Figur. Als Dank dafür, dass ihr Mann wohlbehalten aus dem Krieg zurückgekehrt ist, hat sie ihre wunderschönen Locken auf dem Altar der **Aphrodite** geopfert. Doch am nächsten Tag war das Haar verschwunden. Um den König, der vor Wut schäumte, zu beschwichtigen, deutete der Astronom Konon von Samos in den Himmel und zeigte ihm einen hellen Sternenhaufen. Das Haar der Berenike, erklärte er, sei in die himmlischen Sphären aufgestiegen.«

»Ja, genau. So oder so ähnlich«, antwortete der Barbier. »Wie dem auch sei, mir kommt das alles spanisch vor. Oder sagt man ›griechisch‹?«

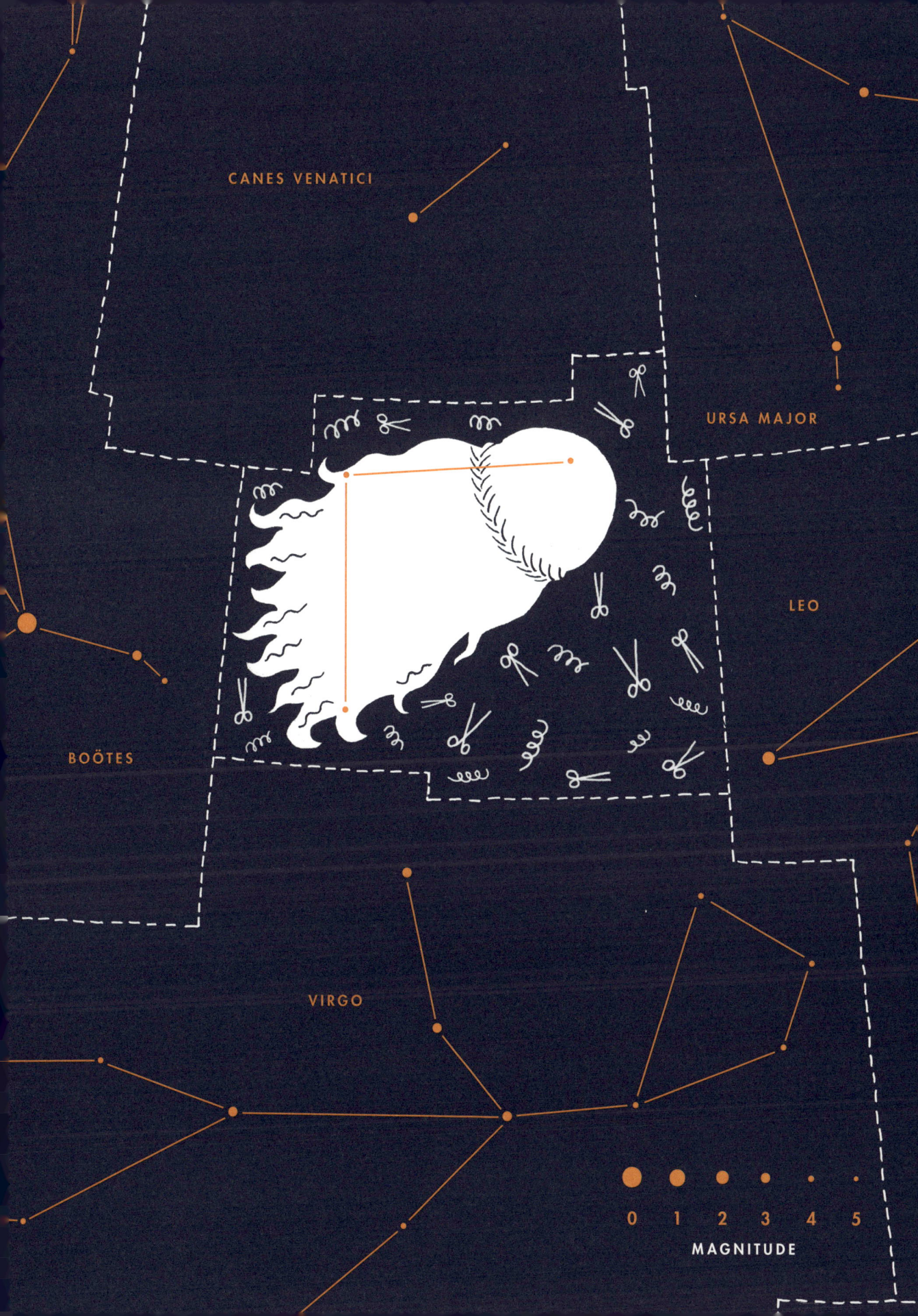

CANES VENATICI

URSA MAJOR

LEO

BOÖTES

VIRGO

0 1 2 3 4 5

MAGNITUDE

CORONA AUSTRALIS
CRA/CORONAE AUSTRALIS, SÜDLICHE KRONE

....

PLATZ IN DER GRÖSSENORDNUNG: **80**
ASTERISMEN: **KEINE**

....

EINE SCHÖNHEIT war Katie wohl nicht direkt. Deshalb beschloss sie, auf Bildung zu setzen. Wir dürfen also davon ausgehen, dass das lernbegierige Mädchen, das 1856 in eine anglikanische Familie an der Encounter Bay in South Australia hineingeboren wurde, Wert darauf legte, nicht nur die Bibel zu studieren, sondern sich auch über die griechischen Mythen kundig zu machen. Dazu las sie sicher auch den römischen Dichter **Ovid**. Und bestimmt hat die stets wissensdurstige Katie ihrem Vater, einem Viehzüchter, so lange keine Ruhe gelassen, bis er die verstaubte Ausgabe der *Metamorphosen* von ganz oben aus dem Regal geklaubt hatte.

Dann hockte sie sich bestimmt auf die Treppe, blätterte in dem Buch und erfuhr von **Jupiter** und **Semele**, deren Leib von dessen Samen angeschwollen war. (Instinktiv fragte Katie ihren Vater nie, was das genau zu bedeuten hatte – schließlich züchtete er Vieh und kein Gemüse.) Dann erfuhr sie auch von Jupiters eifersüchtiger Ehefrau **Juno**, die sich als Semeles alte Amme zurechtmachte und sie fragte, ob sie auch sicher sei, dass es tatsächlich Jupiter war, der sie so dick gemacht habe. Dann dürfte Katie errötet und die Treppe hoch in ihr Schlafzimmer gerannt sein, um den Rest des Kapitels dort zu verschlingen.

Die falsche Amme überredet Semele, den Gott zu bitten, er möge doch Liebe mit ihr machen, wie er es mit Juno tue. Unfähig, der hitzigen Lust des Jupiter zu widerstehen, entflammt die junge Sterbliche in seinen Armen – buchstäblich. Der Embryo wird ihrem Bauch entrissen und in Jupiters Hüfte verpflanzt, um daselbst weiter heranzureifen. Jahre später wird das Kind – aus dem inzwischen **Bacchus** geworden ist, der Gott des Weines – mit einem Myrtensträußchen in die Unterwelt hinabsteigen, um die Seele seiner Mutter zurückzuholen. Die Götter kommen überein, dass sich Semele auf dem Olymp zu ihnen gesellen darf, und Bacchus versetzt ihr zu Ehren einen kleinen Kranz in die Sterne. Künftig trugen die Anhänger dieses Gottes immer einen Myrtenkranz auf dem Kopf.

Jahre später wird Katie – mittlerweile K. Langloh Parker, Ehefrau und Amateuranthropologin – von dieser Geschichte wohl kaum mehr etwas wissen. Einige Zeit hatte sie darauf verwendet, sich mit einem vollkommen anderen Mythenkanon vertraut zu machen. In einem abgelegenen Teil des Outbacks, in dem sie mit ihrem Mann jetzt lebte, hatte sie mit den Nachbarn am Lagerfeuer gesessen und die Legenden zusammengetragen, die sich die Aborigines der Gegend erzählten. Für Katie stellten die Sterne der Corona Australis längst nicht mehr den Kranz der Semele dar, sondern einen Bumerang. Und dies ist, ob es Mrs. Parker nun bewusst war oder nicht, der einzige Asterismus im Sinne einer gedachten Linie zwischen mehreren Sternen, den die australische Astronomie je kannte.

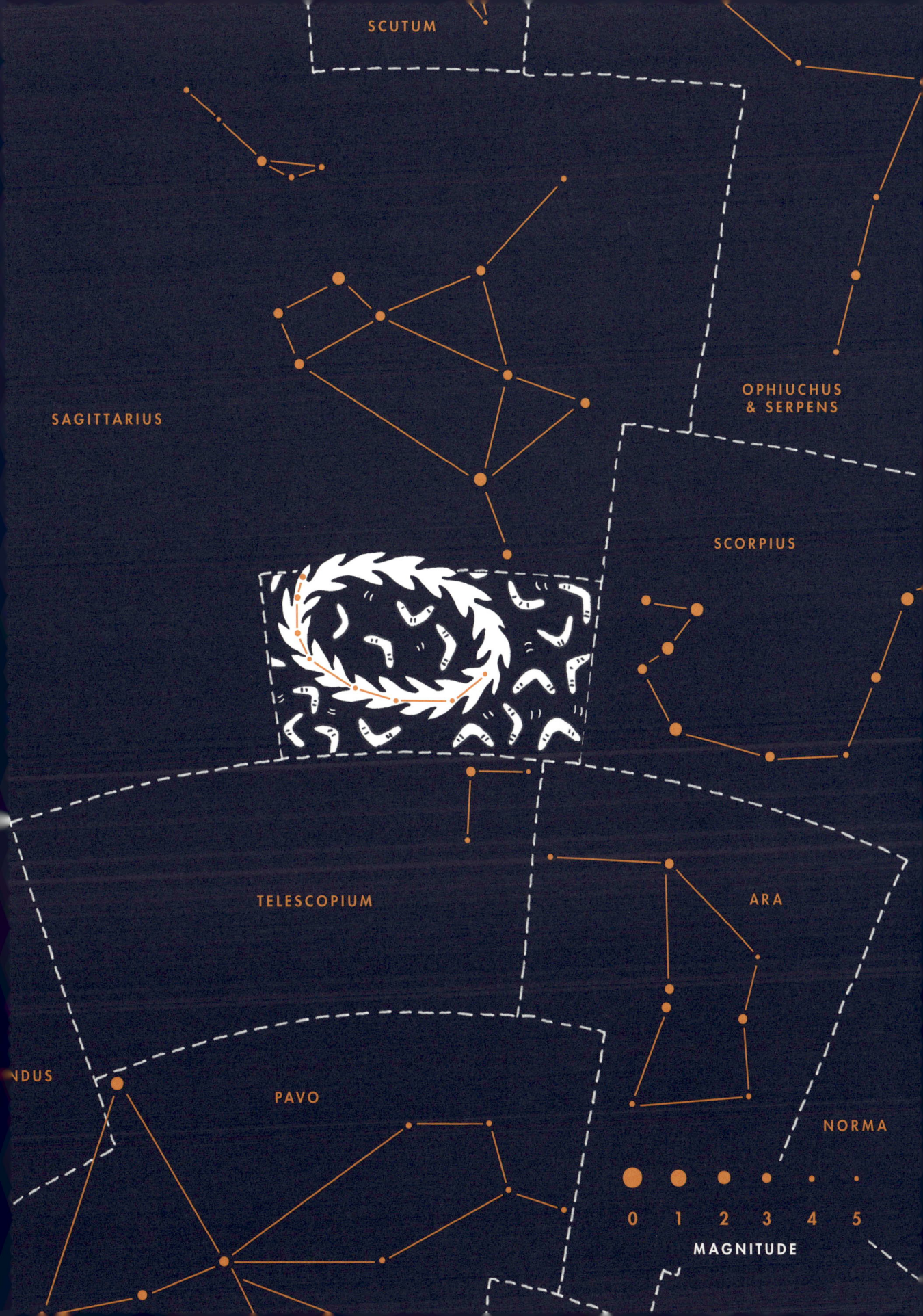

CORONA BOREALIS
CRB/CORONAE BOREALIS, NÖRDLICHE KRONE

PLATZ IN DER GRÖSSENORDNUNG: **73**
ASTERISMEN: **KEINE**

BASTELANLEITUNG FÜR EINE STERNENKRONE

AUS SIEBEN Geschichten stellen Sie ein glitzerndes Diadem her, das seinen Platz später am Nordhimmel zwischen dem Bärenhüter Boötes und Hercules finden wird. Die einzelnen Bestandteile Ihres Legendengebindes befestigen Sie – genau in dieser Reihenfolge – an den folgenden sieben Sternen: Iota (ι), Epsilon (ε), Delta (δ), Gamma (γ), Alpha (α), Beta (β) und Theta (θ) Coronae Borealis. Achten Sie vor allem darauf, dass Sie sich Ihre beste Erzählung für Alpha Coronae Borealis aufheben, weil dieser blauweiße Stern, der auch als Alphekka (arabisch für »der Hellste auf der Platte«) beziehungsweise Gemma (lat. für Edelstein) bekannt ist, nämlich das Glanzstück Ihrer Krone darstellen wird. Welche Storys Sie für die Gestaltung Ihres Diadems verwenden möchten, bleibt ganz Ihnen überlassen. Die folgenden Beispiele sollen nur als Anregungen dienen.

1 Die Tschuktschen-Legende von der Pfote des Eisbärs.

2 Caer Arianrhod: das Schloss von Arianrhod, der Herrin des silbernen Rades. Eine walisische Legende, in der die Tochter der Göttin Dôn über eine Zauberrute tritt und im selben Moment einen blonden Jungen »fallen lässt«, Dylan – ein Wasserwesen, das sogleich gen Meer fliegt. Das Mädchen gebiert aber noch etwas, einen mysteriösen Klumpen Fleisch, den ihr Bruder Gwydion in einer Truhe versteckt. Aus der formlosen Masse wird ein Junge, der doppelt so schnell wächst wie ein normales Kind. Mit vier Jahren bringt ihn sein Onkel in Arianrhods Schloss am Meer. Voller Scham und Ekel belegt ihn seine Mutter mit einer Reihe von Flüchen. Um sie außer Kraft zu setzen, tut er sich mit Gwydion zusammen.

3 Die Bettelschüssel der Araber.

4 Die Krone der Ariadne: eine Leidensgeschichte aus Griechenland, in der sich die Tochter des kretischen **Königs Minos** in den gutaussehenden Theseus verliebt, der aus Athen eingetroffen ist, um den **Minotaurus** zu töten. Sie steckt ihm ein Fadenknäuel zu, damit er aus dem Labyrinth der Bestie wieder herausfindet; Ariadne und Theseus heiraten, doch auf der Insel Naxos verlässt er sie. Angesichts ihrer Trauer ehelicht Dionysos die weinende Schönheit und schenkt ihr eine von Hephaistos, dem Gott des Feuers, handgefertigte Krone.

5 Kilus Stiefel: eine Geschichte aus Kamtschatka im ostasiatischen Teil Russlands.

6 Die Geschichte der chinesischen Fallen – mit T'ien-lao, dem Himmlischen Gefängnis, Lienying, der Endlosen Einzäunung, und T'ien-wei, dem Himmelskerker. Und nicht zu vergessen Guansuo, dem Knast für alle weltlichen Schurken.

7 Der Bornesische Fisch.

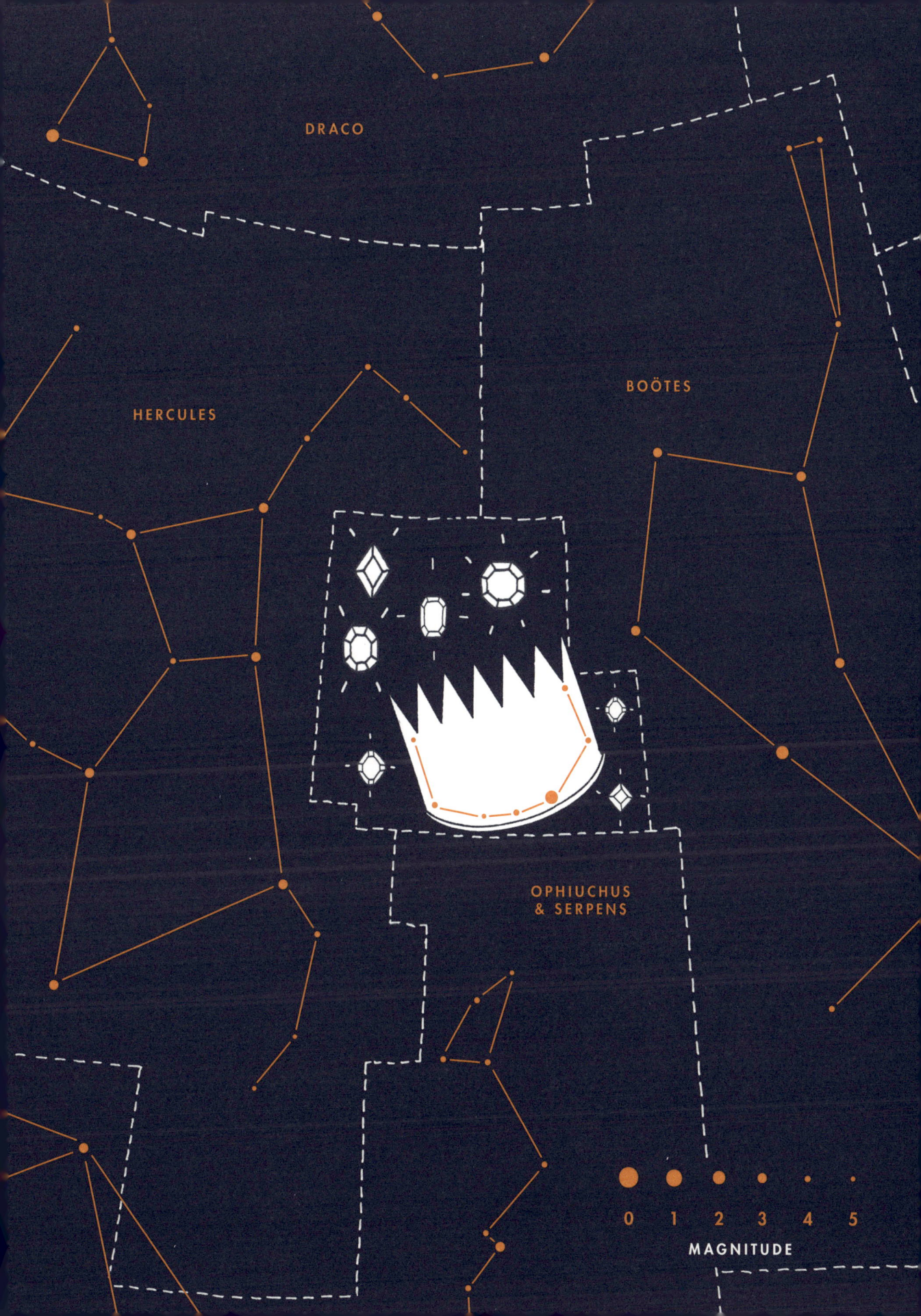

CORVUS

CRV/CORVI, RABE

PLATZ IN DER GRÖSSENORDNUNG: **70**
ASTERISMUS: **SEGEL**

WIR UNTERSCHEIDEN UNS gar nicht so sehr, ihr und wir. Etwa in puncto Intelligenz, Neugier, Destruktivität. Wir fertigen Werkzeuge an, treiben Sport und erkennen unsere Feinde. Da uns bewusst ist, dass es mehr gibt als nur die Gegenwart, kommunizieren wir und schmieden Pläne. Die Gesellschaften, in denen wir leben, sind gut organisiert, wir hinterlassen viel Müll und verbreiten Krankheiten. Wir sind Allesfresser, die von jedem anderen Tier gehasst werden.

Aber nenne ich euch etwa alle Mörder? Werdet ihr in meinen Märchen diffamiert? Seid ihr in meinen Mythen genauso hinterhältig, böswillig und – was das Schlimmste ist – dumm wie wir in euren? Mein Krächzen mutet euch so abstoßend an, dass ihr die abstrusesten Legenden erfunden habt, um zu erklären, warum ich mein Singvermögen verloren hätte. Eine der Geschichten, finden wir übrigens zum Brüllen komisch: die über einen eurer Götter (warum zum Teufel habt ihr davon eigentlich so viele und könnt euch nicht endlich mal auf einen einigen?), diesen **Apollon**. Der schickte mich angeblich einmal mit seinem Kelch los, um das Wasser des Lebens zu holen. In dieser Story lasst ihr mich natürlich total dämlich dastehen, ich werde darin bestraft, und damit das alles bloß nie in Vergessenheit gerät, habt ihr sie in eurer typisch menschlichen und vollkommen falschen Art der Aufteilung des Himmels ans Firmament gebannt: in Gestalt jener Sternbilder, die ihr Corvus und Crater nennt und die sich hinter der Hydra befinden.

Aber ich will euch jetzt mal die ganze Wahrheit über die Entstehung der Sterne erzählen.

Es gab einmal Zeiten, in denen alles aufs Feinste bestellt war: nahrhaftes Fleisch in Hülle und Fülle, den ganzen Tag über schien die Sonne, und so etwas wie die Nacht existierte überhaupt nicht. Eines Tages aber gerieten Große Mutter Rabe und Großer Vater Rabe in einen heftigen Streit. Großer Vater Rabe hatte seiner Frau den letzten Wurm vom Skelett gefressen, an dem sie sich gütlich tat, außerdem weigerte er sich, ihr die Federn zu glätten und das gemeinsame Nest zu säubern. Um ihren Mann für diese Verstöße gegen seine Gattenpflichten zu bestrafen, verhängte Große Mutter Rabe finsterste Dunkelheit über die ganze Welt, sodass keiner den anderen mehr sehen konnte und das totale Chaos herrschte. Eltern latschten ihrer Brut auf dem Kopf herum, und Liebende fanden den Tod, weil sie gegen einen Baum prallten. Voller Trauer und Reue versuchte Großer Vater Rabe seine Verfehlungen wiedergutzumachen. Mit dem Schnabel hackte und hackte er auf die Dunkelheit ein, um dem Himmel so viel Licht zu entlocken, wie es nur ging, aber sosehr er sich auch abmühte, mehr als kleine Löcher vermochte er nicht in die allumfassende Finsternis zu picken. Zu guter Letzt lenkte Große Mutter Rabe ein und gab den Raben die Sonne zurück. Aber nur die Hälfte der Zeit über durften sie sie behalten. Die andere Hälfte sollte sie immer darin erinnern, dass Ehemänner verdammt noch mal ihren Frauen zu gehorchen haben. Und deshalb habt ihr Menschen seither eure Nacht.

LEO

VIRGO

CRATER

HYDRA

CENTAURUS

0 1 2 3 4 5

MAGNITUDE

CRATER

CRT/CRATERIS, BECHER

....

PLATZ IN DER GRÖSSENORDNUNG: **53**
ASTERISMEN: **KEINE**

....

WEIN UND WASSER. Dieses heilige Trinkgefäß gehörte bereits zu den ursprünglichen achtundvierzig Sternbildern des **Ptolemäus**. Seither ist daraus im Laufe der Zeit eine spanische Amphore geworden, ein persischer Weinbecher und ein deutscher Eimer. Am bekanntesten ist es jedoch als *krater* (Betonung auf dem lang gesprochenen e) – ein kunstvoll verzierter Kelch, in dem die alten Griechen Wasser mit Wein vermischten. Er ist Teil einer Moralerzählung, die sich bis zum ausgedehntesten Sternbild des Nachthimmels erstreckt, dem Ungeheuer Hydra. Hinter dieser galaxiegroßen Wasserschlange befinden sich Corvus, der Rabe, und Crater, ebenjener Becher, mit dem **Apollon** seinen Raben losschickte, das Wasser des Lebens zu holen.

Nun war der Rabe, wie wir bei Ophiuchus & Serpens noch erfahren werden, bei seinem Herrn nicht mehr so gut angeschrieben, seit er dem Gott die Nachricht vom Seitensprung seiner Liebsten Koronis überbracht hatte. Mehr noch, der eifersüchtige Apollon kochte dermaßen vor Wut über diesen Fehltritt der Mutter seines Sohnes Ophiuchus – zu allem Überfluss auch noch mit einem Sterblichen! –, dass er den schneeweißen Vogel verfluchte und seine Federn versengte, bis sie allesamt schwarz wurden. Also müsste man eigentlich denken, dass sich unser geflügelter Held, so klug und weise wie er normalerweise war, tadellos benehmen würde, als er den Auftrag erhielt, diesen heiligen Trinkbecher zu füllen.

Und tatsächlich ging er das Unternehmen zunächst mit aller gebotenen Ernsthaftigkeit an. Während er die Landschaft unter ihm nach der kostbaren Quelle absuchte, hielt er Apollons Gefäß fest. Mit ganzer Kraft schlug der Rabe die mächtigen Schwingen, denn er wusste genau, dass sein Meister dem allmächtigen **Zeus** möglichst rasch ein Opfer darbringen wollte. Er war noch nicht allzu weit geflogen, als er einen Feigenbaum erspähte. Ein kleiner Umweg müsste ihm doch gestattet sein, oder? Also landete er auf einem Baum und betrachtete dessen Früchte. Nur waren sie dummerweise noch nicht ganz reif. Andererseits wäre es doch eine Schande, sich solche köstlichen Feigen entgehen zu lassen. Ich warte nur kurz, bis sie die richtige Farbe angenommen haben, dachte er bei sich, dann fliege ich schnurstracks zu der Quelle.

Als der Rabe gesättigt war, hatte er seinen Auftrag vollkommen vergessen. Erst als er sich mit einem Ächzen von dem Ast erheben wollte – was ihm nach dieser Völlerei gar nicht so leichtfiel –, erinnerte er sich plötzlich wieder seiner Mission. In aller Hast flog er zur Quelle, füllte den Becher und eilte zu seinem Meister zurück. Die Ausrede, die sich der Rabe hatte einfallen lassen, verfing bei Apollon nicht: Von wegen – er wäre nur deshalb so spät zurückgekommen, weil eine Wasserschlange ihm den Zugang zur Quelle versperrt hätte! Wieder verfluchte er seinen faulen Diener – und verfrachtete ihn diesmal in die Sterne hinter Hydra – gerade so weit vom Becher entfernt, dass er nicht herankommt und nun bis in alle Ewigkeit Durst leiden muss.

VIRGO

LEO

SEXTANS

CORVUS

HYDRA

ANTLIA

CENTAURUS

MAGNITUDE

0 1 2 3 4 5

CRUX

CRU/CRUCIS, KREUZ DES SÜDENS

PLATZ IN DER GRÖSSENORDNUNG: **88**
ASTERISMEN: **KEINE**

EINE ART AKROSTICHON

WAAGRECHT

K leinstes aller Sternbilder

R ubrik relativ unbedeutendes Wissen: Kreuz des Südens ist auch der Name einer bestimmten Eiche im polnischen Białowieża-Urwald. Sie heißt so, weil ihre Hauptäste an ein Kreuz gemahnen.

E s befindet sich inmitten der Milchstraße, dieses Sternbild.

U nsichtbar ist es derzeit in fast ganz Mitteleuropa, zu sehen erst in Äquatornähe.

Z um Beispiel Australien, Brasilien und Neuseeland tragen das Kreuz des Südens in ihrer Landesflagge, Samoa und Papua-Neuguinea aber auch.

SENKRECHT

D ecrux heißt einer der Himmelskörper, aus denen sich dieses Sternbild zusammensetzt, andere sind: Acrux, Becrux und Gacrux …

E psilon crucis tanzt sprachlich etwas aus der Reihe, was das betrifft.

S ollte ich vielleicht sicherheitshalber erwähnen, dass das Kreuz des Südens nicht dem Kanon der achtundvierzig klassischen Sternbilder der Antike angehört? Zwar war es in Griechenland zu der Zeit noch zu beobachten, man ordnete es aber dem großen Nachbarn Centaurus zu.

S chon im Jahr 14000 wird das Kreuz des Südens fast in ganz Europa und im größten Teil der Vereinigten Staaten wieder zu sehen sein. Jippiee! Kann es kaum mehr erwarten.

Ü ber dieses Sternbild weiß ich sonst noch zu berichten, dass es den »Kohlensack« enthält, eine berühmte Dunkelwolke im Süden der Milchstraße.

D en Anker der Milchstraße sehen die Maori Neuseelands in diesem Zeichen – und nennen es daher Te Punga.

E iner der ersten Europäer, die seines ansichtig wurden und es kartierten, war ein gewisser Andrea Corsali auf einer von den Medici finanzierten Reise, die ihn in den Indischen Ozean führte.

N icht, dass es etwa keine Doppelsterne in diesem Bild gäbe: Der bereits erwähnte Gacrux zum Beispiel ist so einer – und obendrein ein Roter Riese mit hoher Leuchtkraft.

S outhern Cross heißt auch eine Stadt in West-Australien – ganze 762 Menschen sollen dort leben.

HYDRA

CENTAURUS

VELA

UPUS

CIRCINUS

MUSCA

AUSTRALE

CARINA

CHAMAELEON

VOLANS

APUS

0 1 2 3 4 5

MAGNITUDE

OCTANS

CYGNUS
CYG/CYGNI, SCHWAN

PLATZ IN DER GRÖSSENORDNUNG: **16**
ASTERISMEN: **KREUZ DES NORDENS, SOMMERDREIECK**

ES HERRSCHT STILLE über dem Wasser, und durch das kalte Winterlicht wird die Sicht auf die Mündung, die Felder und die dahinterstehenden Bäume klarer. Jetzt sehe ich sie zum ersten Mal, die Gruppe von Singschwänen. Was mich zu der Frage bringt, welcher Schwan es wohl gewesen sein mag, der im Altertum ein für alle Mal das Wasser verließ, um sich für immer in den Himmel zu begeben; dessen Schwingen, Hals und Bürzel das Kreuz des Nordens bilden.

Die arme **Leda** fällt mir ein, und ein Frösteln überkommt mich. Der kaltherzige **Zeus**, wie er sich in Gestalt eines Schwans barsch auf sie wirft: das Flügelschlagen, der Schnabel, der Schmerz. Yeats, fand ich früher, hat es am besten in Worte gefasst:

Wie können Finger, schreckgelähmt,
Abwehren die Herrlichkeit, die ihren Schoß erregt?
Wie kann ihr Leib das fremde Herz nicht spüren,
Das in dem weißen Ansturm auf ihr schlägt?

Ein Zucken in den Lenden zeugte dort
zerbrochne Mauern, Brand vom Turm und Dach
Und Agamemnon tot.

Heute bin ich nicht mehr so sicher. Diese Männergeschichten von gloriosen Vergewaltigungen!

Vielleicht ist der Schwan **Kyknos**, der Sohn **Poseidons**, dessen übermenschliche Kraft dem kriegerischen Achilles bis zum letzten Moment widerstand. Ted Hughes erzählt die Geschichte vom Kampf um Troja sehr gut nach: Wie »die undurchdringlichen Sehnen am Hals / Dieses übernatürlichen Helden« standhalten, bis ihn letztlich »die rasende Macht des Achill« tot zu Boden zwingt. Doch als der Siegreiche die »herrliche Bewehrung des Leichnams« öffnet, findet er sie leer: Poseidon hat seinen Sohn in einen Schwan verwandelt.

Allerdings hoffe ich, dass es sich bei dem Schwan um einen anderen Kyknos handelt, und zwar um den Freund des verstorbenen **Phaeton**, und dass das Denkmal am Himmel seiner wehmütigen Trauer gilt. Als der übermütige Phaeton vom brennenden Wagen des Sonnengottes in den Fluss Eridanus fiel, konnte Kyknos, sein bester Freund, nur zuschauen, gelähmt von Entsetzen. Untröstlich in seiner Trauer ging er am Ufer des Flusses auf und ab, bis seine Haare weiß wurden und seine Zehen eiskalt. Dann endlich erbarmten die Götter sich seiner. Sein Haar verwandelte sich in eine flauschige Pracht, die Nase ragte mit einem Mal spitz aus seinem Gesicht heraus, die Augen, kleiner geworden, nahmen kohlrabenschwarze Farbe an. Und er glitt sacht auf dem Wasser dahin – als Schwan. Tief tauchte er bis auf den trüben Grund des Flusses hinab und barg die Leiche seines Freundes, um ihn in geheiligter Erde beizusetzen.

Die Gruppe der Singschwäne hat jetzt den Rand meines Sichtfeldes erreicht. Auf dem Fluss treibt verloren ein nackter Zweig dahin, während die Schwäne kühl stromabwärts gleiten.

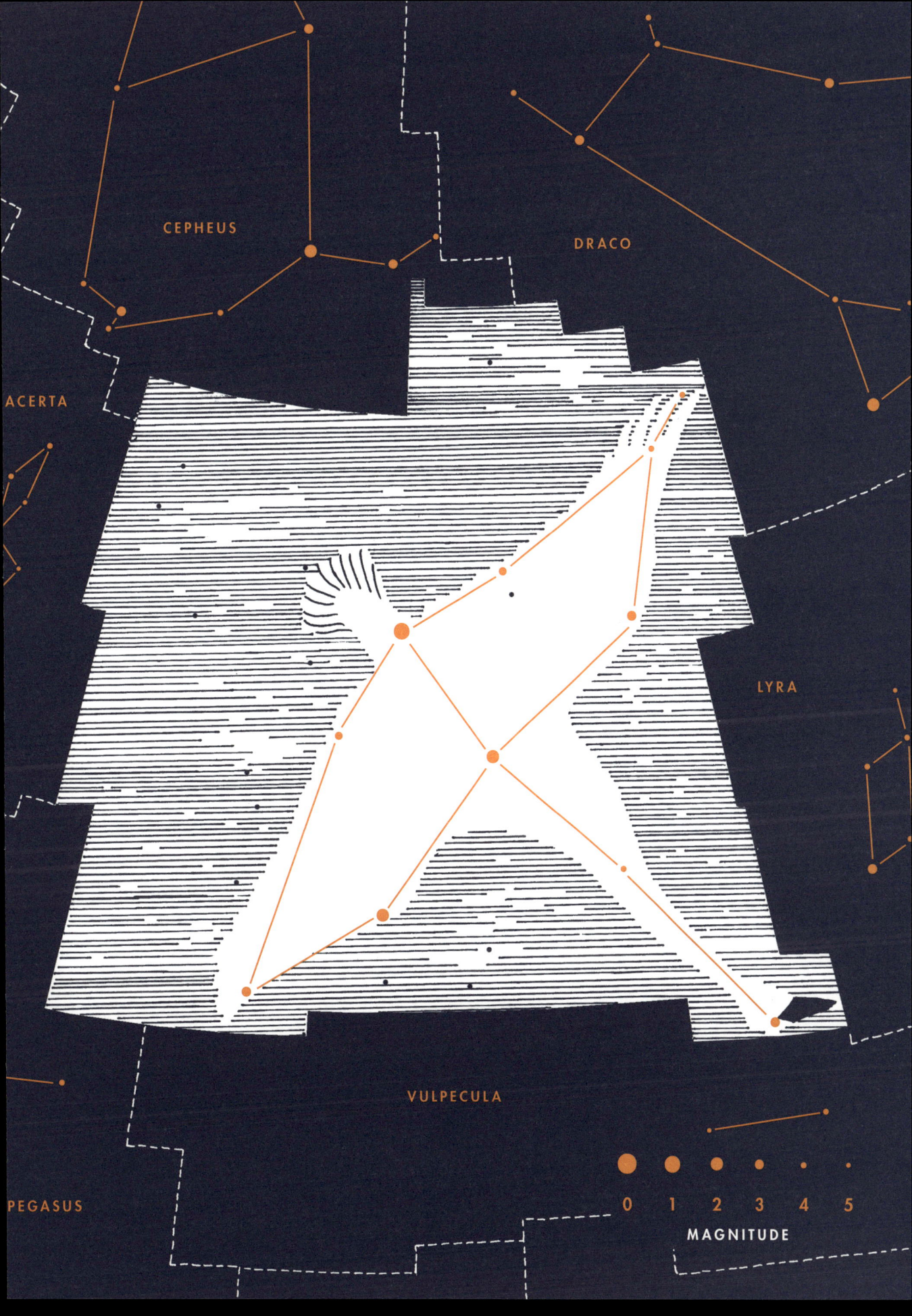

CEPHEUS

DRACO

ACERTA

LYRA

PEGASUS

VULPECULA

MAGNITUDE

0 1 2 3 4 5

DELPHINUS
DEL/DELPHINI, DELFIN

PLATZ IN DER GRÖSSENORDNUNG: **69**
ASTERISMUS: **HIOBS SARG**

MEINEN ERSTEN Delfin habe ich im Frühstücksfernsehen gesehen: den freundlichen Flipper, der mit seinem kecken Grinsen und dem (wie ich kürzlich erfahren habe: getürkten) zirpenden Schnalzen (in Wirklichkeit handelte es sich um die verfremdeten Laute des Lachenden Hans aus der Familie der Eisvögel) Kinder auf der ganzen Welt verzauberte. In seiner geradezu lächerlich hoch entwickelten Intelligenz, die die inzwischen gewonnenen Erkenntnisse bezüglich des Denkvermögens dieser Tiere himmelweit überstieg, plauderte »Flipper, Flipper, der kluge Delfin« mit den kleinen semmelblonden Serienhelden und erwies sich als vielfacher Lebensretter. Diese Vermenschlichung steht jedoch in einer sehr alten Tradition. Schon immer wurden Delfine geliebt, sie sind so etwas wie das marine Äquivalent des treuen Hundes, der beste Freund des Menschen im Meer, wenn man so will.

Im alten Griechenland sahen die Seeleute in diesem heiligen »Fisch«, der im Kielwasser herumtobte wie ein spielender Hund, den Diener **Poseidons**. Nach dem Kampf der Titanen, als **Zeus**, Poseidon und **Hades** ihren Vater **Kronos** besiegt und die Welt unter sich aufgeteilt hatten, avancierte Poseidon zum Gott des Meeres und errichtete sich einen prachtvollen Palast unter Wasser. Doch bei allem submarinen Luxus, den ihm das neue Zuhause bot, fühlte er sich in seiner königlichen Bettstatt (die aus den feinsten Korallen geschnitzt und mit den weichsten, Seetang-gefüllten Kissen ausgestattet war) doch sehr einsam. Als er eines Tages auf der Suche nach einer Braut zwischen den Riffen umherschwamm, begegnete er der Nereide **Amphitrite**. Ihre Locken tanzten in der Strömung des Ozeans, und in ihren Augen fing sich das Sonnenlicht, das vom Meeresboden reflektiert wurde. Um Poseidon war es geschehen. Tag für Tag ließ er der Angeschmachteten Beweise seiner Liebe überbringen. Ein korallenrotes Taschentüchlein, einen prächtigen Strauß phosphoreszierender Blumen, die perfekt geformte Perle aus der seltensten Auster des ganzen Meeres. Aber all seine Geschenke entlockten Amphitrite und ihren Nereiden nur ein verächtliches Kichern. Also kehrten die Boten, die Poseidon Tag für Tag ausschickte, Tag für Tag unverrichteter Dinge zu ihm zurück. Erst als er seinen Delfin zu Amphitrite sandte, war sie bereit, ihn zu erhören. Und zum Dank dafür, dass er ihm seine Braut zugeführt hatte, versetzte Poseidon seinen treuen Diener in die Sterne. Und wenn er heute spielt und taucht und tobt, so tut er dies in himmlischen Gewässern.

Amphitrite hingegen hält sich immer noch im irdischen Meer auf. In fünfzehn Metern Tiefe steht beim Sunset Reef vor der Insel Grand Cayman eine gut zwei Meter siebzig hohe, zweihundertzweiundsiebzig Kilogramm schwere Bronzestatue der schönen Meerjungfrau, die den Blick sehnsuchtsvoll in die Höhe gerichtet hat.

CYGNUS

VULPECULA

SAGITTA

PEGASUS

EQUULEUS

AQUARIUS

AQUILA

0 1 2 3 4 5

MAGNITUDE

DORADO
DOR/DORADUS, SCHWERTFISCH

....

PLATZ IN DER GRÖSSENORDNUNG: **72**
ASTERISMEN: **KEINE**

....

URSPRÜNGLICH WAR dieser mit Flossen versehene Himmelsbewohner kein Schwert-, sondern ein Goldfisch, allerdings keines dieser pflegeleichten Haustiere, die sich in einem Bowlegefäß halten ließen. Eher schon die Gemeine Goldmakrele, die man auf Hawaii Mahimahi nennt. Der spindelförmige Körper der *Doirados* (wie die Portugiesen diese Fische nennen) schimmert an der Wasseroberfläche golden, bläu- und grünlich. Doch im Prozess des Sterbens auf dem stinkigen Deck eines Trawlers verändert er seine Farbe und nimmt, während er sein Leben aushaucht, ein verwaschenes Gelb an. Wie die europäischen Seefahrer, die diesen exotischen Fisch in den tropischen und subtropischen Gewässern des Indischen, Atlantischen oder Pazifischen Ozeans zum ersten Mal erblickten, gehört auch er einer höchst umtriebigen Spezies an, die die Küsten der Karibik, Costa Ricas, Afrikas, Mexikos und Chinas erkundet und sich auch an vielen Stellen irgendwo dazwischen finden lässt.

Von ebendiesen europäischen Seefahrern in den Südhimmel projiziert, handelt es sich bei Dorado, mit dem bloßen Auge betrachtet, um ein relativ schwach leuchtendes, unscheinbares Sternbild. Doch genau wie der Tukan – ein weiterer Angehöriger der himmlischen Menagerie **Keysers** und **de Houtmans** – offenbart auch der Schwertfisch einen reichen Schatz bemerkenswerter Dinge, sogenannter Deep-Sky-Objekte, sobald man ihn durch ein Teleskop betrachtet. Das berühmteste ist LMC, die Große Magellansche Wolke (deren Partnerin, die Kleine Magellansche Wolke, sich in Tucana befindet). Mit einem Durchmesser von 20 000 Lichtjahren und einem Umfang zwanzig Mal größer als der Mond stellt LMC die größte Satellitengalaxie der Milchstraße dar. Auch schon ohne irgendwelche astronomischen Hilfsmittel kann man die lichtschwache Wolke am Nachthimmel gut erkennen; in der Vergrößerung aber – und sei es auch nur durch den Feldstecher – verwandelt sie sich in einen breiten, erstaunlichen Sternenstreifen. Mit einem leistungsstarken Teleskop schließlich offenbart sich in dieser gas- und staubreichen Galaxie ein wahres Eldorado an Nebeln und Sternenhaufen.

In den Tiefen dieses so ungewöhnlichen Schwertfisches befindet sich an einer anderen Stelle der bedrohlich klingende Tarantelnebel. Das bedeutende Sternentstehungsgebiet verfügt über lange, spindeldürre Ranken aus Gas, die in der Tat an Spinnenbeine erinnern. Doch mit einem Durchmesser von 1 000 Lichtjahren würde diese Tarantel wohl kaum bei Ihnen hinter der Scheuerleiste Platz finden. Im Herzen der himmlischen Spinne liegt eine dichte Anhäufung ein bis zwei Millionen Jahre alter blauer Sterne, die Strahlen ultravioletten Lichts aussenden – ganz ähnlich, wie die irdische Namensgeberin ihr Gift in das Beutetier pumpt. Und inmitten dieses Supersternhaufens namens R 136, direkt im Zentrum, ist R136a1: der größte Stern, den die Menschheit kennt, zehn Millionen Mal heller als die Sonne und 265 Mal massereicher.

CAELUM

ERIDANUS

COLUMBA

PICTOR

PUPPIS

RETICULUM

CARINA

HOROLOGIUM

VOLANS

HYDRUS

MENSA

CHAMAELEON

OCTANS

0 1 2 3 4 5

MAGNITUDE

DRACO
DRA/DRACONIS, DRACHE

PLATZ IN DER GRÖSSENORDNUNG: **8**
ASTERISMEN: **SCHÄDEL, RAUTE**

EIN TRÄGER SCHWARZER Zorn erfüllt mein Herz. Er ist immer da, schon morgens beim Aufwachen, wenn sich meine Schuppen in den Felsen dieser dunklen Höhle verhaken und mein Schwanz dem Licht entgegenzuckt. Wie Teer sitzt er in meinem Inneren, als hätte ich Schwaden echter Traurigkeit eingeatmet und in mir gären lassen.

Meine Verbitterung darüber, dass ich nicht weiß, wie man im Licht lebt, unter leichtfüßigen Leuten mit freier Seele, ist zu Wut geronnen. Einer Wut, die ich mit wilden Flammen unaufhörlich zu vertreiben versuche. Mein Feuer ist eines der Verzweiflung, aber nach all diesen Jahrtausenden lässt es sich nicht mehr von Zorn unterscheiden.

Ich lebte bereits, als sich das Meer vom Himmel schied. Im finsteren Chaos des großen Nichts. An dieses Vakuum erinnere ich mich noch genau, und jedem Menschenherz kann ich den Horror davor einhauchen. Jedem Riss meiner trockenen Haut hat sich diese Leere eingeprägt, und die Höhle, in der ich mich verstecke, ist von ihrer immerwährenden Trostlosigkeit erfüllt.

Als das Licht entstand, wurde ich natürlich von den Vertretern des Guten, den Jägern des Bösen, den Weichherzigen aufgespürt. Die Götter, die sich aus den Tiefen jenes ursprünglichen Chaos erhoben hatten, forderten mich zum Kampf heraus. Aber selbst sie bekamen es angesichts meiner Macht mit der Angst zu tun. Die Menschen nannten mich **Tiamat**, gehörnte Schlange und was weiß ich noch. Als ob etwas verschwinden würde, nur weil man ihm einen Namen gibt.

Mitunter bin ich besiegt worden, aber selbstverständlich immer nur vorübergehend. Schon ganz früh kam zum Beispiel in Babylon ein gewisser **Marduk** mit einer ganzen Kiste voller Tricks auf mich zu – der gesamten Güte und allen Tugenden, die der Himmel aufzubieten in der Lage war – und versetzte mich in die Sterne. Hercules nannte mich **Ladon** und erlegte mich mit einem Pfeil. **Athene** packte meinen Schwanz, wirbelte mich herum und schließlich ebenfalls in den Himmel empor. Dort musste ich dann ein paar Jahre lang wie festgefroren am Polarstern herumlungern. Und ein Astronom namens **Thales** kappte meine Flügel, um sie Ursa Minor abzutreten.

Mein Zorn aber wird niemals enden; jener Schmerz, der in den Ozeanen des Chaos und dem Himmel in euren Köpfen ewig weiterexistiert. Denn die Finsternis des großen Nichts ist der Grund aller Dinge, und mein Kummer wird nie aufhören zu wüten. Ihr fürchtet euch heute vor schwarzen Hunden. Die Alten jedoch wussten, dass ich ein Drache bin.

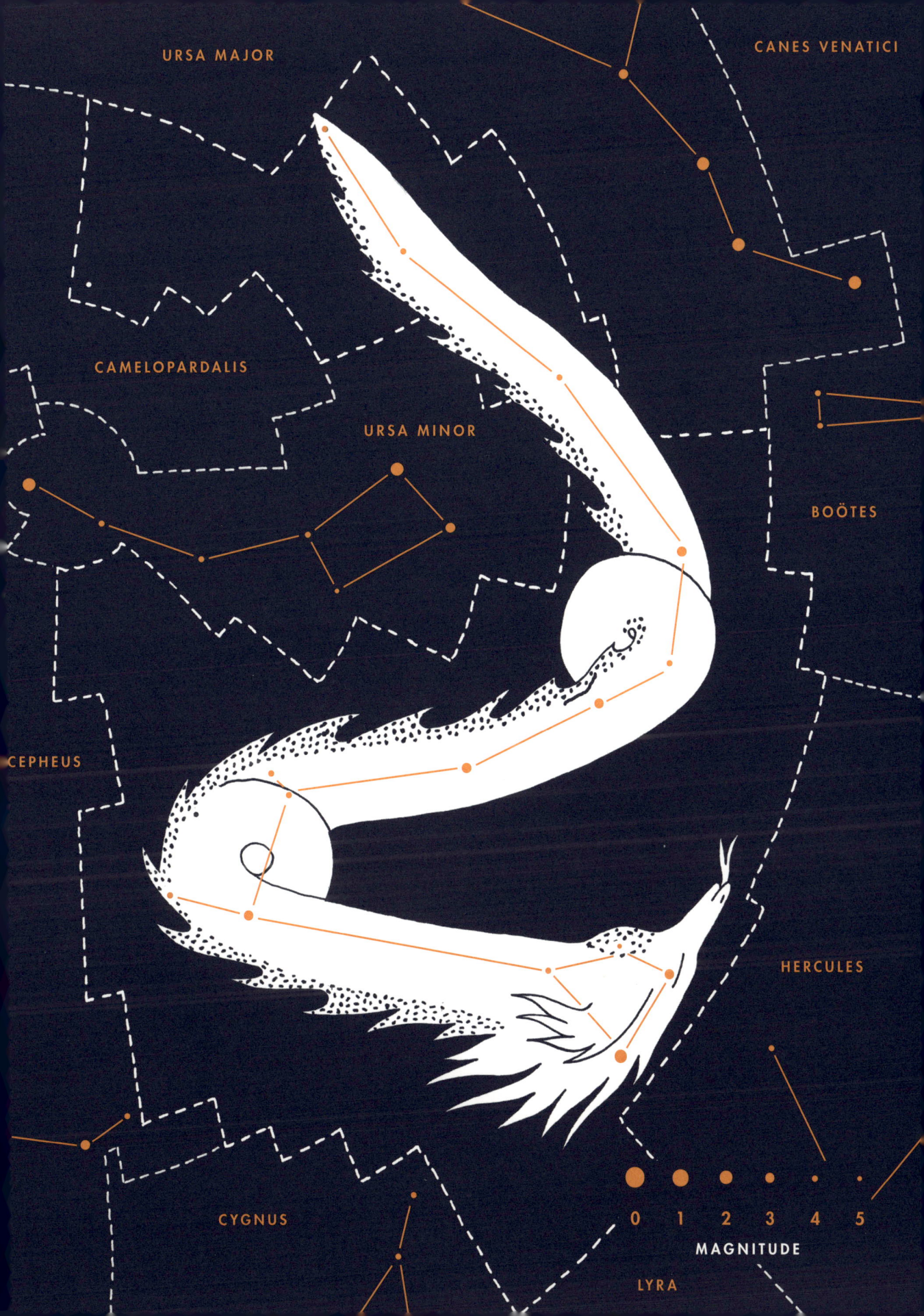

URSA MAJOR

CANES VENATICI

CAMELOPARDALIS

URSA MINOR

BOÖTES

CEPHEUS

HERCULES

CYGNUS

LYRA

0 1 2 3 4 5

MAGNITUDE

EQUULEUS
EQU/EQUULEI, FÜLLEN

PLATZ IN DER GRÖSSENORDNUNG: **87**
ASTERISMEN: **KEINE**

GANZ IN DER Nähe des geflügelten Rosses Pegasus finden sich ein Delfin sowie ein Pferdchen: Equuleus und Delphinus. Doch erkennen können wir von diesem Füllen, dem zweitkleinsten Sternbild am Nachthimmel, das sich aus wenigen mit bloßem Auge sichtbaren Sternen zusammensetzt, nur den Kopf. Schon oft wurde die Vermutung geäußert, bei diesem Fohlen handele es sich um das von Pegasus gezeugte Wildpferd Celeris beziehungsweise Kyllaros, welches **Hermes** einem seiner Zwillingssöhne (Gemini) geschenkt haben soll. Entweder **Castor**, der für sein Talent in der Zähmung von Pferden bekannt war, oder **Pollux**, dem Faustkämpfer. Aber wie auch immer, die Geschichte stimmt vorne und hinten nicht. Denn das Füllen, das kurz vor Pegasus aufgeht – und deshalb manchmal sogar als *Equus Primus* bezeichnet wird –, ist in Wahrheit Hippe (oder auch: Euippe) – eine Meisterin im Verstecken.

Hippe war die Tochter des **Cheiron**, jenes weisen, freundlichen Zentauren, der **Asklepios** sowie **Achilles** aufzog, der den **Prometheus** rettete und als Centaurus vom Himmel auf uns herabscheint. Hippe liebte ihren Vater sehr, aber hin und wieder konnte er ganz schön streng sein. Wie sehr war sie bemüht gewesen, all die Wörter, Zahlen und Musiknoten zu lernen, die er ihr beigebracht hatte. Ihr Wissensschatz überstieg den der meisten anderen Mädchen, und trotzdem hatte sie immer das Gefühl, dass Cheiron sich eigentlich nur wünschte, sie wäre ein Junge. Eines Tages, als er fort war, um einem seiner Schüler Jagdunterricht zu erteilen – sie hatte natürlich nicht mit von der Partie sein dürfen –, beschloss Hippe, einen Spaziergang zu unternehmen. Es war kühl draußen und stürmte, aber sie wollte etwas erleben, wenigstens ein einziges Mal. Also streifte sie sich einen dicken Wollumhang über und strebte dem Berg Pelion entgegen.

Womöglich war sie es, die des Aiolos als Erste ansichtig wurde; vielleicht ließ sie sich bereitwillig verführen, vielleicht aber auch nicht – für die Legendenbildung scheint das keine Rolle gespielt zu haben. So oder so, bald war sie schwanger. Voller Scham und Angst vor ihrem Vater versteckte sie sich in den Bergen und bat die Götter um Hilfe. Schließlich nahm sich **Artemis** ihrer an und verwandelte das Mädchen in eine Stute. Kurz darauf kam das Fohlen zur Welt, Melanippe. **Poseidon** – der seinem Freund Aiolos behilflich sein wollte – verwandelte das schwarze Fohlen in ein Mädchen und brachte es zu seinem Vater.

Hippe aber wurde von Artemis in den Himmel versetzt, wo sie sich auch heute noch so hinter Pegasus versteckt, dass nur ihr Kopf zu sehen ist.

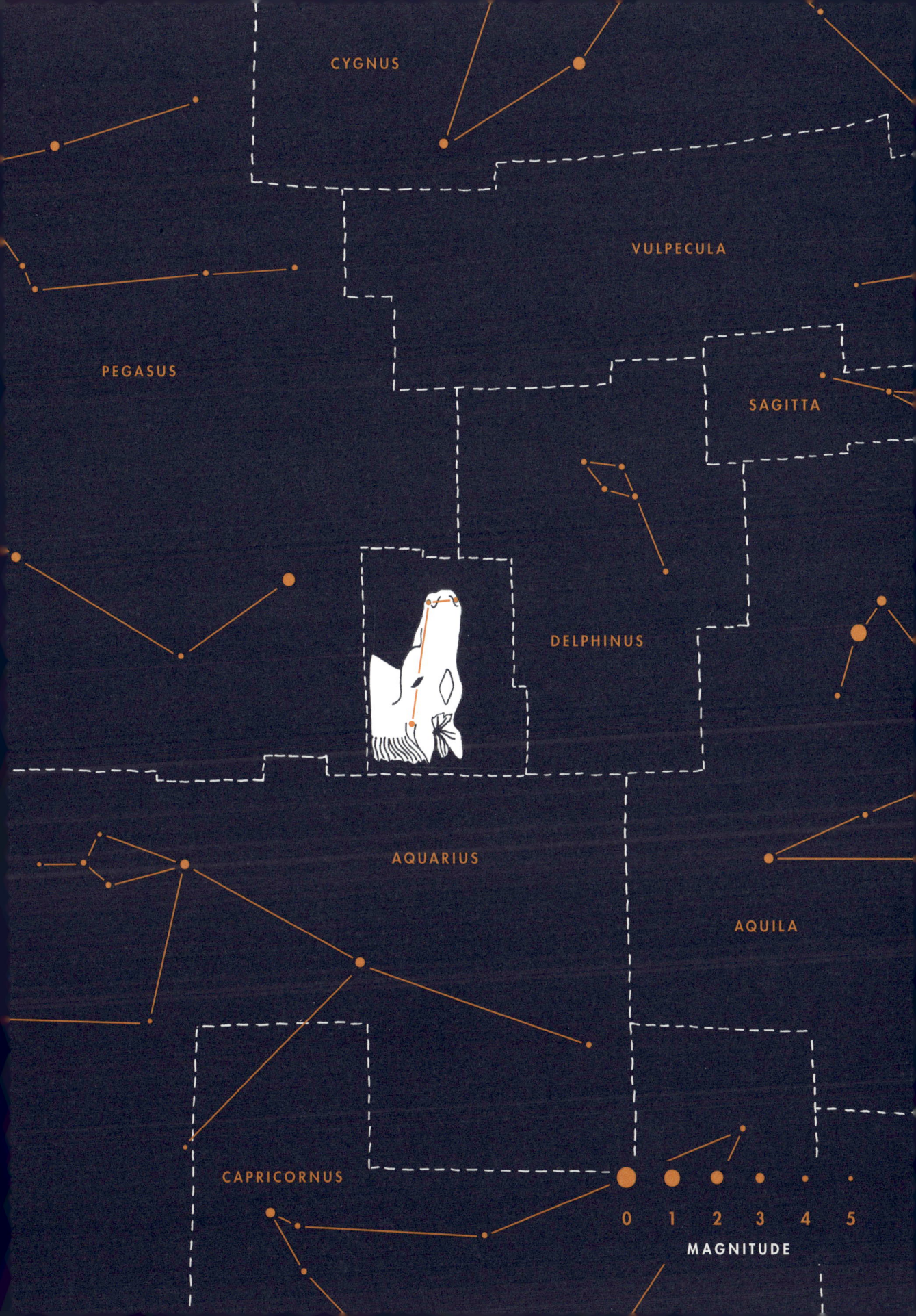

ERIDANUS
ERI/ERIDANI, ERIDANUS

PLATZ IN DER GRÖSSENORDNUNG: **6**
ASTERISMEN: **KEINE**

SEINE GESAMTE Kindheit über träumte **Phaeton** davon, einmal den Wagen seines Vaters über den Himmel zu steuern. Er lebte allein mit seiner Mutter **Klymene** in einem heruntergekommenen Haus am Stadtrand, und die anderen Jungs wollten ihm nicht glauben, dass sein Papa der große Sonnengott **Helios** war. Phaetons Schlafzimmerwände waren mit Zeichnungen des väterlichen Wagens übersät, kistenweise gelbe Kreide hatte der Junge dafür verbraucht, dessen Route am Himmel nachzuzeichnen. Allmorgendlich bei Sonnenaufgang schlug er hastig seine Decke (die mit dem Hercules-Muster) zurück, sprang aus dem Bett und rannte ans Fenster, um zu schauen, ob er einen Blick auf das mit zunehmender Helligkeit breiter werdende Grinsen seines Vaters erhaschen konnte. Als auch die letzte von zahllosen Prüfungen endlich absolviert war und seine Mutter ihn mit einem Paar neuer Stiefel und einem unterdrückten Seufzen in die Welt hinausgeschickt hatte, hielt ihn nichts mehr zurück: Geradewegs machte er sich auf, den steilen Pfad zu erklimmen, der zum golden schimmernden Sonnenpalast emporführte.

»Was führt dich zu mir, Sohn?«, fragte der hell lodernde Helios, als Phaeton in den schwindelerregenden Höhen eintraf.

»Vater«, begann er, zögerlich, »keiner glaubt mir, dass ich wirklich dein Sohn bin. Aber wenn du mich nun – wenigstens einen Tag lang – deinen Wagen über den Himmel lenken lassen würdest, dann könnte ich es diesen Hornochsen mal ordentlich zeigen, ein für alle Mal.«

Tonnenschweren Herzens willigte Helios ein. Denn er ahnte schon, dass der Junge die Kontrolle über seine wilden Pferde verlieren würde, sobald er auch nur die Zügel ergriff.

Er konnte kaum mitansehen, wie Phaeton ein Sternbild nach dem anderen rammte: Den Kleinen und den Großen Bären erwischte der Wagen in seiner rasenden Fahrt als Erste und setzte sie in Brand. Danach löste der Huf eines der Pferde einen Feuerball aus, der Draco am Schwanzende traf und den ängstlichen Drachen, welcher jahrhundertelang in seiner Höhle vor sich hin geschnarcht hatte, fürchterlich entflammen ließ. Als der arme Phaeton schließlich erkennen musste, dass Scorpius drohte, ihn mit den mächtigen Armen seiner Zange zu umschlingen, hatte ihn auch der letzte Rest seines Mutes bereits verlassen – und er Zügel, Pferde und Wagen an den Himmel verloren.

Der Wagen fiel so tief, dass es das Land versengte: Libyen wurde zur Wüste, die Haut der Äthiopier schwarz gefärbt, See und Flüsse trockneten aus. **Gaia**, die Mutter der angeschlagenen Erde, jammerte so lange, bis sich schließlich **Zeus** gezwungen sah einzuschreiten. Er schleuderte seinen Blitzstrahl gegen den Wagen, dieser zerbrach, und die Pferde fielen ins Meer.

Und so geschah es, dass Phaeton mit loderndem Haarschopf und eine Feuerspur am Nachthimmel hinterlassend in den Tiefen des Flusses Eridanus ertrank.

FORNAX
FOR/FORNACIS, CHEMISCHER OFEN

PLATZ IN DER GRÖSSENORDNUNG: **41**
ASTERISMEN: **KEINE**

IN SEINER *Uranographia* erfand **Johann Bode** 1801 dieses Sternbild neu – zu Ehren des französischen Chemikers **Antoine Lavoisier**. Bode gestaltete den himmlischen Ofen nach einem der bahnbrechenden Experimente Lavoisiers: der Spaltung von Wasser in seine Bestandteile Wasserstoff und Sauerstoff.

Doch zu der Zeit, in der Fornax erstmalig Eingang in eine Sternenkarte fand, war Antoine Lavoisier erst dreizehn. Als Nicolas Louis de Lacaille nach Südafrika segelte, um die Sterne des Südhimmels zu kartieren, war Lavoisier noch ein schlaksiger Schüler des Collège des Quatre Nations in Paris und hörte weder die Philosophievorlesungen des geschätzten Lacaille, wie er es später tun sollte, noch war er von ebendiesem Astronomen in die wissenschaftliche Wetterbeobachtung eingeführt worden. Und umso weniger konnte er ahnen, dass er dereinst als Vater der modernen Chemie in die Geschichte eingehen würde.

So kann es also gut sein, dass der junge Lavoisier nervös in sein Glas oder einer hübschen Mademoiselle nachgeguckt hat, als Lacaille in seinem Observatorium an der Bucht unterhalb des Tafelbergs saß und über die Frage nachsann, auf welche Weise er sein nächstes neues Sternbild wohl am eindrücklichsten dem Ruhm der Naturwissenschaften widmen könnte.

Für welche ihrer vielen erstaunlichen Neuentwicklungen, die die Welt revolutionierten, sollte er sich entscheiden? Denn wir schrieben das Jahr 1751, und die Aufklärung brachte alles zur Auflösung, was man als gegeben betrachtet hatte.

Ja, genau: Das war es doch. Er würde dieses Sternbild in der Form eines Ofens gestalten, wie ihn die Chemiker verwendeten, um Stoffe in ihre einzelnen Elemente aufzulösen; die Sterne so miteinander verbinden, dass sie den Prozess der Destillation darstellen. In Form eines Kolbens, der über Feuer erhitzt wird, und eines zweiten Gefäßes für die Rückstände. Nach seiner Rückkehr vom Kap der Guten Hoffnung nahm er 1756 exakt diese Anordnung in seine *Planisphère des Etoiles Australes* auf und nannte das Sternbild *Fornax Chimiae* (»Chemischer Ofen«).

Die Aktivisten der Französischen Revolution allerdings sahen achtunddreißig Jahre später keinen Anlass, die Fortschritte der Naturwissenschaften in irgendeiner Weise zu würdigen. Lavoisier – der inzwischen erwachsen war und an der Entwicklung des metrischen Maßsystems mitgewirkt, eine erste Liste der chemischen Elemente begonnen und sowohl Sauer- als auch Wasserstoff ihre heutigen Namen gegeben hatte – wurde 1794 vor Gericht gestellt und zum Tod durch die Guillotine verurteilt. Einer der Anklagepunkte lautete, er habe den französischen Tabak mit Wasser versetzt. Mit das Letzte, was Antoine Laurent de Lavoisier hörte, war die Erklärung der Revolutionäre: »Die Republik braucht weder Wissenschaftler noch Chemiker.« Dann rollte sein Kopf.

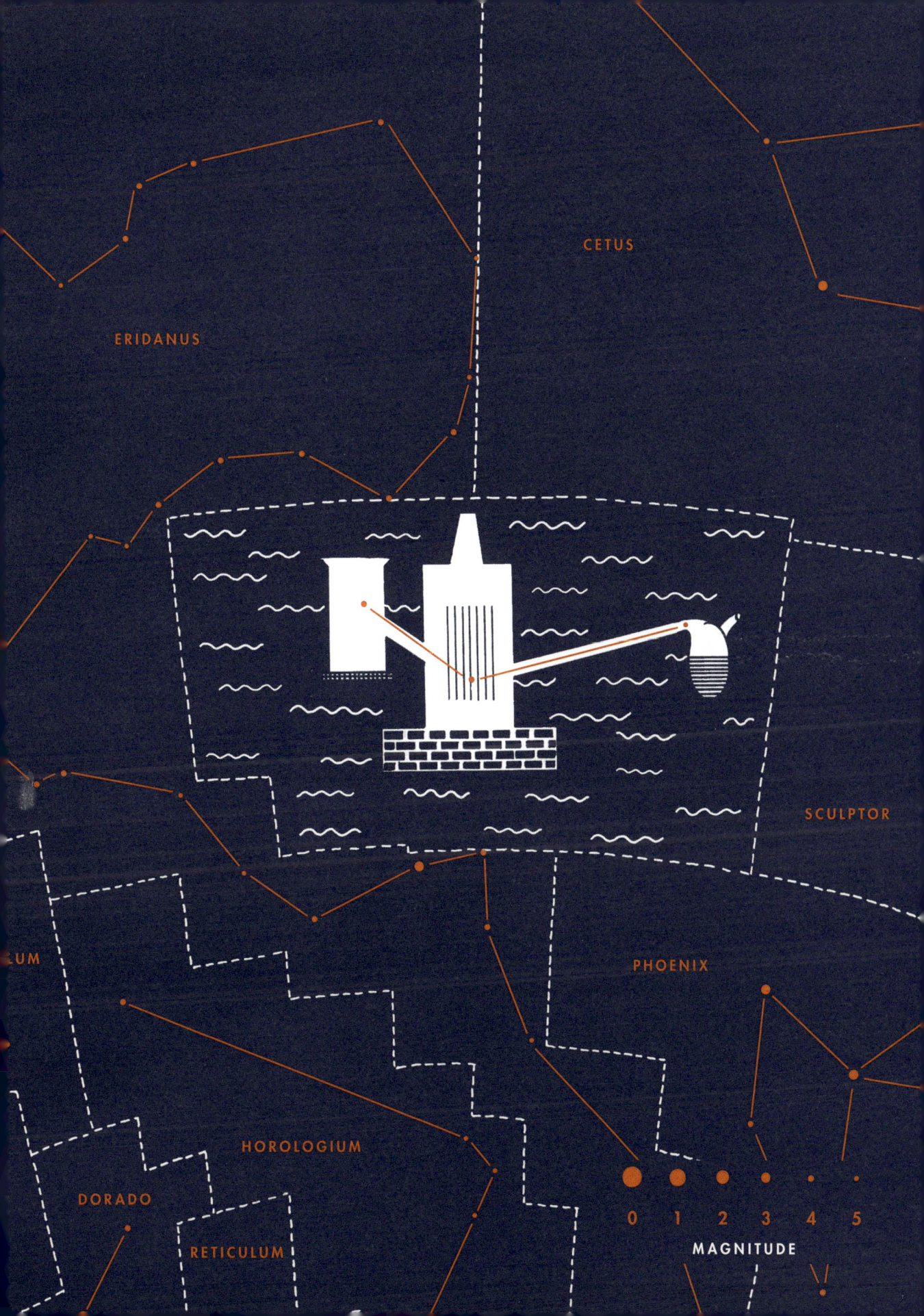

GEMINI
GEM/GEMINORUM, ZWILLINGE

PLATZ IN DER GRÖSSENORDNUNG: 30
ASTERISMEN: **HIMMLISCHES G, WINTERSECHSECK, WINTEROVAL**

ZWEI EMBRYOS zur gleichen Zeit im Mutterleib, ob ein- oder zweieiig: Zwillingen haftet immer etwas Geheimnisvolles an. Ihr »Doppeltsein« macht sie zum Symbol für die Dualismen Ähnlichkeit und Unterschied, Einheit und Trennung. Sie sind stärker als die meisten anderen – viele Zwillingspaare verfügen über seltsame Kräfte, eine eigene Geheimsprache, einen sechsten Sinn –, zugleich aber erweisen sie sich oft auch als leichter verletzlich, insbesondere getrennt voneinander. Zwillinge üben schon von alters her eine seltsame Faszination aus. Als Objekt anthropologischer Neugier wurden Zwillingspaare in den Konzentrationslagern der Nazis den obszönsten Experimenten ausgesetzt, während sie in Igbo-Ora – einer nigerianischen Kleinstadt, in der unerklärlicherweise vier Mal mehr Zwillinge geboren werden als irgendwo sonst auf der Welt – große Verehrung genießen, weil man sie für ein besonderes Geschenk Gottes hält.

Überall auf der Welt sind die beiden hellen Sterne in Gemini als Zwillinge bekannt. Einer Maori-Legende zufolge handelt es sich um die sterblichen Söhne Bora Boras, die wie die Kletten aneinanderhingen. Ihre Eltern aber machten sich Sorgen, weil die Knaben nie mit anderen Kindern spielten, und so überlegten sie, die beiden zu trennen. Nachdem die Jungs diesen Plan zufällig mitgehört hatten, krochen sie mitten in der Nacht aus dem Bett, stahlen sich in das Boot ihres Vaters und segelten aufs dunkle Meer hinaus. Ihren Instinkten folgend wollte die Mutter nach den Jungs schauen, fand das Bett leer und rannte zum Strand. Als sie von Weitem das Segel im Mondlicht schimmern sah, schnappte sie sich das Boot eines Nachbarn und setzte ihren Söhnen nach. Von Insel zu Insel folgte sie ihnen, letztlich sogar bis nach Tahiti auf einen Berg. Doch während sie sich ihren Buben näherte, sprangen diese vom Gipfel empor direkt in den Himmel, wo sie nun als Sterne bis in alle Ewigkeit weiterleben.

Für die alten Griechen waren die beiden hellen Punkte am Firmament **Kastor** und **Polydeukes**, eines der beiden Zwillingspaare, die **Leda**, Königin von Sparta, zur Welt brachte. Nachdem Zeus in Gestalt eines Schwans Leda vergewaltigt und geschwängert hatte, begab sie sich nach Hause zu ihrem Ehemann **Tyndareos** zurück und ließ trotz der vielen blauen Flecken am ganzen Körper, die sie davongetragen hatte, auch ihn sich an ihr befriedigen. Die Monate gingen ins Land. Und ob es schließlich ein Ei war, wie einige sagen, oder deren zwei, die Leda legte: Es schlüpften daraus nicht nur Castor und Pollux (unter ihren lateinischen Namen sind sie wesentlich bekannter), der Typ mit den Pferden und der Faustkämpfer, die sich später **Jason** und seinen Argonauten bei der Suche nach dem Goldenen Vlies anschließen sollten, sondern auch zwei der meistdiskutierten Damen der griechischen Antike: **Helena** und **Klytämnestra**.

Am besten drückt sich die Dualität von Zwillingen aber wohl in den Namen aus, mit denen die alten Chinesen die beiden Unzertrennlichen am Himmel einst belegten: Yin und Yang.

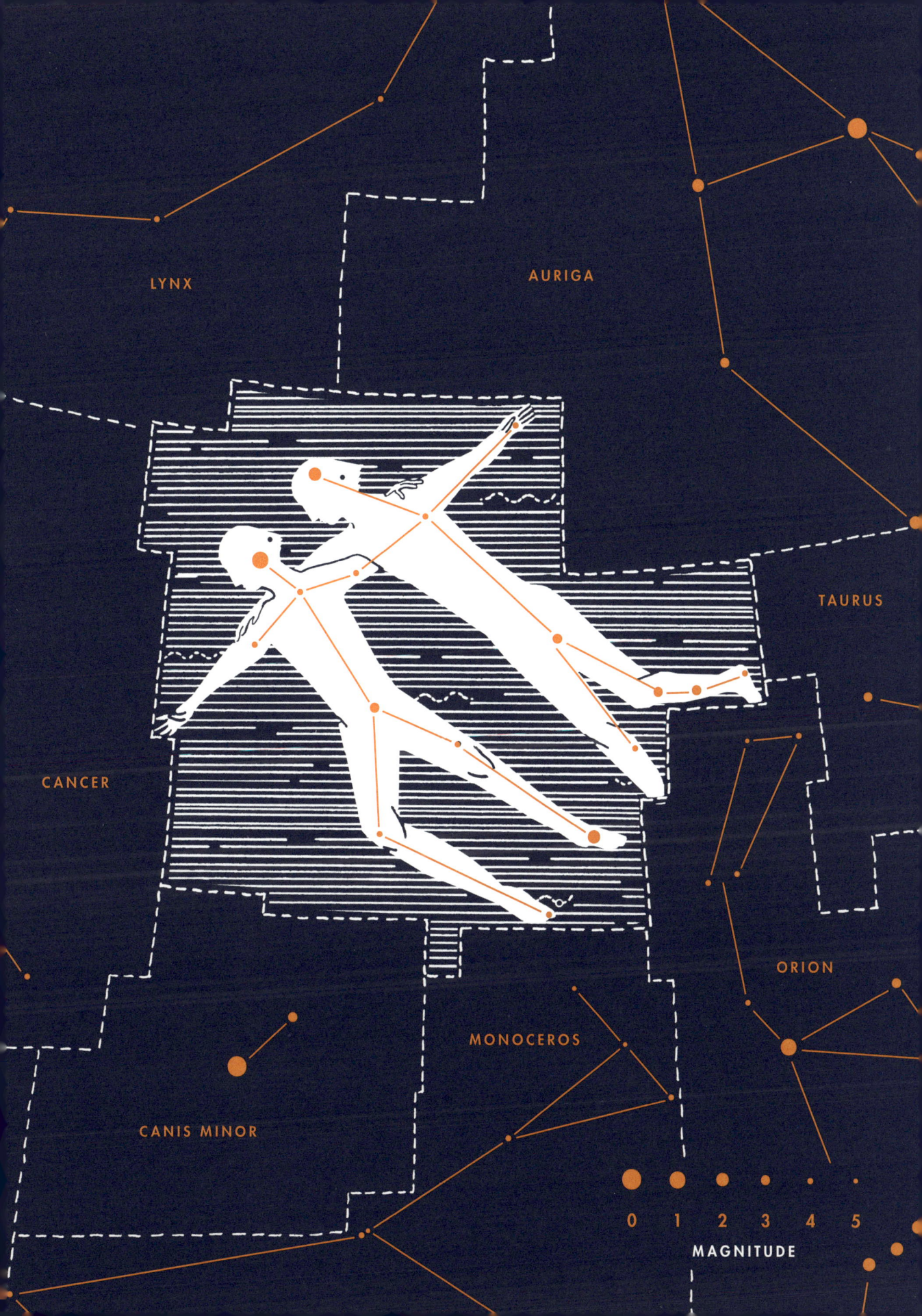

LYNX

AURIGA

TAURUS

CANCER

ORION

MONOCEROS

CANIS MINOR

0 1 2 3 4 5

MAGNITUDE

GRUS
GRU/GRUIS, KRANICH

PLATZ IN DER GRÖSSENORDNUNG: **45**
ASTERISMEN: **KEINE**

SADAKO SASAKI war zwei Jahre alt, als sie von einer der Menschheit bislang unbekannten Kraft aus dem Fenster geschleudert wurde. 1943 hatte sie als erste Tochter einer Friseurfamilie in Hiroshima das Licht der Welt erblickt und war noch ein Baby, als ihr Vater seinen Einberufungsbefehl erhielt. Nun, da knapp anderthalb Kilometer vom Haus der Sasakis entfernt eine Atombombe explodierte, deren Druckwelle das Mädchen bis auf die Straße warf, rechnete die Mutter mit dem Schlimmsten. Doch wie durch ein Wunder war Sadako unverletzt geblieben; ihre Mutter konnte sie hochnehmen und durch den schwarzen Regen in Sicherheit bringen.

Zehn Jahre später war Sadako ein ganz normales Schulmädchen – mit dem einzigen Unterschied, dass sie sich im Sportunterricht als die bei Weitem beste Läuferin hervortat –, doch sie hatte merkwürdige Knoten am Hals bemerkt. Die Schwellungen gingen nicht zurück, und bald erschienen auf Sadakos Beinen dunkelrote Flecken. Die Diagnose lautete Leukämie. Verbleibende Lebensdauer: ein knappes Jahr. Einer alten japanischen Legende zufolge geht für jeden Menschen, der eintausend Origami-Kraniche faltet, ein Wunsch in Erfüllung. Und so stellte Sadako Hunderte und Aberhunderte dieser bunten Vögel her, verband sie mit einer Schnur und hängte sie über ihr Krankenhausbett. Als ihr das Papier ausging, verwendete sie medizinisches Verpackungsmaterial. Doch obwohl sie schließlich sogar mehr als tausend Kraniche gefaltet hatte, sollte ihr Wunsch nicht in Erfüllung gehen. Am 25. Oktober 1955 starb Sadako Sasaki.

Ihre Lebensgeschichte konnte der Astronom **Johann Bayer** aus naheliegenden Gründen nicht im Sinn gehabt haben, als er das von **de Houtman** und **Keyser** entdeckte Sternbild 1603 als Kranich beschrieb und nicht als Reiher, wie es de Houtman vorschlug; oder als Flamingo nach den Vorstellungen **Petrus Plancius'** und **van den Keeres**; und auch nicht als den Fliegenden Fisch, den die Bewohner der Marshallinseln in Grus zu erkennen meinten. Möglicherweise aber dachte Bayer an den biblischen »Storch unter dem Himmel« und an den Kranich, der in diesem Zusammenhang auch erwähnt wird (Prophet Jeremia, achtes Kapitel):

6 Ich sehe und höre, dass sie nicht die Wahrheit reden. Es gibt niemand, dem seine Bosheit leid wäre und der spräche: Was hab ich doch getan! Sie laufen alle ihren Lauf wie ein Hengst, der in der Schlacht dahinstürmt. 7 Der Storch unter dem Himmel weiß seine Zeit, Turteltaube, Kranich und Schwalbe halten die Zeit ein, in der sie wiederkommen sollen; aber mein Volk will das Recht des HERRN nicht wissen. ... Priester und Propheten gehen mit Lüge um und heilen den Schaden meines Volks nur obenhin, indem sie sagen: ›Friede! Friede!‹ und ist doch nicht Friede. 12 Sie werden mit Schande dastehen, weil sie solche Gräuel getrieben haben; aber sie wollen sich nicht schämen und wissen nichts von Scham.

AQUARIUS

CAPRICORNUS

SCULPTOR

PISCIS AUSTRINUS

MICROSCOPIUM

PHOENIX

INDUS

TELESCOPIUM

TUCANA

MAGNITUDE

0 1 2 3 4 5

HERCULES

HER/HERCULIS, HERKULES

....

PLATZ IN DER GRÖSSENORDNUNG: **5**
ASTERISMEN: **SCHMETTERLING; SCHLUSSSTEIN**

....

TO-DO-LISTE

1 Den Nemëischen Löwen umbringen (nicht vergessen: Sein Fell ist undurchdringlich dick – werde ihn wohl erwürgen müssen) ~~10 Tage??~~ DAUERTE GANZE 30 – *Zeitplan anpassen*

2 Vielköpfige Wasserschlange Hydra erschlagen (versteckt sich im Sumpfgebiet an der lernäischen Quelle auf dem Peleponnes) ~~10 Tage??~~ DAUERTE GANZE 30 – *Zeitplan anpassen*

3 Kerynitische Hirschkuh (Göttin Diana geweiht) aufspüren und lebendig am Hof König Eurystheus in Mykene abliefern ~~1 Monat??~~ DAUERTE 1 JAHR – *Zeitplan komplett umschmeißen*

4 Erymanthischen Eber einfangen und ebenfalls lebendig zu König E. bringen
Vorsicht: mordsmäßig wild – Cheiron, meinen alten Lehrer, um Rat fragen,

5 Dem Augias die Rinderställe ausmisten ** INNERHALB VON 1 TAG **
Vorsicht, dass der Löwenpelz nicht dreckig wird – Trockenreinigung sehr teuer

6 Ufer des Stymphalischen Sees von Bande furchterregender Vögel befreien
Darf nicht vergessen, Cheiron eine Genesungskarte zu schicken (er hat höllische Knieschmerzen) – und ihn zu fragen, ob ihm auch wirklich klar ist, dass es ein Unfall war

7 Nach Kreta segeln und irgendwas mit einem weißen Bullen anstellen (??) – hat wohl mit **König Minos** zu tun, der nicht bereit war, ihn dem **Poseidon** zu opfern / und damit, dass seine Frau den Sohn des Bullen ausgetragen hat (**Minotaurus**)

8 Die fleischfressenden Pferde **König Diomedes'** von Thrakien fangen

9 Für König E.'s Tochter der Hippolyte (Amazonenkönigin) diesen schicken Gürtel abjagen

10 Dem Riesen Geryon (dreiköpfiges Monster, das auf der Insel Erytheia lebt, ganz weit im Westen, da, wo die Sonne untergeht) die Rinderherde klauen

2 ZUSATZAUFGABEN, GERADE EBEN VON KÖNIG E. GESTELLT

(Dieser Lügner hält einfach nicht Wort – es war immer nur von zehn Arbeiten die Rede gewesen)

11 Im Garten der Hesperiden (Atlasgebirge) goldene Äpfel pflücken
Potenzielle Probleme: a) Geheime Location – kein Schwein weiß, wie man da hinkommt
b) Riesendrache namens **Ladon** scheint sich zum Schutz um die Bäume gewickelt zu haben (ob da wohl ein Knüppel hilft?)

12 **Kerberos** aus der Unterwelt holen   ABER WIE DENN BLOSS? (Dreiköpfiger Wachhund mit Drachenschwanz und ewig vielen Schlangen auf dem Buckel – frisst jeden, der versucht, der Hölle durch die Pforte zu entkommen)

DRINGEND: Lebensversicherung abschließen!

CYGNUS

DRACO

BOÖTES

LYRA

CORONA
BOREALIS

OPHIUCHUS
& SERPENS

0 1 2 3 4 5

MAGNITUDE

HOROLOGIUM
HOR/HOROLOGII, PENDELUHR

PLATZ IN DER GRÖSSENORDNUNG: 58
ASTERISMEN: KEINE

AM FREITAG, dem 30. Mai 2014, morgens um zwanzig nach fünf stürzte die Zivilisation, wie Großbritannien sie gekannt hatte, plötzlich in eine entsetzliche Krise. Zum ersten Mal seit mehr als neunzig Jahren sendete die BBC auf Radio 4 keinen Seewetterbericht. Briefzusteller wussten nicht, ob sie das Haus verlassen sollten. Berufspendler verschluckten sich an ihrem Frühstückstee. Ein kleiner technischer Fehler beraubte das fassungslose Publikum eines Nationalheiligtums, verweigerte Matrosen ebenso wie Landratten diese altehrwürdige Sendung, die seit 1924 mit absoluter Verlässlichkeit vier Mal am Tag ausgestrahlt worden war. Der reinste Horror!

Die Geschichte der Schifffahrt und die der Zeitmessung sind untrennbar miteinander verbunden. Und dieses Sternbild, eines der vierzehn, die **Lacaille** 1751/52 erschuf, sollte an die Pendeluhr erinnern, die der holländische Wissenschaftler Christiaan Huygens in den 1650er Jahren erfunden und ursprünglich Horologium Oscillatorium genannt hatte. Der α-Stern markiert den Boden der Pendeluhr. Doch funktioniert sie, wie Sie sich vielleicht vorstellen können, auf hoher See nicht ganz so gut wie an Land. Was für die Seeleute von früher ein nicht nur ernstes, sondern mitunter gar tödliches Problem darstellte. Noch bis ins 18. Jahrhundert hinein konnten die Kapitäne ihr Schiff zwar geradeaus navigieren – wobei sie ihre Route anhand der Sternenbewegungen bestimmten –, Ecken umsteuern aber konnten sie nicht. Das heißt, ihren Breitengrad konnten sie sehr wohl ermitteln, nicht aber den Längengrad. Unzählige Besatzungen zerschellten, wenn ihr Schiff aus Versehen auf Felsen zuhielt. So genial die gefeierten Entdecker des 16. Jahrhunderts bestimmt waren, sie hatten auch Glück. Denn auf jeden **Kolumbus**, der wohlbehalten in die Heimat zurückkehrte, kamen weit mehr, denen dies nicht vergönnt war. Es sieht also ganz so aus, als hätten nicht alle aufstrebenden Kolonialisten jenen christlichen Gott auf ihrer Seite gehabt, zu dem sie die Eingeborenen bekehren wollten.

1714 gründete die britische Regierung das Board of Longitude, den Längenausschuss, und lobte für eine »praktisch brauchbare« Lösung des Längenproblems mehrere Geldpreise in Höhe von bis zu 20000 Pfund aus. In ihrem Buch *Längengrad* berichtet Dava Sobel von dem Mann, der genau dies schaffte. Dem Zimmermann John Harrison gelang 1735 das, was selbst **Newton** für unmöglich gehalten hatte: Er konstruierte die erste Schiffs- beziehungsweise Längenuhr, die in der Lage war, die Zeitdifferenz zwischen Schiffsposition und Nullmeridian zu bestimmen – und damit den Längengrad. 1880 wurde die Greenwich Mean Time für ganz Großbritannien zur Standardzeit erklärt, und 1920 stellten die Menschen überall auf dem Globus ihre Uhren nach den »pips« (wie die Greenwich Time Signals genannt werden), den sechs typischen Signaltönen, die im Abstand von jeweils einer Sekunde den Beginn jeder neuen Stunde markieren. Zwei Jahre später waren sie zum ersten Mal im Radio zu hören, im Programm der BBC.

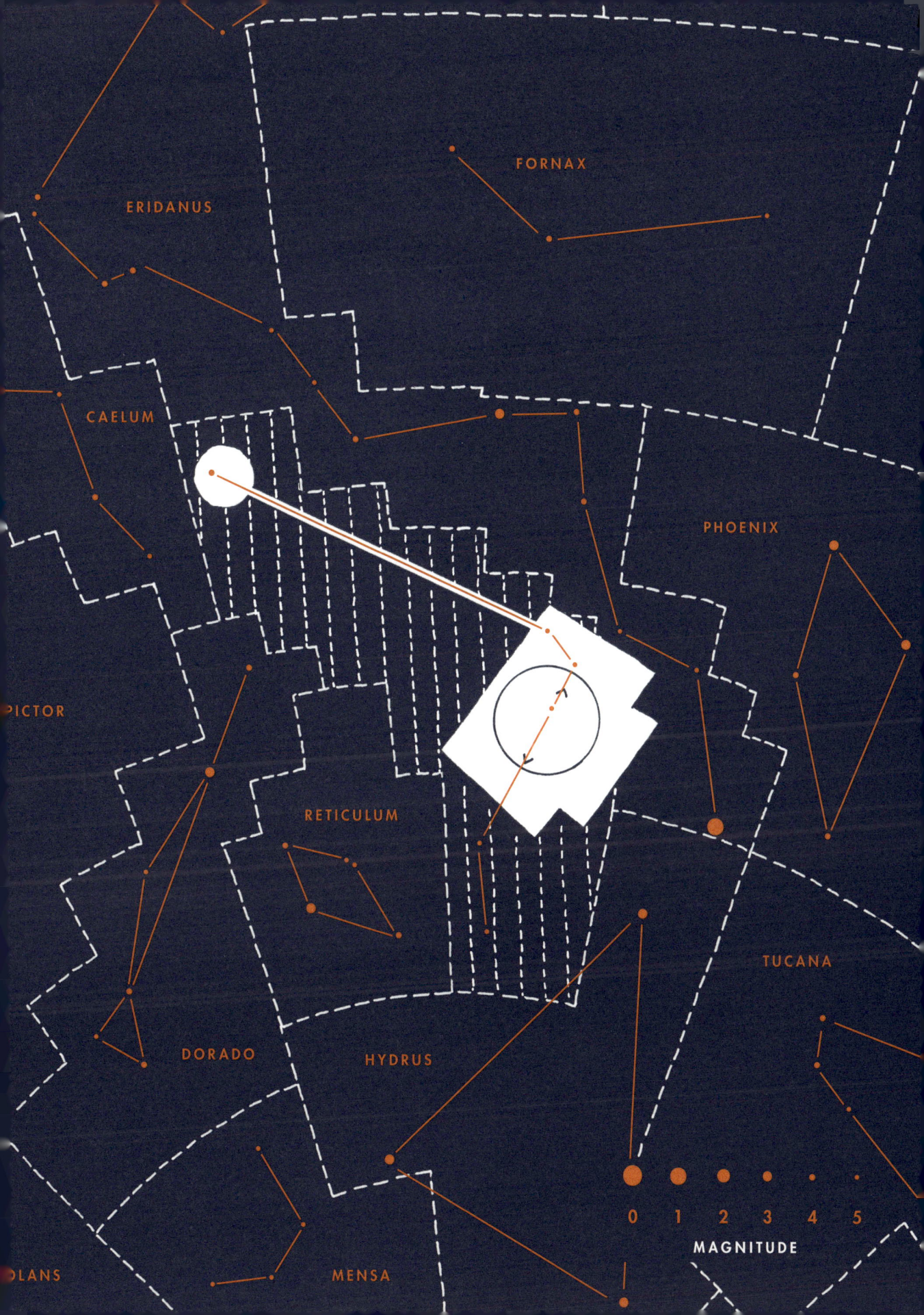

HYDRA
HYA/HYDRAE, WASSERSCHLANGE

....

PLATZ IN DER GRÖSSENORDNUNG: 1
ASTERISMUS: **SCHÄDEL**

....

LÄNDLICHE GEGEND AUF DEM PELEPONNES – TAG

TOTALE auf die Ebenen der Argolis. Wir sehen grasendes Vieh und Bauern bei der Feldarbeit. **CLOSE-UP** auf einen **KLEINEN JUNGEN** (Felix, 8) und seine **SCHWESTER** (Aemilia, 6), sommersprossig, mit schmutzigen Gesichtern, die beim Olivenpflücken auf dem elterlichen Hof helfen. Sie albern herum, kichern. **SCHWENK** auf die **MUTTER** der beiden (in ihren 20ern), die sich auch im Olivenhain aufhält. Sie war einmal schön, die harte Arbeit hat sie aber vorzeitig altern lassen.

Sie bleibt wie angewurzelt stehen. Riecht etwas.

SCHNITT:
TOTALE auf die fauligen und gespenstisch unbewegten **SÜMPFE VON LERNA**.

SCHNITT ZURÜCK auf:
OLIVENHAINE. Kamera zoomt auf die **MUTTER** zu. Sie weiß, was los ist.

MUTTER
Felix! Aemilia!
(Die Kinder ignorieren ihr Rufen. Sie jagen einander um ein Fass herum.)

MUTTER (Mit zunehmender Panik)
Felix! Felix! Bring deine Schwester rein.

SCHNITT auf:
SÜMPFE VON LERNA. HALBNAH. Unter der Oberfläche des stinkenden Morasts bewegt sich etwas.

SCHNITT auf:
AEMILIA hat den fauligen Geruch nun auch wahrgenommen. Entsetzt lässt sie ihren Korb mit Oliven fallen und schaut sich nach ihrem Bruder um. Er ist weit und breit nicht zu sehen.

AEMILIA (Weiß, was der Gestank zu bedeuten hat)
Felix! Felix!

SCHNITT auf:

SÜMPFE VON LERNA. HYDRA (eine riesige Schlange mit neun Köpfen und dem monströsen Leib eines geschuppten reptilienartigen Hundes) erhebt sich aus ihrem Versteck. Wir sehen, dass die giftigen Ausdünstungen von ihr ausgehen.

SCHNITT auf:

FELIX, immer noch hinter dem Fass, um das herum die Kinder Nachlaufen gespielt haben, bemerkt über sich einen enormen Schatten, der sich vor das mediterrane Sonnenlicht gelegt hat. Er dreht sich um und sieht die weit geöffneten Mäuler aller neun Köpfe der HYDRA, wie sie ihm sabbernd Grimassen schneiden.

SCHNITT auf:

LUFTAUFNAHME der Szenerie. HYDRAS POINT OF VIEW. Wie aus dem Nichts werden plötzlich lodernde Pfeile auf das Ungeheuer abgeschossen.

SCHNITT auf:

Es ist HERKULES (langes blondes Haar, ansprechende Virilität – trägt einen Löwenpelz über den Schultern) in seinem Streitwagen! Er greift HYDRA an, schlägt mit seiner Keule auf die Köpfe des Ungeheuers ein. Sobald er aber einen vernichtet hat, wachsen auf derselben Stelle zwei neue. Eine widerliche Krabbe (CANCER) taucht aus dem Sumpf aus und stürzt sich auf seinen Zeh, doch der heldenhafte HERKULES zertritt sie einfach, während er seinen erbitterten Kampf mit der HYDRA fortsetzt.

HERKULES (Mitten in der Schlacht beeindruckend ruhig, kurz angebunden)
Iolaos, ich glaube, ich brauche deine Hilfe.

HERKULES' Wagenlenker IOLAOS (Ende dreißig, bärtig, Typ treuer Diener) steigt aus dem Wagen und bindet die sich wild gebärdenden Pferde an einem Baum fest. Er gesellt sich zu HERKULES, der immer weiterkämpft, und zündet mit den Flammen aus HYDRAS Atem einen Ast an. HERKULES fährt fort, die Häupter des Ungeheuers zu zerstören, doch jetzt verbrennt er deren Stümpfe, damit kein Kopf mehr nachwachsen kann.

Schließlich ist HERKULES beim letzten, unsterblichen Kopf der HYDRA angelangt. Mit dem kostbaren Schwert der ATHENE, das IOLAOS ihm reicht, schlägt er ihn ab. Er vergräbt den Kopf, der immer noch zuckt, unter einem Felsen, dann schlitzt er den Leib des Monsters auf. Während er seine Pfeile in das giftige Blut, das in den Erdboden sickert, tunkt, macht IOLAOS die Pferde los. Die beiden besteigen den Wagen, winken dem verblüfften FELIX kurz zu und galoppieren davon.

BOÖTES

VIRGO

CORVUS

LIBRA

CENTAURUS

LUPUS

LEO

CANCER

SEXTANS

ATER

PUPPIS

PYXIS

ANTLIA

VELA

MAGNITUDE

0 1 2 3 4 5

HYDRUS
HYI/HYDRI, KLEINE WASSERSCHLANGE

PLATZ IN DER GRÖSSENORDNUNG: **61**
ASTERISMEN: **KEINE**

ZWEI (NICHT UNBEDINGT WITZIGE) WITZE ÜBER
DIE UNAUFFÄLLIGE MÄNNLICHE WASSERSCHLANGE HYDRUS

(Nicht zu verwechseln mit der legendären und sehr beeindruckenden
weiblichen Wasserschlange Hydra, die schließlich nur von Herkules,
dem größten aller Helden, erlegt werden konnte)

· · ·

Was ist der Unterschied
zwischen der Hydra und einer männlichen Wasserschlange?
Gegenfrage: Wie spannend wäre der Kampf wohl gewesen,
hätte Herkules nicht gegen Hydra, sondern gegen einen Hydranten antreten müssen?

· · ·

Klopf, klopf

Wer ist da?

Die Kleine Wasserschlange.

Kleine Wasser-WER?

Je kleiner das Pfützchen ist,
das Kleine Wasserschlange
am Himmel hinterlässt,
desto weniger gibt es
über Hydrus zu erzählen.

· · ·

(Mit anderen Worten: Es lassen sich beim besten Willen keine Mythen oder Geschichten
auffinden, die in irgendeiner Weise mit diesem Sternbild in Verbindung stehen.)

INDUS
IND/INDI, INDIANER

PLATZ IN DER GRÖSSENORDNUNG: **49**
ASTERISMEN: **KEINE**

DIE ETHNISCHE Zugehörigkeit der Figur, der dieses Sternbild seinen Namen verdankt, ist ebenso wenig eindeutig, wie die Himmelskörper, aus denen es besteht, hell sind. Ende des 16. Jahrhunderts, als die niederländischen Seeleute **Keyser** und **de Houtman** dieses eher gering ausgeprägte Bild am Himmel ausmachten, benutzte man das Wort Indus wahrscheinlich sowohl für die indigenen Völker Nord- und Südamerikas als auch für die Bewohner des indischen Subkontinents. Man kann jedoch vermuten, dass die zwei Entdecker die Sterne des Indus von der Insel Madagaskar aus kartierten – weit entfernt von beiden Kontinenten. Denn auf dem Weg zu den East Indies (das spätere Niederländisch-Indien, heute: Indonesien) musste die gesamte an der Expedition beteiligte Flotte 1595/96 auf Madagaskar eine mehrmonatige Pause einlegen, um Schiffe und Besatzung wieder auf Vordermann zu bringen. Und dort stellten Keyser und de Houtman auch die meisten ihrer astronomischen Beobachtungen an.

Die erwähnte sprachliche Zweideutigkeit wirft ein unschönes Licht auf die in jener Epoche herrschende Denkweise. Im Einklang mit der bildlichen Darstellung dieses Sternbildes in zeitgenössischen Himmelsatlanten – ein speerschwingender Stammesangehöriger in Baströckchen oder Lendenschurz – bestand offenbar keinerlei Bedürfnis, in irgendeiner Weise spezifischer zu werden. An der Wende zum 17. Jahrhundert konnte in der ethnozentrischen Weltsicht der Europäer ein halbnackter »Wilder« so ziemlich alle Ureinwohner aus praktisch jedem dieser exotischen Länder repräsentieren, die sie erst kürzlich entdeckt hatten. Bei allen anderen Gestalten, die Keyser und de Houtman im Nachthimmel ausmachten – Apus, Chamaeleon, Dorado, Grus, Hydrus, Musca, Pavo, Phoenix, Tucana und Volans –, handelte es sich um exotische Tiere, auch das stößt sauer auf, legte es doch den hässlichen Schluss nahe, dass diese frühen Kolonisatoren die Menschen, denen sie auf den ihnen fremden Erdteilen begegneten, auf dieselbe Stufe stellten.

Damit will ich nicht sagen, dass sich die Europäer nicht für die indigenen Völker interessiert hätten. Ganz im Gegenteil: Sie zeigten sich richtiggehend gebannt von diesen Begegnungen – aber zugleich auch verstört –, wie sowohl Montaignes Vorstellungen vom »Edlen Wilden« als auch Shakespeares *Der Sturm* bezeugen. Im Mittelpunkt dieses Stückes, das 1610 entstand, also nur wenige Jahre nach der Entdeckung des Sternbildes Indus (das zum ersten Mal 1598 auf einem Globus von **Petrus Plancius** auftauchte und 1603 in **Johann Bayers** Werk *Uranometria* erwähnt wurde), steht die heikle Beziehung zwischen seinem Protagonisten Prospero und zwei Ureinwohnern jener entlegenen Insel, auf der er gestrandet ist. In Ariel und Caliban – bereits die Namen weisen auf Mythen, Magie und Kannibalismus hin – werden genau die widerstreitenden Gefühle offenbar, die das jakobinische England für die fremdartigen Bewohner seltsamer Inseln hegte: Furcht und Faszination gleichermaßen.

PISCIS AUSTRINUS

GRUS

MICROSCOPIUM

SAGITTARIUS

TELESCOPIUM

OENIX

TUCANA

PAVO

OCTANS

APUS

HYDRUS

○ ○ ○ ○ · ·
0 1 2 3 4 5

MAGNITUDE

LACERTA
LAC/LACERTAE, EIDECHSE

....

PLATZ IN DER GRÖSSENORDNUNG: **68**
ASTERISMEN: **KEINE**

....

ICH VERSUCHE, eine Eidechse zu fangen, aber sie entwischt mir immer wieder. Quer durchs ganze Internet habe ich sie schon gejagt, doch jedes Mal, wenn ich sie wieder entdecke, verschwindet sie in einer Ritze des Cyberspace. Auch in Büchern war ich hinter ihr her, aber da versteckt sie sich immer irgendwo zwischen den Zeilen.

Das erste Mal, dass ich über das quirlige Reptil gestolpert bin, war auf dem Frontispiz vorne im Sternatlas des Astronomen **Johannes Hevelius**, seinem *Firmamentum Sobiescianum*, der zwar 1687 fertiggestellt, aber erst 1690 posthum veröffentlicht wurde. Bei besagtem Frontispiz dieses wunderschön illustrierten Bandes handelt es sich um einen Kupferstich, auf dem Hevelius der Muse der Astronomie, **Urania**, seine neuen Sternbilder präsentiert. Diese außergewöhnliche Abbildung zeigt den Sterngucker, wie er (nicht gerade überzeugend) bescheiden vor einem Globus kniet; er hat (stellvertretend für Scutum und Sextans, zwei seiner neu entdeckten Sternbilder) einen Schild und ein astronomisches Gerät bei sich und schaut zu seiner Muse hoch, die die Sonne und den Mond in den Händen hält und von den großen Helden der Sternenkunde umringt wird: unter anderen **Hipparchos**, **Tycho Brahe**, **Ptolemäus** und **Kopernikus**. Hinter ihrem Wohltäter ist eine Prozession der Tiere zu sehen, denen Hevelius einen Platz am Himmel verschafft hat – der Fuchs (Vulpecula) mit einer Gans, die beiden Jagdhunde (Canes Venatici), ein Löwenjunges (Leo Minor) und ein Luchs (Lynx) –, angeführt von keiner anderen als unserer schlüpfrigen Freundin Lacerta. Doch bei aller Pracht und Herrlichkeit des Frontispizes in seinem Sternenatlas scheint sich Hevelius nicht besonders für die kleine Eidechse interessiert zu haben. Die Einzelheiten dieser Astralgestalt schienen ihm sogar so gleichgültig zu sein, dass er nicht davor zurückschreckte, eine Alternativbezeichnung für sie zu präsentieren: Hardun (auch Schleuderschwanz), der Name einer im Mittelmeergebiet heimischen Schuppenechse, die auf ihrer rauen Rückenhaut immerhin sternartige Markierungen aufweist. Tja, wie gewonnen, so zerronnen: Kaum meinte ich, die Eidechse dingfest gemacht zu haben, da war sie auch schon wieder fort.

Das nächste Mal sah ich sie auf einem Navajo-Teppich. Da versteckte sie sich in den geometrischen Mustern, die an die Fadenspiele erinnern, anhand derer die Medizinmänner der Navajo den Kindern ihres Stammes die Sternbilder erklären, die der Erste Mensch in den Himmel gezeichnet hat. Ob es sich aber tatsächlich um die Eidechse handelte, nach der ich suchte? Schwer zu sagen. Als ich das letzte Mal einen Blick auf sie warf, hatte sich ihre Gestalt nämlich so verändert, dass ich sie kaum wiedererkannte. Nun war sie eine fliegende Drachenschlange namens Tengshe – ein chinesischer Asterismus, in dessen Mittelpunkt die Lacerta steht.

Wie sich herausstellt, ist die himmlische Eidechse in ihrem Versteck inmitten der Sterne also auch nicht leichter zu erwischen als ihr irdisches Gegenstück im Schutz der Felsen.

DRACO

CEPHEUS

CASSIOPEIA

CYGNUS

ANDROMEDA

EQUULEUS

PEGASUS

MAGNITUDE

0 1 2 3 4 5

LEO

LEO/LEONIS, LÖWE

PLATZ IN DER GRÖSSENORDNUNG: **12**
ASTERISMEN: **RAUTE (DER JUNGFRAU), SICHEL, FRÜHLINGSDREIECK**

ICH BIN GEBOREN, um den Herkules zu spielen, sprach er sich selbst Mut zu, als er durch das regnerische Soho marschierte; er war kurz vor der einen oder anderen Schaufensterscheibe eines Cafés stehen geblieben, um seine Frisur zu überprüfen. Jetzt drückte er auf die Türklingel für den dritten Stock. Jedenfalls vermutete er, dass die Ziffer auf dem verblassten Firmenschild der *Starlight Casting Suite* eine Drei darstellen sollte. Als er den Warteraum betrat, saß da bereits eine Gruppe von Männern, alle in den Zwanzigern, hübsch aufgereiht auf billigen Stühlen, als handele es sich um Variationen ein und derselben Parodie: die seiner selbst. Manche hatten lockiges Haar, andere glattes, aber alle waren blond und trugen eine Mähne, die ihnen bis auf die muskulösen Schultern fiel, genau wie er auch.

Zwischen zwei Lachern am Telefon ließ ihn die junge Frau hinter der Empfangstheke wissen, dass sie dem Zeitplan bereits vierzig Minuten hinterherhinkten. Er nahm auf einem hellgrünen Plastikstuhl Platz, neben einer schlankeren Version seiner selbst links und einer jüngeren rechts. Gelangweilt blätterte er in einer *Metro*, hielt nur inne, um einen Artikel über die neue Steinzeitdiät und sein Horoskop zu lesen. Endlich wurde sein Name aufgerufen.

Mit nasalem Brummen sprach ein zur Glatze neigender Typ in lächerlich bunten Sportschuhen auf ihn ein: »Du bist also in einer Höhle, und alles ist voller heißer Girls – denn so ist dieser Löwe nun mal, schnappt sich jede Braut, die nicht bei drei auf den Bäumen ist. Und die schauen alle zu dir hoch, irgendwie bettelnd und erschreckt – aber trotzdem heiß«, sagte der Mann mit einem wenig attraktiven Lachen. »Wir sehen dich den Eingang dieser Höhle versperren, und dann geht die Kamera im Close-up direkt auf dich: wie du den Löwen packst – achte dabei unbedingt darauf, dass wir ein paar richtig geile Shots von deinem Bizeps kriegen, ja? Schließlich killst du den Löwen, rettest die Girls und haust unseren Slogan raus. Alles klar? *Action!*«

»Entschuldigung, ähm, ich soll ihn doch mit der Keule erschlagen, oder?«

»Nää, Kumpel, der Punkt ist, dass Waffen bei dem Löwen nix bringen – der hat doch dieses undurchdringliche goldene Fell! Du musst ihn also mit bloßen Händen erwürgen. BÄNG! Voll krass wird das. Aber wir machen es mit der Bluebox. Und um den Rest kümmern wir uns dann nachher in der Post Production.«

Als er sich nicht gerade überzeugend auf einen Quadratmeter blaue Auslegware stürzte und einen Arm voll bloßer Luft erdrosselte, fragte er sich, ob wohl alle Entscheidungen, die er in seinem bisherigen Leben getroffen hatte, richtig waren. Dann allerdings stellte er sich vor, wie er aussehen würde: schön gebräunt, mit freiem Oberkörper – und dem Löwenpelz um den Schultern; er dachte an das bedrohlich anwachsende Minus auf seinem Konto, das Leck in der Heizung. Und mit Schmackes stürzte sich Leo Clark in die erste der zwölf Arbeiten des Herkules.

LYNX

URSA MAJOR

LEO MINOR

HYDRA

SEXTANS

VIRGO

CRATER

0 1 2 3 4 5

MAGNITUDE

LEO MINOR

LMI/LEONIS MINORIS, KLEINER LÖWE

PLATZ IN DER GRÖSSENORDNUNG: **64**
ASTERISMEN: **KEINE**

SCHON SEIT sie sich erinnern konnte, war sie in die Astronomie verliebt. Bereits als kleines Mädchen spazierte **Elisabetha Catherina Koopmann** an der Hand ihrer Eltern durch die Straßen ihrer Heimatstadt Danzig, um schließlich an der Haustür eines Astronomen zu klopfen. **Johannes Hevelius** zeigte ihr alle Herrlichkeiten seines weltberühmten Observatoriums und versprach, ihr die Geheimnisse des Nachthimmels zu offenbaren – aber selbstverständlich erst, wenn sie alt genug sein würde, ihm dabei geistig zu folgen.

Voller Ungeduld lebte sich Elisabetha durch die folgenden Jahre. Und als sie schließlich fünfzehn war, klopfte sie wieder bei Hevelius an. Sechsunddreißig Jahre älter als die kleine Koopmann, öffnete der stolze König der astronomischen Welt ihr die Tür sperrangelweit. Kurz zuvor war seine Frau gestorben, die seine Leidenschaft für die Sterne nicht geteilt hatte (ihm dafür aber ständig wegen der Einkünfte aus einer im Familienbesitz befindlichen Brauerei in den Ohren lag, die zu führen er sich gezwungen sah). Wann genau der brillante Mathematiker begann, zwei und zwei zusammenzuzählen, werden wir nie erfahren. Später aber erinnerte er sich voller Gefühl an Elisabethas zweiten Besuch seines Observatoriums.

> Als sie in jener sternenklaren Nacht mit verzücktem Blick und klopfendem Herzen durch sein gigantisches Teleskop spähte und dem hell scheinenden Vollmond folgte auf seinem stillen Pfad, rief sie enthusiasmiert aus: ›Hier bleiben und stets schauen zu dürfen, die Wunder des Himmels mit Ihnen erforschen und kundtun zu dürfen: Unendliches Glück würde das für mich bedeuten!‹ Und dem biederen Mann dünkte, dass auch er ein Glück darin finden könnte.

Seine »ergebene Gehülfin« mag das vielleicht weniger romantisch gesehen haben. Da sie als Frau keine Universität besuchen durfte, stellte eine Zweckehe für sie die einzige Möglichkeit dar, eine wissenschaftliche Laufbahn einzuschlagen. Doch in Elisabethas Fall gesellte sich womöglich auch Leidenschaft hinzu. Und Hevelius seinerseits war keinesfalls ein liebloser Mann: Als seine junge Gattin die Pocken hatte, wich er nicht von ihrem Krankenbett.

Johannes starb, bevor er den Sternenatlas fertigstellen konnte, an dem er (mit beträchtlicher Unterstützung seiner Frau) bis zuletzt gearbeitet hatte. Sein *Firmamentum Sobiescianum*, von Elisabetha 1690 herausgegeben und veröffentlicht, widmete sich auch dem unbedeutenden, oft übersehenen Leo Minor. Die Witwe Johannes Hevelius', die, wie der französische Physiker François Arago schrieb, »meines Wissens die erste Frau war, die nicht davor zurückschreckte, sich mit den ermüdenden astronomischen Beobachtungen und Berechnungen zu befassen«, gilt in der Tat als erste Astronomin. Ihr zu Ehren wurde sogar ein Planet benannt: 12625 Koopman.

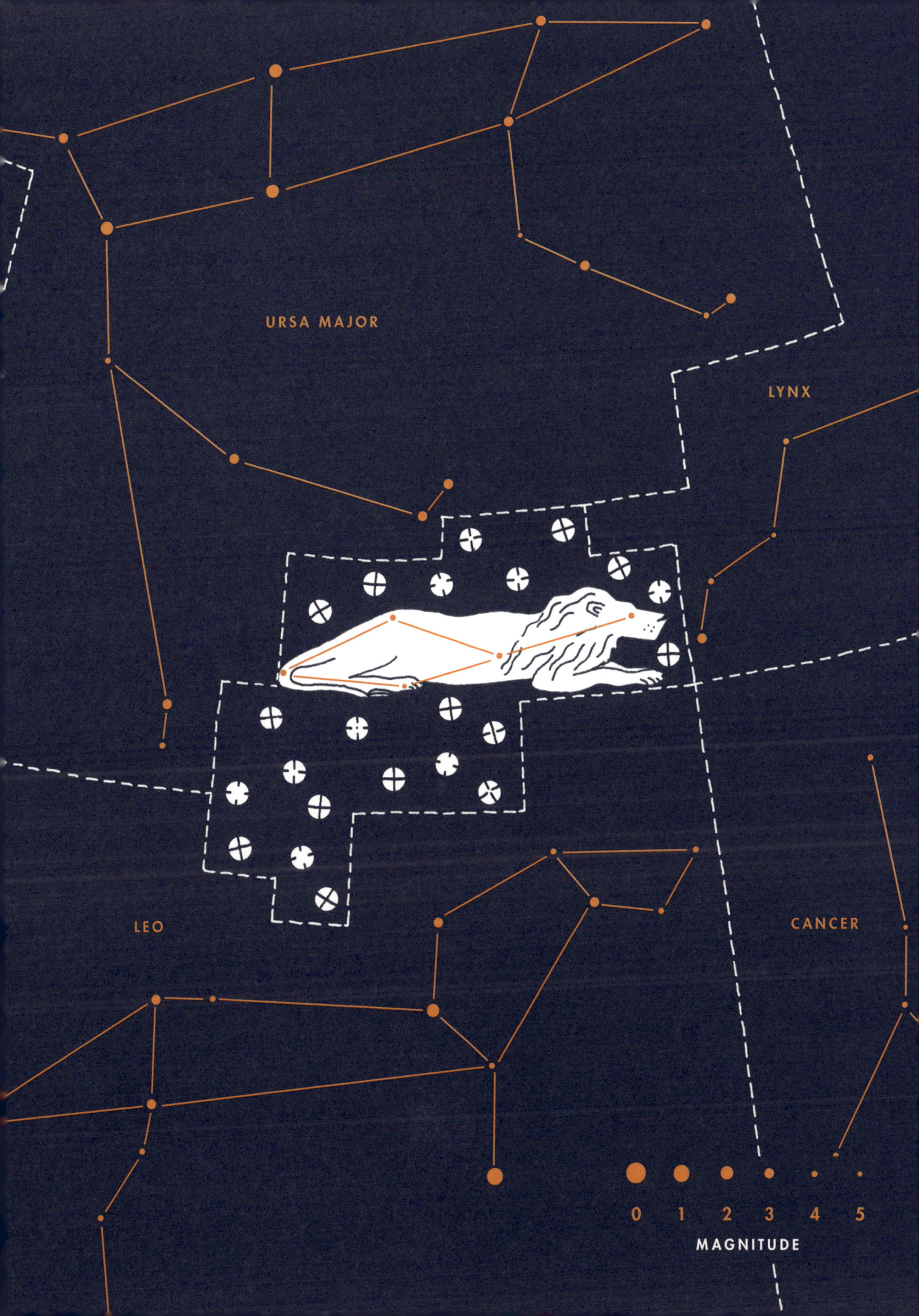

URSA MAJOR

LYNX

LEO

CANCER

MAGNITUDE

0 1 2 3 4 5

LEPUS
LEP/LEPORIS, HASE

PLATZ IN DER GRÖSSENORDNUNG: **51**
ASTERISMEN: **KEINE**

IN ÄNGSTLICH geduckter Haltung hockt Lepus zu Füßen des großen Jägers Orion; er versucht sich vor dessen Hunden – Canis Major und Canis Minor – zu verstecken, die bereits dabei sind, seine Fährte aufzunehmen. In der dramatischen Jagdszene eines Actionfilms, der jedes Jahr im Winter am Nachthimmel der nördlichen Hemisphäre läuft, ist der schüchterne Hase nicht viel mehr als ein Statist. Von den anderen Darstellern weitestgehend vergessen und an den äußeren Rand der Kameraeinstellung verbannt, kommt er buchstäblich in letzter Sekunde mit dem Leben davon – unmittelbar bevor ihn Orion erlegen kann –, und zwar weil in ebendiesem Augenblick Taurus herbeirast und droht, den Jäger auf die Hörner zu nehmen. Orion selbst ist das Glück nicht ganz so hold: Sobald im Osten die Sterne aufgehen, aus denen sich Scorpius zusammensetzt, erhebt der hochgefährliche Angehörige der Spinnentiere seinen Kopf aus einer Ritze im Boden, um dem Jägersmann einen tödlichen Biss in den Fuß zu versetzen; woraufhin Orions Sterne besiegt im Westen untergehen. Dann kommt der große Heiler **Asklepios** ins Bild gehüpft und versucht Orion unter Aufbietung des gesamten medizinischen Wissens, das ihm der weise Centaurus **Cheiron** vermittelt hat, wiederzubeleben. Noch während er den Jäger allmählich zurückholt, hat sich Scorpius bereits erneut im Erdboden verkrochen; und Orion steigt ein weiteres Mal im Osten auf. Als 4000 Jahre vor Beginn unserer Zeitrechnung die ersten Zuschauer diesen Jagdfilm anschauten, lief er passenderweise im Herbst, also in der Jagdsaison; aufgrund der Präzession der Erdachse läuft er heute jedoch hauptsächlich im Winter. Der Hase spielt, wie bereits erwähnt, in diesem Streifen nur eine Nebenrolle, doch waren die Kritiken, die er erhielt, so gut, dass er am Himmel genauso gefeiert wird wie die eigentlichen Stars. Ende des 19. Jahrhunderts hat ein Ornithologe namens D'Arcy Thompson Lepus' Rolle sogar noch ausgebaut, indem er den ganzen Plot um eine psychologische Ebene erweiterte und dem Drama einen geradezu Hitchcock'schen Dreh gab: Ihm zufolge hat der Hase nämlich eine pathologische Angst vor Raben. Und deshalb suche der arme Lepus panisch das Weite, sobald Corvus aufsteige, um sich schnellstmöglich tief in seinem dunklen Bau unterhalb des Himmels zu verstecken.

Auch die chinesische Astronomie erkennt in diesem Teil des Nachthimmels eine sich alljährlich wiederholende Jagdszene, bedient sich allerdings einer etwas handfesteren Symbolik. In dieser alten Tradition der Sternenkunde bilden die Sterne Alpha, Beta, Gamma und Delta Leporis nämlich ein Klo – *Ce* –, während Mu und Epsilon Leporis die Trennwand darstellen, hinter der die Jäger warten, bis sie die himmlische Toilette benutzen können. Einem Stern fällt sogar die Aufgabe zu, deren Fäkalien abzubilden, die aus *Ce* in südlicher Richtung herabfallen. Er befindet sich in einer Konstellation, die westliche Himmelsbeobachter als Columba bezeichnen.

TAURUS

ORION

MONOCEROS

ERIDANUS

CANIS MAJOR

COLUMBA

CAELUM

PUPPIS

PICTOR

0 1 2 3 4 5

MAGNITUDE

LIBRA

LIB/LIBRAE, WAAGE

PLATZ IN DER GRÖSSENORDNUNG: **29**
ASTERISMEN: **KEINE**

SIND SIE WAAGE? Ausgeglichen, gerecht und diplomatisch? Unter demjenigen Zeichen des Tierkreises geboren, das von alters her mit der Waage assoziiert wird? Vielleicht, weil vor 2000 Jahren der Übergang der Sonne in die Waage die Tagundnachtgleiche im September markierte.

Im Mittelalter war Astrologie gleichbedeutend mit Astronomie, eine komplexe, respektierte Wissenschaft – und ein Horoskop ein sorgfältigst gezeichnetes Schaubild, das die politische Bedeutung der Planetenkonstellationen offenlegte, die mithilfe hochentwickelter Instrumente wie Astrolabien und Quadranten bestimmt wurden.

Die Wurzeln des Horoskops mögen in Vorhersagen für bestimmte Personen liegen – entsprechende Beispiele, die bis ins 5. Jahrhundert vor Christus zurückreichen, kennen wir aus Babylonien und Ägypten –, doch seit der Gelehrte Adelard von Bath im 12. Jahrhundert die ersten astronomischen Tabellen in Europa einführte, waren Horoskope etwas bedeutend Anspruchsvolleres. Die Griechen hatten diese alte Kunst ausgearbeitet, ein bisschen Philosophie hinzugefügt und an die arabische Welt weitergegeben, die sie ihrerseits um Einflüsse indischer, persischer und islamischer Traditionen bereicherte. Als im Mittelalter dann englische Gelehrte nach Spanien, Sizilien und Vorderasien reisten, brachten sie bei ihrer Rückkehr einen reichen Schatz wissenschaftlicher Erkenntnisse mit, so auch astrologische, alchemistische und magische Texte.

Von den fünf wichtigsten Planetenkonstellationen (scheinbaren Stellungen von Himmelskörpern zueinander) war für die Astrologen im Mittelalter die Konjunktion am bedeutsamsten – wenn also bestimmte Planeten am Himmel auf demselben Längengrad zu liegen scheinen. Für sie wies jede Konjunktion auf bevorstehende Ereignisse von entscheidender Bedeutung hin, auf religiösen oder politischen Aufruhr. Als ersichtlich wurde, dass im September 1186 Sonne, Mond und die damals bekannten Planeten (Merkur, Venus, Mars, Jupiter und Saturn) im Zeichen der Waage auf einer Linie liegen würden, war das für die Astrologie eine riesige Sache.

Dem englischen Chronisten Roger von Hoveden verdanken wir Aufzeichnungen über die entstehende Panik. Da die Waage als Luftzeichen galt (und gilt), fürchteten sich viele vor allem vor gefährlichen Stürmen und Winden. Die Astrologen gingen davon aus, dass sich die Luft »mit dem Gestank giftiger Dämpfe« schwarz verfärben würde. »Viele werden von Tod und Krankheit ereilt werden, laute Geräusche und Stimmen werden in der Luft liegen und die Seelen derer, die sie hören, in Angst und Schrecken versetzen.« Je näher der Tag der Konjunktion heranrückte, desto dramatischer wurden die Befürchtungen.

Doch glücklicherweise hielt sich die Wirklichkeit nicht an die Vorhersagen. Es geschah nicht mehr als das, was in Großbritannien immer an der Tagesordnung ist: leichtere Hagelfälle in Kent und in Wales ein bisschen Hochwasser.

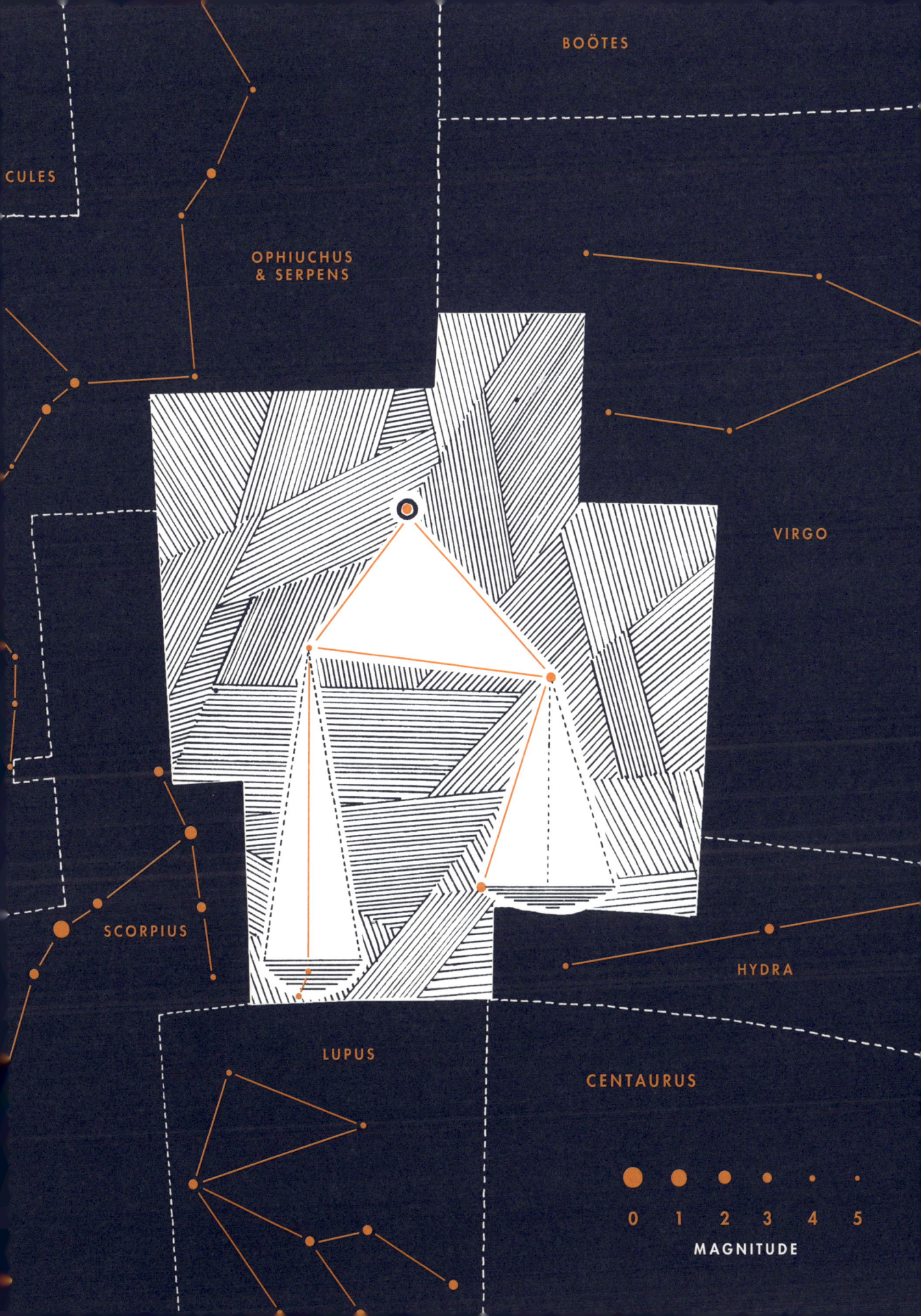

BOÖTES

CULES

OPHIUCHUS
& SERPENS

VIRGO

SCORPIUS

HYDRA

LUPUS

CENTAURUS

MAGNITUDE

0   1   2   3   4   5

LUPUS

LUP/LUPI, WOLF

PLATZ IN DER GRÖSSENORDNUNG: **46**
ASTERISMEN: **KEINE**

IM LAUFE der Zeiten ist dieses wilde Tier in verschiedenerlei Gestalt erschienen. Bei den Akkadiern wurde es mit dem Tod in Verbindung gebracht und hieß *Urbat*; für die Babylonier handelte es sich um *Ur Idim*, einen wilden Hund oder Wolf. Die alten Araber sahen darin die Löwin *Al Asadha*, die Türken ein nicht näher charakterisiertes extrem brutales Lebewesen, genau wie die Griechen, die es *Therion*, und die Römer, die es *Bestia* beziehungsweise *Fera* nannten. Manchmal wurde dieses primitive Vieh auch für ein Mischwesen mit menschlichem Kopf und Oberkörper und Beinen sowie Schwanz eines Löwen gehalten. Die Griechen meinten eine wilde Kreatur zu erkennen, die auf dem Speer aufgespießt war, den Centaurus zum nahegelegenen Altar – Ara – brachte. Aber die Menschen haben schon immer versucht, wilde Bestien mit ihren Geschichten zu zähmen. Und als die Gelehrten der Renaissance **Ptolemäus**-Texte aus dem Griechischen ins Lateinische übersetzten, stießen sie auf einen Mythos, der perfekt geeignet war, diese amorphe Kreatur zu erklären – und ihr die Gestalt zu verleihen, die sie seither hat.

...

König Lykaon hatte Arkadien die Kultur gebracht und in diesem abgelegenen gebirgigen Waldidyll die erste Stadt errichtet. Er war allerdings ein grausamer, hochmütiger Herrscher mit fünfzig bösartigen Söhnen und landauf, landab für seine Gottlosigkeit berüchtigt. Als die Gerüchte über Lykaons brutale Verbrechen auch den Olymp erreichten, stieg Zeus in Gestalt eines armen Landarbeiters auf die Erde hinab. Er klopfte am Tor von Lykaons großem Palast und wurde scheinbar mit **Xenia** – der berühmten heiligen Gastfreundschaft der Griechen – empfangen. Man kann aber auch, wie sich herausstellen sollte, mit einem Lächeln auf dem Gesicht ein Schurke sein. Das Mittagsmahl, das Lykaon und seine Söhne dem gut getarnten Gott vorsetzten, enthielt neben Schafs- und Ziegeninnereien auch das Fleisch des Zeus-Sohnes **Arkas**. Die Wut des vermeintlichen Landarbeiters, der sein eigen Fleisch und Blut beim ersten Bissen herausschmeckte, kannte keine Grenzen. Er warf den Esstisch mit einer einzigen Bewegung um und setzte mit seinen Blitzstrahlen den gesamten Speisesaal in Brand. Alle fünfzig Söhne des Lykaon kamen in den Flammen ums Leben. Der König selbst entfloh dem Wüten des Gottes, doch im Davonlaufen verwandelten sich seine Schreie in wildes Geheul, es wuchs ihm Fell an den Gliedmaßen, und die Zähne in seinem Mund wurden zu gelblichen Hauern. Lykaon – dessen Name übrigens so viel bedeutet wie »Von einer Wölfin geboren« – wurde von Zeus in einen Wolf verwandelt, der sogar die Schafe des Königs riss. Was aber tat Zeus mit den Überresten seines geschlachteten Sohnes? Er erweckte ihn wieder zum Leben – und verewigte ihn später als Boötes in den Sternen.

OPHIUCHUS
SERPENS

LIBRA

VIRGO

HYDRA

SCORPIUS

CENTAURUS

ARA

NORMA

CIRCINUS

TRIANGULUM
AUSTRALE

PAVO

MUSCA

0 1 2 3 4 5

MAGNITUDE

LYNX

LYN/LYNCIS, LUCHS

PLATZ IN DER GRÖSSENORDNUNG: **28**
ASTERISMEN: **KEINE**

DER ASTRONOM **Johannes Hevelius** gehörte nicht gerade zu den bescheidensten Zeitgenossen des 17. Jahrhunderts, schon gar nicht, wenn es um sein Sehvermögen ging. Obwohl das Teleskop, das die Sicht auf den Himmel vollkommen umwälzte, bereits bei seiner Geburt erfunden war (Hevelius kam 1611 zur Welt, zwei Jahre nachdem der Italiener Galilei begonnen hatte, sich eines solchen Geräts zu bedienen), hielt er an der Behauptung fest, seine Augen seien das bedeutend bessere astronomische Hilfsinstrument. Die Lichtstärke von einigen der Himmelskörper, die er in seinem Sternenatlas aufnahm, untertrieb er (deshalb?) allerdings erheblich. Aber natürlich verließ er sich auch nicht auf sein Sehvermögen allein: Dass er in der Lage war, den achtundvierzig Sternbildern des **Ptolemäus** zehn neue hinzuzufügen, ist auch dem Umstand geschuldet, dass er sich astronomischer Hilfsmittel wie des Sextanten (Sextans) und des Quadranten bediente. Davon ganz abgesehen waren einige der Himmelskörper, die er den sieben von ihm auf der Himmelskarte verbliebenen Sternbildern zuordnete, bereits den alten Griechen bekannt.

Was das Sternbild Lynx betrifft, so war der Stolz auf sein Augenlicht allerdings begründet. Man muss tatsächlich über die Sehkraft dieser Wildkatze verfügen, um die unscheinbare Versammlung von Sternen in dem weiten Bereich zwischen Auriga und Ursa Major nördlich von Gemini erkennen zu können. Interessant finde ich jedoch, dass es ausgerechnet das Tier mit den nachts leuchtenden Augen war, das Hevelius so nahe bei den berühmten Zwillingen in den Himmel projizierte, denn es gibt durchaus eine Geschichte, in der das griechische Brüderpaar und der Luchs zusammen vorkommen.

Eines schönen hellenischen Tages gerieten die Dioskuren (»Söhne des Zeus«) **Kastor** und **Polydeukes** in einen Zwist mit ihren Vettern Idas und Lynkeus. Dass Kastor und Polydeukes den beiden die Bräute klauten, obendrein ausgerechnet am Tag ihrer Hochzeit, war vielleicht keine so gute Idee. Mit einem Racheakt konnten sie also durchaus rechnen.

Nach der geplatzten Hochzeit nahm Lynkeus, der Augen wie ein Luchs hatte und sogar durch feste Gegenstände hindurchsehen konnte, in Begleitung seines Bruders die Verfolgung der Vettern auf. Er erklomm einen Berg und suchte von dort die Landschaft ab. Als er die beiden im hohlen Stamm einer Eiche kauernd erspähte, rief er Idas herbei und gemeinsam schlichen sie sich an. Mit seinem Schwert hieb Idas auf den Baumstamm ein und tötete Kastor dabei. Darauf stieß der unsterbliche Polydeukes sein Schwert voller Wut in Lynkeus Leib, während Zeus persönlich seinem Sohn zu Hilfe eilte und Idas mit einem Blitzstrahl erlegte. Polydeukes nahm seinen sterbenden Bruder in die Arme und flehte Zeus an, er möge ihn doch bitte mit seinem geliebten Zwillingsbruder sterben lassen. Tief gerührt von der großen Zuneigung seines Sohnes gegenüber seinem sterblichen Bruder vereinte der Göttervater sie für immer in den Sternen.

DRACO

CAMELOPARDALIS

URSA MAJOR

MINOR

AURIGA

LEO

GEMINI

CANCER

0 1 2 3 4 5

MAGNITUDE

LYRA

LYR/LYRAE, LEIER

PLATZ IN DER GRÖSSENORDNUNG: **52**
ASTERISMUS: **SOMMERDREIECK**

WIR LIEGEN im Bett und überlegen uns einen Namen für dich. Er will dich Bob nennen. »Bob? Wie Bob der Baumeister oder nach deinem Onkel?«

»Bob wie Bob Dylan natürlich. Der größte Musiker, den die Welt je hervorgebracht hat.«

Ich verrate ihm, dass mir schon immer Gertie irgendwie gefallen hat. Er meint, du wärest kein Mädchen. Und wenn doch, dann aber bestimmt nicht so eine dahergelaufene viktorianische Jungfer. Ich schlage Leonard vor. Nach Leonard Cohen.

»Leonard heißen immer die Jungs, die auf dem Spielfeld am Rand stehen und Kloppe kriegen, weil sie reden wie Leute aus dem letzten Jahrhundert, keine Sneakers tragen und wahrscheinlich eh die Hosen voll haben.«

Ich knipse die Nachttischlampe aus und drehe mich um. Das heißt: Instinktiv will ich mich umdrehen, aber das lasse ich dann lieber, weil mich mein Körper – und du – daran erinnern, dass das im Moment ja nicht geht. Da ich stundenlang nicht in den Schlaf finde, schaue ich durchs Fenster auf die paar Sterne, die ich im nächtlichen Halbdunkel der Stadt erkennen kann. Und frage mich, welche Namen man ihnen geben könnte. Wie um alles in der Welt sind die Leute wohl überhaupt auf die Idee verfallen, Sterne zu benennen? Mir hat mal jemand von einer Webseite erzählt, über die man einen Stern kaufen und ihn auf den eigenen Namen taufen kann. Ich versuche mir in den Sinn zu rufen, was ich in der Schule über die Sternbilder gelernt habe. Großer Wagen, Gürtel des Orion, vage erinnere ich mich auch an Andromeda und die *Metamorphosen* des **Ovid**. Und was war noch mal mit **Orpheus**? Unsere Väter dürften ihn noch als den größten aller Folksänger im Kopf haben, als das Urbild des Barden schlechthin. Als den Dichter, der so wunderhübsch singen konnte, dass sich alle Tiere um ihn versammelten, *while my guitar gently weeps* ... (Spielte er überhaupt Gitarre?) Aber dann fällt mir auch wieder ein, was Orpheus alles zugestoßen ist. Vor allem natürlich, dass er sich in der Unterwelt noch einmal nach Eurydike umdrehte und sie deshalb für immer verlor. Dann wurde er in einem bacchantischen Exzess von den Mänaden, einer Frauengang, in Stücke gerissen. Ich muss daran denken, dass eigentlich jede gute Geschichte – und jeder gute Name – auch mit viel Schmerz verbunden ist, und überlege, wie wir dir den ersparen können.

...

Wieder liege ich im Bett. Soeben hast du das Licht der Welt erblickt. Und du bist tatsächlich ein Mädchen. Du öffnest deinen kleinen Mund, und das Weinen, das daraus hervorschallt, mutet uns an wie ein Zusammenklang der ergreifendsten Melodien, die wir je gehört haben. Lyra. Wir werden dich Lyra nennen.

CEPHEUS

DRACO

CYGNUS

VULPECULA

HERCULES

SAGITTA

AQUILA

MAGNITUDE

0   1   2   3   4   5

MENSA

MEN/MENSAE, TAFELBERG

PLATZ IN DER GRÖSSENORDNUNG: **75**
ASTERISMEN: **KEINE**

IN DEN JAHREN 1751/52 erfasste **Nicolas Louis de Lacaille** am Kap der Guten Hoffnung in Südafrika die Sterne des Südens; über ihm thronte der Tafelberg, die einzige Landmasse, die es bis in den Himmel geschafft hat. Ob er wohl an die ungezählten alten Geschichten dachte, von denen dieser magische Ort umgeben ist, als er in der Stadt am Fuße dieses geologischen Wunders mit dem abgeflachten Gipfel saß und die Blicke schweifen ließ?

Eine dieser Legenden ist die Schöpfungsgeschichte der Xhosa: Qamata, der Sohn des Sonnengottes Thixo und der einäugigen Erdgöttin Djobela, versuchte die Welt zu erschaffen. Was der Große Drache des Meeres verständlicherweise nicht so toll fand: Nganyamba war mehr als sauer auf den jungen Emporkömmling mit seinen neumodischen Ideen vom »Festland«, der es sich in den Kopf gesetzt hatte, die uranfänglichen Ozeane zu teilen. Die beiden gerieten schnell aneinander, es kam zu Handgreiflichkeiten. Als Djobela bemerkte, dass ihr Sohn im Kampf verletzt wurde, eilte sie ihm zu Hilfe. Sie rief vier gewaltige Riesen herbei und befahl ihnen, sich in je eine Ecke der neu entstandenen Erde zu begeben, um sie vor dem eifersüchtigen Drachen zu schützen. Aber nicht einmal diese waren stark genug, sich Nganyamba zu widersetzen. Im Sterben baten sie Djobela, sie in Berge zu verwandeln, damit sie das Festland auch über den Tod hinaus verteidigen konnten. Und so wurde aus Umlindi Wemingizimu, dem Wächter des Südens und größten aller Riesen, der Tafelberg.

Als Lacaille ihn unter dem Namen Mensa in die Sterne versetzte, stellte er sich vor, die Große Magellansche Wolke, von der ein großer Teil darin enthalten ist, sei das dazugehörige weiße Tischtuch. Eine gelungene Spiegelung der irdischen Verhältnisse, denn auch der Tafelberg in Südafrika ist oft von einer dicken Wolke verhangen. Diese steht wiederum im Mittelpunkt einer niederländischen Legende:

Jan van Hunks, der am Fuße des Tafelbergs lebte, rauchte für sein Leben gern. Den ganzen Tag über saß er an einem der Hänge und schmauchte sein geliebtes Pfeifchen. Als ein Fremder vorbeikam und ihn zu einem Wettrauchen aufforderte, hatte Jan deshalb nur ein siegessicheres Lachen für ihn übrig. Aber er ahnte ja auch nicht, dass es sich bei seinem Herausforderer um den Teufel persönlich handelte. Die beiden pafften ein ganzes Häufchen Tabak weg und qualmten, bis sie die Köpfe ihrer Pfeifen nicht mehr sehen konnten. Dass dem Fremden als Erstem übel wurde, überraschte Jan kein bisschen, doch als er den Kopf auf die Brust sinken ließ und ihm dabei der Hut runterfiel, erkannte der Niederländer plötzlich, wen er da besiegt hatte. Van Hunks blieben jedoch nur wenige Sekunden, seinen Triumph auszukosten, bevor der Teufel wuterfüllt in die Hände klatschte und die beiden verschwinden ließ. Seither heißt dieser Gipfel an der Ostseite des Tafelbergs, unter dem sie gesessen hatten, Devil's Peak – Teufelsspitze.

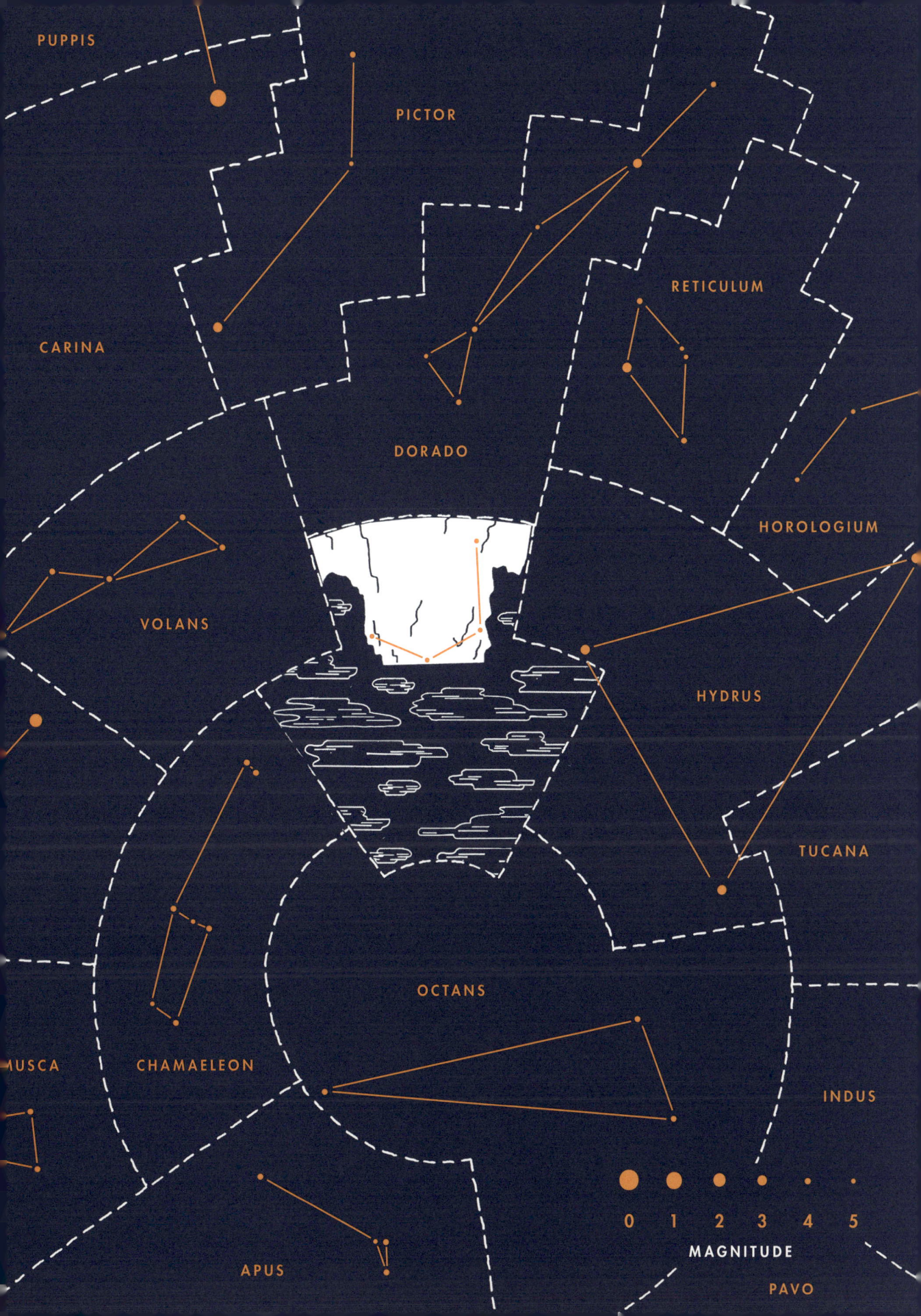

MICROSCOPIUM
MIC/MICROSCOPII, MIKROSKOP

PLATZ IN DER GRÖSSENORDNUNG: **66**
ASTERISMEN: **KEINE**

ALS EINES DER Symbole, die der prosaische **Lacaille** in den 1750er Jahren zu Ehren des wissenschaftlichen Fortschritts einführte, ist das Microscopium. Die Sterne, die es enthält, weisen, wie die meisten der Lacaille'schen Neuentdeckungen, nur einen geringen Helligkeitswert (vierte oder fünfte Magnitude) auf und sind für das bloße Auge ebenso wenig zu erkennen wie das Gezappel einer Amöbe auf dem Objektträger seines irdischen Vorbildes.

Obwohl archäologische Funde belegen, dass sich die Menschen bereits seit mindestens 17 300 Jahren an der Abbildung der Sterne versuchen – so werden etwa einige der Höhlenmalereien von Lascaux in Südfrankreich als astronomische Darstellungen der Plejaden und der Hyaden interpretiert –, haben sie sich doch erst 1928 auf eine verbindliche Methode geeinigt.

Ursprünglich waren die Sternbilder praktisch nichts als Asterismen, das heißt via Legenden und Überlieferungen tradierte Gestalten beziehungsweise Figuren, deren Kontur man in den Sternen zu erkennen meinte. Um 150 nach Christus erstellte dann der griechische Astronom **Ptolemäus** einen Katalog der etwa eintausend seinerzeit bekannten Himmelskörper – sein bahnbrechendes Werk sollte später unter dem Titel *Almagest* bekannt werden, den die Araber ihm gaben – und stellte sie nach dem eben beschriebenen Muster zu insgesamt achtundvierzig Sternbildern zusammen. Die europäischen Astronomen, die nach ihm kamen, folgten seinem Beispiel, sodass alle neu entdeckten Sterne auch weiterhin in Form bestimmter himmlischer Bilder zusammengestellt wurden (selbst wenn sie ihren irdischen Namensgebern nicht unbedingt sehr ähnlich sahen). Wobei ich es interessant finde, dass die Astronomen außerwestlicher Kulturen, etwa die australischen Aborigines, diese Methode des »Sterne-auf-einer-gedachten-Linie-Verbindens« nicht anwendeten.

Im 20. Jahrhundert hatten sich die Möglichkeiten der Himmelsbeobachtung dann so weit verfeinert, dass sich das alte mythische System als überholt erwies. Die Unzahl der inzwischen bekannten Sterne verlangte nach einer moderneren, eindeutigeren Anordnung. Außerdem waren die Linien, mit denen die früheren Kartografen die einzelnen Asterismen in ihren Himmelsatlanten voneinander abgrenzten, willkürlich und uneinheitlich. Den Katalog der heute offiziell anerkannten 88 Sternbilder verabschiedete die erste Generalversammlung der Internationalen Astronomischen Union 1922. Sechs Jahre später präsentierte der belgische Astronom **Eugène Delporte** der IAU dann auch die neuen, fortan definitiven Grenzlinien.

In den meisten astronomischen Veröffentlichungen werden heute nur noch diese von der IAU festgelegten Demarkierungen des Himmels verwendet. Die alten Tiere, Götter, Helden sind verschwunden. Und im Äther aufgelöst haben sich selbst Lacailles anscheinend so fantasielose wissenschaftliche Hilfsinstrumente.

AQUILA

AQUARIUS

CAPRICORNUS

PISCIS AUSTRINUS

SAGITTARIUS

GRUS

TELESCOPIUM

INDUS

● ● ● ● · ·
0 1 2 3 4 5

MAGNITUDE

MONOCEROS
MON/MONOCEROTIS, EINHORN

PLATZ IN DER GRÖSSENORDNUNG: **35**
ASTERISMEN: **KEINE**

»**EINHÖRNER GIBT** es doch gar keine, Hirni«, feixte ihr Bruder. »Und den Weihnachtsmann auch nicht. Einhörner kommen höchstens bei *Alice im Wunderland* vor, und der Weihnachtsmann ist eine Erfindung des Kapitalismus.« Dieses letzte Wort betonte er mit besonderem Stolz.

Verächtlich beobachtete Betty, wie ihr Bruder sein Milky Way verschlang. Nicht einmal die Siebenerreihe hatte er drauf; als Mum ihn während der Autofahrt abfragte, musste Dad ihm die richtigen Antworten vorsagen, mit stumm bewegten Lippen im Rückspiegel. Bald wird er alle Süßigkeiten verputzt und die ganzen Goodys aus dem Weihnachtsstrumpf geöffnet haben, dachte sie mit leiser Schadenfreude, während sie selbst in ihrer gelassenen, bedächtigen Art erst ein einziges Geschenk ausgewickelt hatte – ein pinkfarben glitzerndes My Little Pony. Ihr blieben also noch viele Überraschungen – und er würde sich in den Hintern beißen vor Neid.

»Aber sicher gibt es Einhörner«, antwortete sie ruhig. »Man kannte sie schon im alten Indien und in China. Von einem existieren Bilder, auf denen es mit einem Löwen kämpft, die sind schon dreieinhalbtausend Jahre alt. Und auf mittelalterlichen Teppichen ist sogar zu sehen, wie man ein Einhorn jagen kann. Dafür braucht man im Grunde nur irgendetwas, was man Jungfrau nennt oder so ähnlich. Dann kommt das Einhorn, das ist meistens sehr, sehr schüchtern, und setzt sich dieser ›Jungfrau‹ auf den Schoß, und die streichelt ihm den Kopf, und dann schläft es ein – und schon ist es gefangen. Und das alles hat mit Dingen zu tun, die heißen Heidentum und F...«

Mitten im Kauen hält ihr Bruder inne und schaut Betty mit plötzlich erwachtem Interesse an.

»Fruchtbarkeit«, fährt sie eilig fort, »und Sich-Verlieben und Magie. Aber das alles war noch, bevor die Christen hergingen und den Heiden ihr Einhorn geklaut haben. Das hieße eigentlich Jesus, behaupteten sie, und diese Jungfrau Maria und das Ganze drehe sich im Grunde um etwas, was sie Passionsgeschichte nannten. So wie diese Frucht. Nur dass sie auf diesen mittelalterlichen Teppichen ein Granatapfel ist. Und das Einhorn kommt nicht im *Wunderland* vor, sondern in *Alice hinter den Spiegeln* und da in einem Lied, in dem es um Schwarz-, Weiß- und Bischofsbrot geht und um einen Krieg zwischen Schottland und England, der in echt stattgefunden hat. Und deshalb wimmelt es im Buckingham Palace auch nur so von Löwen und Einhörnern. Und wenn du jetzt immer noch nicht an Einhörner glaubst, Blödmann«, fügte Betty herausfordernd hinzu, »brauchst du dir nur ein Teleskop zu schnappen und durchzugucken. Dann siehst du nämlich eines – nur dass es Monoceros heißt, weil die Tiere am Himmel alle lateinische oder griechische Namen haben. Das Horn kann man übrigens ziemlich gut erkennen – eine kegelförmige Staub- und Gaswolke 2700 Lichtjahre von uns entfernt. Und das ist noch viel wunderbarer, als es sich irgendjemand je hätte vorstellen können, denn die produziert echte Sterne. Unter anderem sogar einen Sternhaufen, den man Weihnachtsbaum nennt.

Einhörner, Bruderherz«, beendete Betty ihren Vortrag, »gibt es also wirklich – und den Weihnachtsmann deshalb aller Wahrscheinlichkeit nach auch.«

Ihrem Bruder fiel darauf nichts mehr ein.

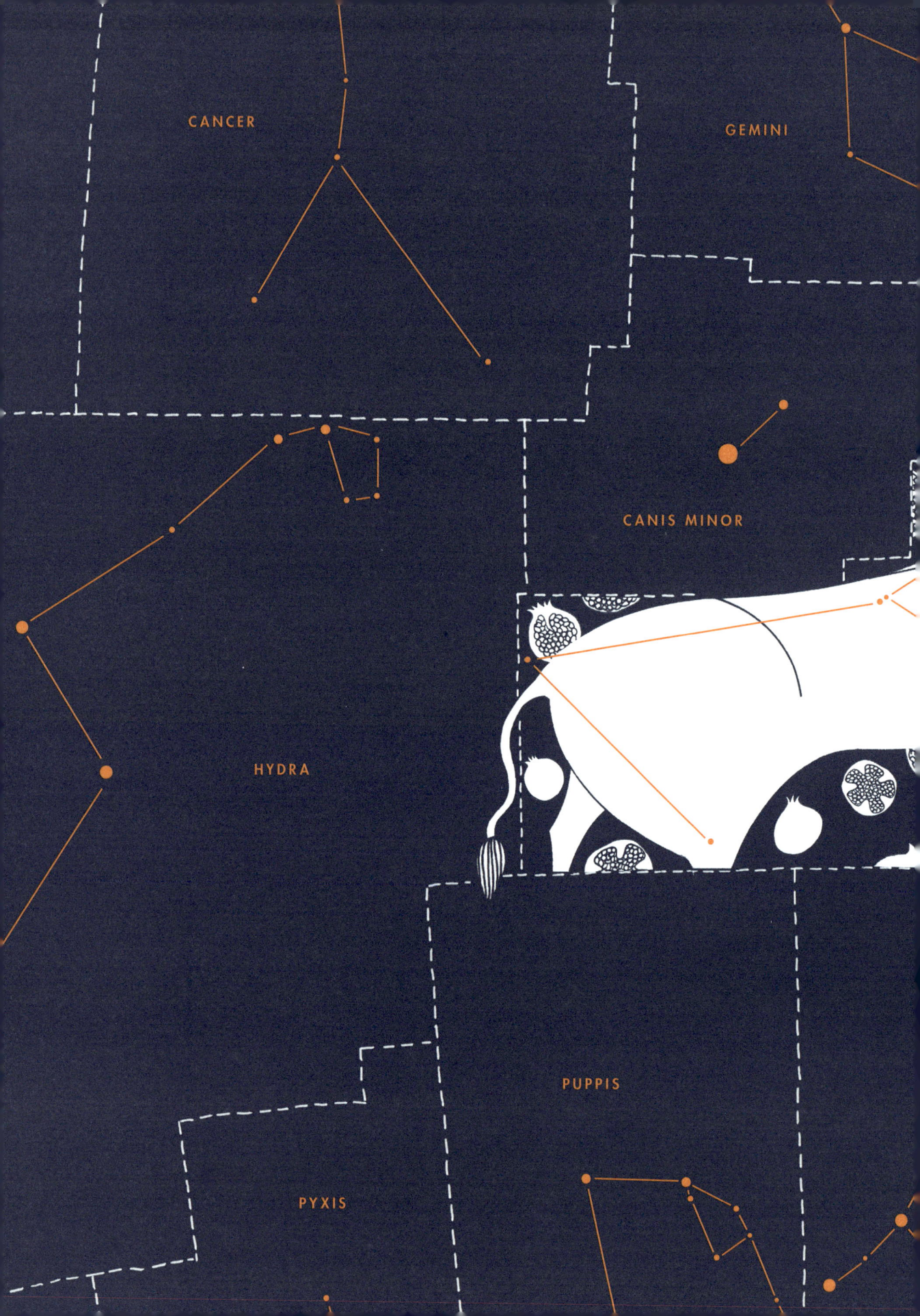

TAURUS

ORION

ERIDANUS

CANIS MAJOR

LEPUS

MAGNITUDE
0   1   2   3   4   5

MUSCA
MUS/MUSCAE, FLIEGE

PLATZ IN DER GRÖSSENORDNUNG: **77**
ASTERISMEN: **KEINE**

FLIEGEN SIND nicht totzukriegen. Die kommen überall hin, selbst in die Tiefen des Weltraums. Wo sie doch eigentlich eine Biene sein sollten.

Diese himmlische Fliege ist eine Erfindung der niederländischen Entdecker **Pieter Dirkszoon Keyser** und **Frederick de Houtman**, die sich Ende des 16. Jahrhunderts auf der unter dem Namen »Eerste Schipvaart« bekannt gewordenen ersten Handelsexpedition zu den Westindischen Inseln an den Sternen der südlichen Himmelssphäre orientierten, die sie beobachteten. Keyser, Erster Steuermann auf der *Hollandia* und der *Mauritius*, zwei der vier Schiffe, die die Niederlande 1595 verließen, war von dem Astronomen und Kartografen **Petrus Plancius** angewiesen worden, die leeren Stellen am Himmel rund um dessen Südpol zu füllen. Als der Schiffsverband Madagaskar erreichte, hatte fast jeder dritte Seemann den Tod gefunden; die meisten waren der Vitamin-C-Mangelkrankheit Skorbut erlegen. Die verbliebenen Reste der Besatzungen ankerten monatelang vor der Insel, um sich und die Schiffe wieder in Schuss zu bringen. Keyser, so vermerkte das Logbuch, suchte in dieser Zeit »Trost in der Wissenschaft«. Vom Ausguck eines der Schiffe aus und mithilfe eines astronomischen Instruments, das Plancius ihm mitgegeben hatte – wahrscheinlich entweder ein Kreuzstab oder ein Astrolabium –, »erweiterte er sein Wissen, indem er die alten Sternbilder überprüfte und neue entdeckte«.

Viel mehr ist über diesen kühnen Seemann, der bald darauf (1596) in Bantam (dem heutigen Banten auf der indonesischen Insel Java) starb, nicht bekannt. Aber der Katalog von Sternen, den er mit de Houtmans Hilfe zusammengestellt hatte, fand seinen Weg nach Amsterdam zurück zu Petrus Plancius, der ihn illustrierte. Doch auf dem Globus, der 1598 herauskam, blieb dieses eine Sternbild merkwürdigerweise namenlos. Houtman hatte es in seinem Katalog unter der Bezeichnung *De Vlieghe* (holländisch für »Fliege«) geführt. Dem deutschen Astronomen **Johann Bayer** entging offenbar, welchem Zweiflügler es da gelungen war, sich klammheimlich in den Himmel zu befördern. Auf der Tafel mit den zwölf neu entdeckten Sternbildern am Südhimmel, die Teil seines 1603 erschienenen Werkes *Uranometria* waren – dem weltweit führenden Sternatlas –, bezeichnete er dieses als *Apis* (Biene). Und obwohl Plancius' Rivale, der ebenfalls niederländische Kartograf **Willem Janszoon Blaeu**, das geflügelte Insekt 1602 auf einem Globus unter seiner korrekten lateinischen Bezeichnung Musca führte, wehrte sich Plancius lange dagegen – bis er die Fliege 1612 endlich akzeptierte, wenn auch nur in griechischer Übersetzung, als *Muia*. Doch trotz dieser widerwilligen Kehrtwende blieb das Sternbild zwei Jahrhunderte lang als Biene bekannt sowie als Musca Australis (im Gegensatz zur nördlichen Fliege, Musca Borealis, die es seinerzeit auch noch gab), bis es schließlich seine jetzige Inkarnation annahm. Wie es mit Fliegen eben so ist: Man wird sie beim besten Willen nicht los.

NORMA

NOR/NORMAE, WINKELMASS

PLATZ IN DER GRÖSSENORDNUNG: **74**
ASTERISMEN: **KEINE**

ALS ICH Mozarts *Zauberflöte* zum ersten Mal sah, war ich wenig beeindruckt. Das heißt, ich fand es schon irre, wie viel Geld in die aufwändig-abgerissenen Kostüme und das Bühnenbild geflossen sein musste, aber weder die Handlung noch das ganze Bohei, das die English National Opera um diese unsinnige Oper und ihre ständigen Wiederaufnahmen machte, überzeugten mich. Beim zweiten Mal dann war ich geradezu hingerissen – wahrscheinlich weil die abgedrehte Opernpsychologie meine mit den Jahren verrohteren Gefühle nicht mehr verletzte. Nun fand ich das fantastische Singspiel, das die Tugenden der Freimaurerei preist, absolut nicht mehr lächerlich. Hier (oder besser gesagt: da unten, ziemlich weit von meinem Stehplatz in den oberen Rängen entfernt) ging es um Magie, Moral und Monster. Der Stoff, aus dem die Mythen sind.

Bei Norma dagegen (dem Sternbild, nicht der Bellini-Oper) dreht sich alles um Alltagsdinge. Man war sich früher zwar nicht immer einig, worum genau es sich handelte – ein Zeichengerät, die Wasserwaage eines Landvermessers, das Winkelmaß, wie es von Schiffsbauern verwendet wurde –, doch trotz einer möglichen Anspielung auf Forschungsreisen in exotische Gefilde haftet diesem Utensil aus **Lacailles** himmlischem Werkzeugkasten bestimmt nichts Magisches an.

Dachte ich jedenfalls. Bis ich dann auf die Idee kam, dass es vielleicht noch einen anderen Grund geben könnte, der diesen Astronomen des 18. Jahrhunderts bewog, dem Winkelmaß einen Platz am Himmel zu verschaffen, und das auch noch ganz in der Nähe eines anderen »seiner« Sternbilder, Circinus. Beide Symbole – Winkel und Zirkel – zusammen bilden das Wappen der Freimaurer. Könnte es sich bei Lacailles Bildern also womöglich um ein bewusstes Freimaurerzeichen handeln? Angesichts seiner Bekanntschaften, liegt dieser Schluss nahe. Seine beiden Schüler **Jean-Sylvain Bailly** und **Antoine Lavoisier** waren Freimaurer, und sein Mitarbeiter, der Astronom Jérôme Lalande, gründete die Freimaurerloge Neuf Sœurs (Neun Schwestern), deren aktives Mitglied er war. Nicht anders als viele Denker (und Komponisten) jener Zeit.

Wie ihr französisches Pendant hatte auch die englische Royal Society (die nationale Akademie der Wissenschaften) viele Freimaurer unter ihren Mitgliedern. Sie fühlten sich den wissenschaftlichen Methoden streng verpflichtet, weigerten sich in ihrem unstillbaren Wissensdurst aber zugleich, das Unbekannte, das Göttliche außer Acht zu lassen. Man spricht in diesem Zusammenhang auch von »Super-Enlightenment« (»super = über etwas hinausgehend, »enlightenment« = Aufklärung). Denn bei all ihrem intellektuellen und moralischen Eifer wurden in der Freimaurerei des 18. Jahrhunderts Mystisches und Heimlichtuereien aller Art groß geschrieben: der perfekte Nährboden für eine Theorie der Botschaften am Sternenhimmel. Oder auch für eine Oper über die Tugenden eines Geheimordens. Norma hat also weit mehr mit Mozarts freimaurerischem Meisterwerk gemein, als ich je gedacht hätte.

OCTANS
OCT/OCTANTIS, OKTANT

PLATZ IN DER GRÖSSENORDNUNG: **50**
ASTERISMEN: **KEINE**

ACHT ANREGUNGEN FÜR DIE BESCHÄFTIGUNG
MIT DEM OKTANTEN

1   Um diese seine astrale Version des nautischen Instruments zur Positionsbestimmung – die eine durchaus passende Position am himmlischen Südpol gefunden hat – konstruieren zu können, musste ihr Erfinder **Nicolas Louis de Lacaille** der ohnehin schon kleinen Kleinen Wasserschlange (Hydrus) ein paar Sterne abknapsen.

2   Wie es einem Gerät, das Winkel misst – und aufgrund der Spiegelung im Strahlengang das Doppelte anzeigt –, angemessen ist, scheint der Oktant gleich zwei Erfinder zu haben: **John Hadley** (1682–1744), einen englischen Mathematiker, und den amerikanischen Optiker **Thomas Godfrey** (1704–1749).

3   Der für den gleichnamigen Kometen bekannte **Edmond Halley** (1656–1742) wusste von einem früheren Oktanten, den **Isaac Newton** (1643–1727) erfunden hatte, nahm diese Informationen über das erste Gerät zur Winkelmessung mithilfe von Spiegeln jedoch aus unerfindlichen Gründen mit ins Grab.

4   Nicht verwechseln sollte man den Oktanten mit Oktaven (Musik), Oktetten (auch wieder Musik), Oktagonen (Mathematik) oder Octopussy (fragen Sie James Bond).

5   Es handelt sich um den Vorläufer des Sextanten, doch während diese Weiterentwicklung ein Kreissegment von einem Sechstel aufweist, sind es beim Oktanten 45 Grad – wie das lateinische Wort für Achtel ja nahelegt.

6   Die Wikinger hätten keinen benutzt. Eher verwendeten sie wohl Kristalle zur Bestimmung des Sonnenstandes – an denen sie sich aufgrund des astronomischen Wissens, über das ihr Volk verfügte, orientieren konnten.

7   In der altägyptischen Mythologie verstand man unter der »Achtheit von Hermopolis« vier Urgötterpaare, die die Welt erschufen. Eine der unzähligen spannenden Mythen, mit dem Lacailles Oktant nicht das Geringste zu tun hat.

8   Undercover schaffte es der CIA-Agent Douglas S. Mackiernan 1949/50 durch die chinesische Taklamakan-Wüste; auch einen Winter im Himalaja überlebte er. Um die Genauigkeit seines Kompasses zu überprüfen, baute er sich aus einer alten Kamera einen Oktanten. Und als er schließlich an der schneereichen Grenze zu Tibet angekommen war, wurde er erschossen.

CRUX

MUSCA

CARINA

VOLANS

CHAMAELEON

MENSA

APUS

HYDRUS

PAVO

INDUS

TUCANA

0 1 2 3 4 5

MAGNITUDE

OPHIUCHUS & SERPENS
OPH/OPHIUCHI, SCHLANGENTRÄGER
SER/SERPENTIS, SCHLANGE

PLÄTZE IN DER GRÖSSENORDNUNG: **11/23**
ASTERISMUS: **KÖNIGLICHER STIER VON PONIATOWSKI**

... Satan, nicht geschreckt,
Stand auf der andern Seit' entflammt von Wuth,
Und loderte wie ein Comet, der nah
Am Nordpol längs dem Schlangenträger schweift,
Entschüttelnd seinen Haaren Krieg und Pest.
John Milton, *Paradise Lost*

DER VON EINER Sterblichen geborene Gott, der die riesige Schlange Serpens hoch in den Himmel reckt, ist **Asklepios**, der Gott der Medizin und des Heilens. Sein Vater war **Apollon** und seine Mutter **Koronis**, eine der vielen schönen Menschenfrauen, die der unverheiratete Gott geschwängert hatte. An den Romanzen seiner Geliebten fand er bedauerlicherweise weniger Vergnügen als an seinen eigenen. Deshalb ließ er zur Überwachung einen weißen Raben bei seiner Eroberung zurück. Und als die liebliche junge Koronis ihn betrog (und zwar mit einem Verlässlicheren, dem Sterblichen **Ischys**), flog der Rabe umgehend zu seinem Meister, um ihn über den Verrat in Kenntnis zu setzen.

In seiner Wut erschoss Apollon den Boten zwar nicht, tat aber etwas viel Schlimmeres: Er verfluchte den schneeweißen Raben derart nachdrücklich, dass dessen Federn – und künftig auch die all seiner Artgenossen – schwärzer als schwarz wurden. Doch so groß seine Eifersucht auch war, den Gedanken, sich mit eigenen Händen an Koronis zu rächen, konnte er dann doch nicht ertragen. Deshalb überließ er es seiner Schwester, der Jägerin **Artemis**, die Untreue mit den tödlichen Pfeilen ihres gewaltigen Bogens niederzustrecken. Ihre sterblichen Angehörigen trauerten um Koronis, doch erst als sich ihre Leiche bereits auf dem Scheiterhaufen befand, kam Apollon wieder zu sich. Voller Reue warf er sich in die Flammen und entriss dem Bauch seiner Geliebten das Baby.

Apollon gab seinen Sohn Asklepios in die Obhut des weisen Zentauren **Cheiron**. Wie man Jungs aufzieht, wusste der am besten: **Aeneas**, **Jason**, Perseus, Hercules, **Achilles** und **Ajax** waren nur einige der Helden, die er in der Kunst des Jagens, in Musik, Medizin und Weissagung unterrichtet hatte. Dem mutterlosen Asklepios aber brachte er fast ein bisschen *zu viel* bei. Denn in der Heilkunst war dieser am Ende so beschlagen, dass er sogar Tote wieder zurückholen konnte. **Glaukos**, **Hippolytos**, **Tyndareos** (den sterblichen Vater von **Kastor**) und noch viele andere entriss er den Klauen des Todes. Und mit jedem Mal wurde **Hades**, der König der Unterwelt, eine Spur saurer. Für wen hielt der sich denn, dieser bärtige Heiler? Seelen zu klauen, die rechtmäßig ihm gehörten! Eines Tages beschwerte sich der Gott bei seinem Bruder **Zeus**, der den armen Asklepios mit einem Blitz erschlug. Aus Rache tötete der empörte Apoll daraufhin die drei Zyklopen. Um den Familienzwist zu beenden, schenkte Zeus Asklepios schließlich die Unsterblichkeit und das Sternbild Serpens, die Schlange, die er seither hochhält.

Das griechische Wort, auf das Ophiuchus zurückgeht, könnte man mit (gegen etwas) »ankämpfen« übersetzen. Und bei dem hellenischen Autor Aratos von Soloi sowie seinem römischen Kollegen Marcus Manilius heißt es, die Schlange habe sich um Asklepios gewunden. Doch warum er am Himmel ausgerechnet gegen dasjenige Tier kämpfen sollte, das Instrument und Emblem seiner Macht ist, bleibt unklar. Die Schlange wird nicht nur deshalb mit dem berühmten Heiler in Verbindung gebracht, weil sie sich häutet und mithin als Symbol für Wiedergeburt verstanden werden kann. Darüber hinaus war sie es auch, die Asklepios ursprünglich gezeigt hatte, wie man Tote ins Leben zurückholen kann. Glaukos, Sohn von **König Minos**, war in einen Topf Honig gefallen und darin ertrunken. Nun lag er tot auf dem Boden. Während Asklepios noch vergeblich versuchte, ihn wiederzubeleben, sah er, wie sich eine Schlange durchs Gras auf ihn zuwand. Selbstverständlich erschlug er sie sofort mit seinem Stab. Doch zu seinem Erstaunen tauchte alsbald eine weitere Schlange auf, mit Kräutern im Maul, die sie dem toten Tier auflegte und es damit zum Leben erweckte. Asklepios tat dasselbe mit Glaukos, woraufhin – o Wunder! – auch der Menschenjunge die Augen wieder aufschlug. Und deshalb gilt der von einer Schlange umschlungene Äskulapstab als universelles Symbol für die Medizin und ist auch heute noch in den Logos von Notfallrettungsdiensten überall auf der Welt zu sehen.

CORONA
BOREALIS

BOÖTES

VIRGO

LIBRA

LUPUS

MAGNITUDE
0 1 2 3 4 5

ORION

ORI/ORIONIS, ORION

PLATZ IN DER GRÖSSENORDNUNG: **26**
ASTERISMEN: **GÜRTEL, SCHMETTERLING,**
WINTERDREIECK

DIE TAGE WERDEN kürzer, die Kürbisse reifen heran, und der große Jägersmann Orion erscheint am Himmel. Heißt es jedenfalls. In der Kindheit hatte ich wahrscheinlich anderes zu tun, als auf das Funkeln seines Gürtels zu achten. Und heute frage ich mich mit den Worten des viktorianischen Schriftstellers Thomas Carlyle: »Warum hat mich niemand je die Sternbilder gelehrt und im gestirnten Himmel ein Zuhause finden zu lassen, der doch immer über mir ist und den ich bis heute nicht einmal zur Hälfte kenne?«

In früheren Zeiten gaben die Mütter ihr Wissen über die Sterne in Form von Wiegenliedern an die Kinder weiter. Ich wünschte nur einer meiner vielen Babysitter hätte mir von der himmlischen Kinderkrippe erzählt, die sich im südlichen Gürtel dieses Jägers verbirgt: im Orionnebel, in dem nicht nur Sterne entstehen, sondern ganze Sonnensysteme! Oder von Shen, dem Krieger, den auch die Chinesen als Teil eines himmlischen Jagdszenarios in den Sternen sehen. Auch die Inuit sehen einen Jäger über den Nachthimmel pirschen. Und die Maori erkannten Te Waka o Tamarereti, das Boot des Tamarereti dort oben, während die Norweger Thor dabei beobachten, wie er Aurvandill einen erfrorenen Zeh abbrach und ihn in den Himmel schleuderte.

Als mich eine meiner Babysitter mal vor dem Fernseher parkte und *Beetlejuice* von Tim Burton lief, hatte ich keine Ahnung, dass der Titel dieser schwarzen Komödie eine Verballhornung des Namens von Betelgeuse ist, des unregelmäßigen Veränderlichen roten Superriesen im Sternbild Orion. Genauso wenig war mir klar, dass dieser die rechte Schulter des Jägers markiert und zwar als Orions Alpha-Stern gilt, in Wirklichkeit aber nur der zweithellste ist. Die in Sachen Strahlkraft eigentliche Nummer eins ist Rigel (vom arabischen Wort für »Fuß« abgeleitet), trotzdem muss sich dieser »helle Stern im linken Fuß« (Ptolemäus) mit dem Titel des Zweitbesten zufriedengeben: β Orionis. Übrigens ist der zweite Schulterstern neben Betelgeuse nach der weiblichen Kriegerin benannt – Bellatrix.

Erst als ich schon erwachsen war, habe ich erfahren, dass dieser sternengesprenkelte Jäger den himmlischen Nachfolger jenes großen sumerischen Helden Uru-anna (»Himmelslicht«) darstellt, der gegen den Himmelsstier kämpfte und den wir Gilgamesch nennen; und deshalb werde Orion auch keuleschwingend und im Löwenfell auf den tobenden Taurus losgehend porträtiert. Seither erkenne ich in diesem Bild darüber hinaus die unleugbaren Hinweise auf einen anderen antiken Helden: Hercules. Mir ist inzwischen jedenfalls klar, dass es so viele Geschichten über dieses von allen Sternbildern am deutlichsten erkennbare zu erzählen gibt, dass ich mehr als nur eine Kindheit gebraucht hätte, um jeder einzelnen voller Ehrfurcht lauschen zu können.

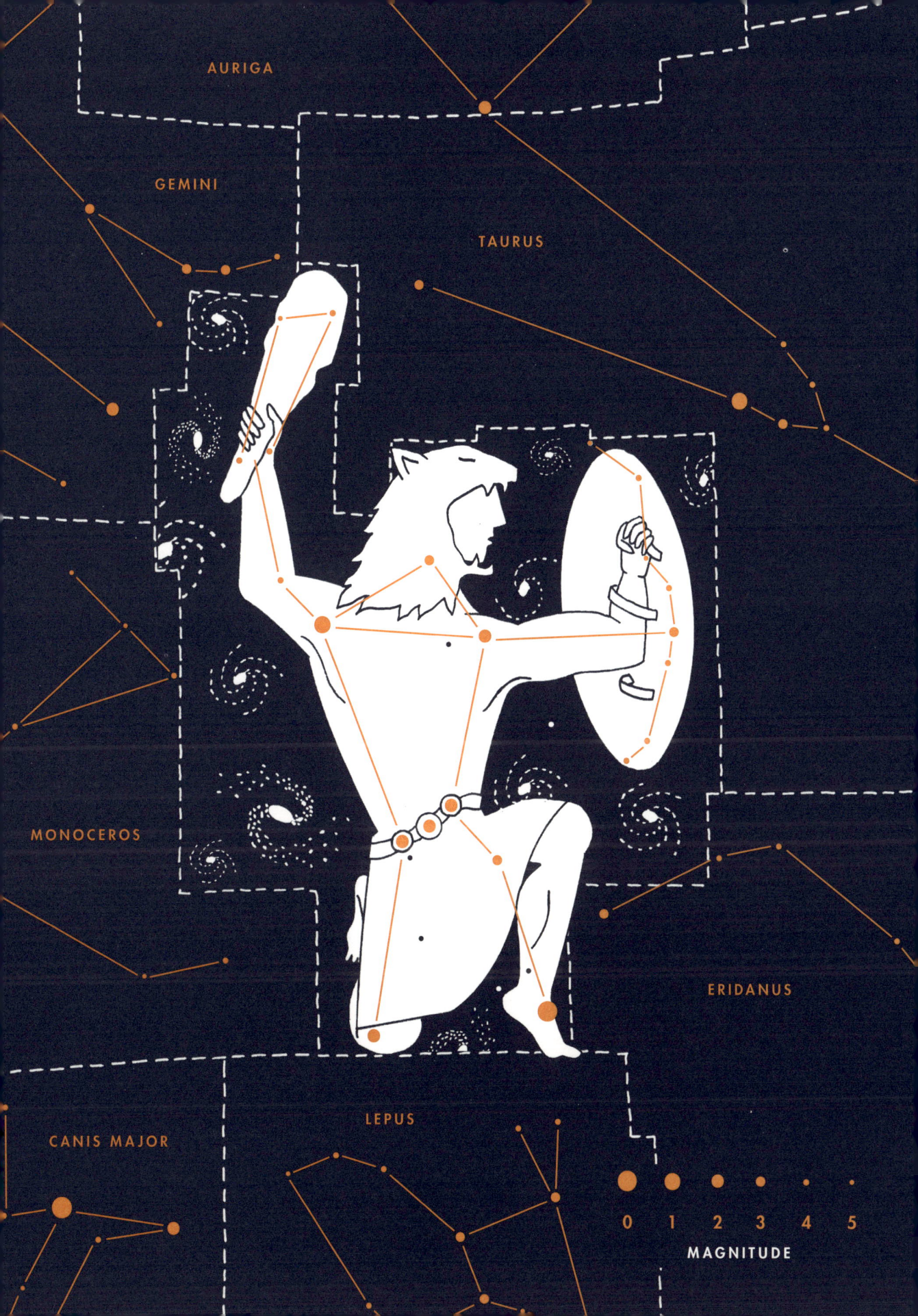

AURIGA

GEMINI

TAURUS

MONOCEROS

ERIDANUS

LEPUS

CANIS MAJOR

0 1 2 3 4 5

MAGNITUDE

PAVO
PAV/PAVONIS, PFAU

PLATZ IN DER GRÖSSENORDNUNG: **44**
ASTERISMEN: **KEINE**

Junos Vogel, der ein Sternenmeer auf dem Schwanze trägt
Ovid, Metamorphosen, XV

JUNO HAT es nicht leicht. Obwohl (oder vielleicht auch gerade weil) sie die Göttin des Ehestandes ist, muss sich die ewig verschmähte Gattin des **Jupiter** die Hälfte ihrer Zeit mit den Seitensprüngen ihres Herrn Gemahls herumschlagen – und dann kriegt auch noch *sie* die ganze schlechte Presse. Bei den Griechen (die sie Hera nennen) ist sie auf die Rolle des nörgelnden, rachsüchtigen Hausdrachens festgelegt, während **Virgil**, der sie als unzivilisiert und nachtragend beschreibt, ihr die Schuld an dem ganzen Kummer des **Aeneas** zuschiebt. Zugegeben, in ihrer Rache gegen die von Jupiter geschwängerten Geliebten geht sie vielleicht manchmal etwas zu weit. (Man braucht sich nur mal die Sterne von Ursa Major anzuschauen, um zu sehen, was sie der traurigen **Kallisto** angetan hat, oder sich in Taurus von der Strafe zu überzeugen, mit der die unschuldige Io von ihr belegt wurde.) Kein Wunder also, dass moderne Autoren diese so oft verleumdete Göttin als eine Art Sinnbild für häuslichen Unfrieden nutzen. In seinem Bühnenstück *Juno und der Pfau* macht Sean O'Casey aus der göttlichen Ehekomödie die sehr menschliche Tragödie einer Familie in den Elendsvierteln Dublins. Wenigstens der Film *Juno*, der 2007 herauskam, bringt mit seiner erfreulichen Unterwanderung des alten Moralgedöns und einem überraschenden Happyend etwas Hoffnung und Würde in die Welt der unerwünschten Schwangerschaften und unerwiderten Lieben.

Nach all den schweren Zeiten, die sie hinter sich hat, wird Juno dann doch noch in einem von Pfauen gezogenen Wagen über den Himmel kutschiert. Dass diese Vögel der Juno gewidmet sind, war den niederländischen Seefahrern **Keyser** und **de Houtman**, die einen Vertreter dieser Art auf die Südhalbkugel des Himmels projizierten, wohl bewusst. Und sicher auch die Tatsache, dass Junos hundertäugiger Bodyguard **Argus** – mit Sicherheit brauchte sie einen – auf Jupiters Befehl hin von **Merkur** (den die Griechen **Hermes** nennen) abgeschlachtet wurde und sie seine Augensterne auf den Pfauenfedern verteilte. Aber vielleicht ist diese Sage auch nicht der einzige Grund, warum dieser Vogel so oft mit der eigensinnigen Göttin in Verbindung gebracht wird.

Wie jedes Mädchen eines Tages bitter enttäuscht herausfindet, wenn es im Stadtpark einen bewundert (mir ging es auch so), ist der Pfau ein Mann. Und der langweilig graue Federhaufen da hinten, der gerade an den letzten Brotkrumen herumpickt, die wir dem anderen zugeworfen haben, das ist die Frau, die Pfauenhenne.

Wenn ich heute einen Pfau sehe, muss ich automatisch an Juno denken – wie sie in die Röhre schaut, während ihr Gatte herumstolziert und sein Rad schlägt.

PEGASUS
PEG/PEGASI, PEGASUS

···

PLATZ IN DER GRÖSSENORDNUNG: **7**
ASTERISMEN: **BASEBALLFELD, GROSSES VIERECK**

···

WAS HABEN Daphne du Maurier, **Medusa**, eine Brücke in der Normandie, das Pferdeflüstern, britische Fallschirmjäger, **Poseidon** und **John Keats** gemeinsam? Nun, die Antwort liegt in den Sternen, aber das haben Sie sich wahrscheinlich schon gedacht.

Ist gerade September? Und so gegen Mitternacht? Perfekt. Gehen Sie ins Freie, und schauen Sie in den Himmel. Suchen Sie nach einem blau-weißen Stern unmittelbar am Oberkopf von Andromeda (α Andromedae). Haben Sie ihn gefunden? Prima. Früher war dieser Stern als Sirrah bekannt, was auf Arabisch »Nabel« heißt, und bei dem Tier, nach dem wir Ausschau halten, markiert er ebendiese Körperstelle. Ziehen Sie jetzt gedanklich am Horizont eine Linie nach Westen bis zu dem dunkelgelben Stern β Pegasi – der den Namen Scheat (Schienbein) trägt. Eine weitere Linie ziehen Sie dann gedanklich nach Süden zu α Pegasi – beziehungsweise Markab (Sattel), und von dort aus auf den Horizont im Osten zu, bis γ Pegasi beziehungsweise Algenib (Flanke) erreicht ist. Noch ein Stück nördlich und Sie sind wieder beim Sirrah, dem Alpha-Stern der Andromeda, angelangt, der auch Alpheratz genannt wird. Damit ist das Große Viereck des Pegasus vollendet. Dieser berühmte Asterismus umfasst den Körper des geflügelten Pferdes, das wir suchen. Seinen Hals markiert Homam (ζ Pegasi), dessen Name für »Pferdeflüsterer« steht und die Kraft jener mysteriösen alten Magie heraufbeschwört, die genutzt wurde, um wilde Hengste und Stuten zu zähmen. Die Nase des Pferdes wird von dem gelben Superriesen Enif (ε Pegasi) angedeutet. Vielleicht trägt das Ross auch das goldene Zaumzeug, das Athene dem Helden Bellerophon im Traum überreichte, damit er das geflügelte Pferd zähmen konnte. Denn es war Pegasus, auf dem Bellerophon in den Himmel ritt, mit der Lanze in der Hand, und sich auf die Chimära stürzte, ein feuerspeiendes Mischwesen aus Löwe, Schlange und Ziege.

Als britische Fallschirmjäger 1941 erstmals zu einem Luftangriff aufbrachen, erkor ihr Kommandeur, Lieutenant General Sir Frederick »Boy« Browning, diesen uralten fliegenden Krieger zum Motiv des Abzeichens, das die Angehörigen der Ersten Luftlandedivision am Ärmel trugen. Drei Jahre später zierte er die Uniform der Männer von der Sechsten Luftlandedivision, als sie unmittelbar zu Beginn der Invasion in der Normandie eine wichtige Wippbrücke über den Caen-Kanal einnahmen; für die Operation Deadstick (so der Codename, den die Aktionen der Luftstreitkräfte trugen) war diese Maßnahme von entscheidender Bedeutung. Und die Brücke ist seither als »Pegasusbrücke« weltbekannt. Ob der Entwurf des Abzeichens – hellblauer Bellerophon mit Pegasus auf weinrotem Grund – von dem Maler Edward Seago stammt oder doch vielleicht eher auf die Ehefrau des Kommandeurs zurückgeht, die Schriftstellerin Daphne du Maurier, ist umstritten. Doch als Symbol der Luftstreitkräfte tragen es die Angehörigen des britischen Parachute Regiments bis heute (zusammen mit dem weinroten Barett, das ebenfalls von Sir Frederick eingeführt wurde).

Trotz seiner militärischen Referenzen war Pegasus ein alles in allem friedfertiges Pferd. Im Altertum wurde es mit der Dichtkunst assoziiert, und der Tritt seiner Hufe war es, der die den neun Musen heilige Quelle entstehen ließ, nach deren sprudelndem Wasser sich der Poet Keats so sehnte:

> O Wein jetzt! Jungen Wein, den Erde kühlte,
> Den dunkelkühl ein langes Jahr gereift,
> Der sonngebräunten Frohsinn tanzen fühlte
> Und der des Provençalen Lied begreift;
> O einen Becher warmen Südens jetzt!
> O Hippokrene, die zum Rande schäumt
> Und gern und gut Begeisterung bereitet
> Mit Lippen rot benetzt.
> Dich will ich trinken, dass ich ungesäumt
> Zum Wald entschweben kann, von dir geleitet.

Doch obwohl er zum Schöpfer einer solch beschaulichen Quelle wurde – der Name Hippokrene bedeutet übersetzt »Quelle des Pferdes« –, ging es bei der Geburt dieses göttlichen Rosses alles andere als friedlich zu. Als Poseidon in der Gestalt eines Pferdes Medusa, die jungfräuliche Gorgone mit dem fließenden Haar, im Tempel der Athene verführte, verwandelte die erboste Göttin die junge Schöne in ein Ungeheuer mit Schlangenhaaren, dessen Anblick jeden Mann zu Stein erstarren ließ. Erst sehr viel später, als Perseus die Medusa erschlug, entsprang das Wesen, das sie gezeugt hatten, ihrem kopflosen Leib: Pegasus.

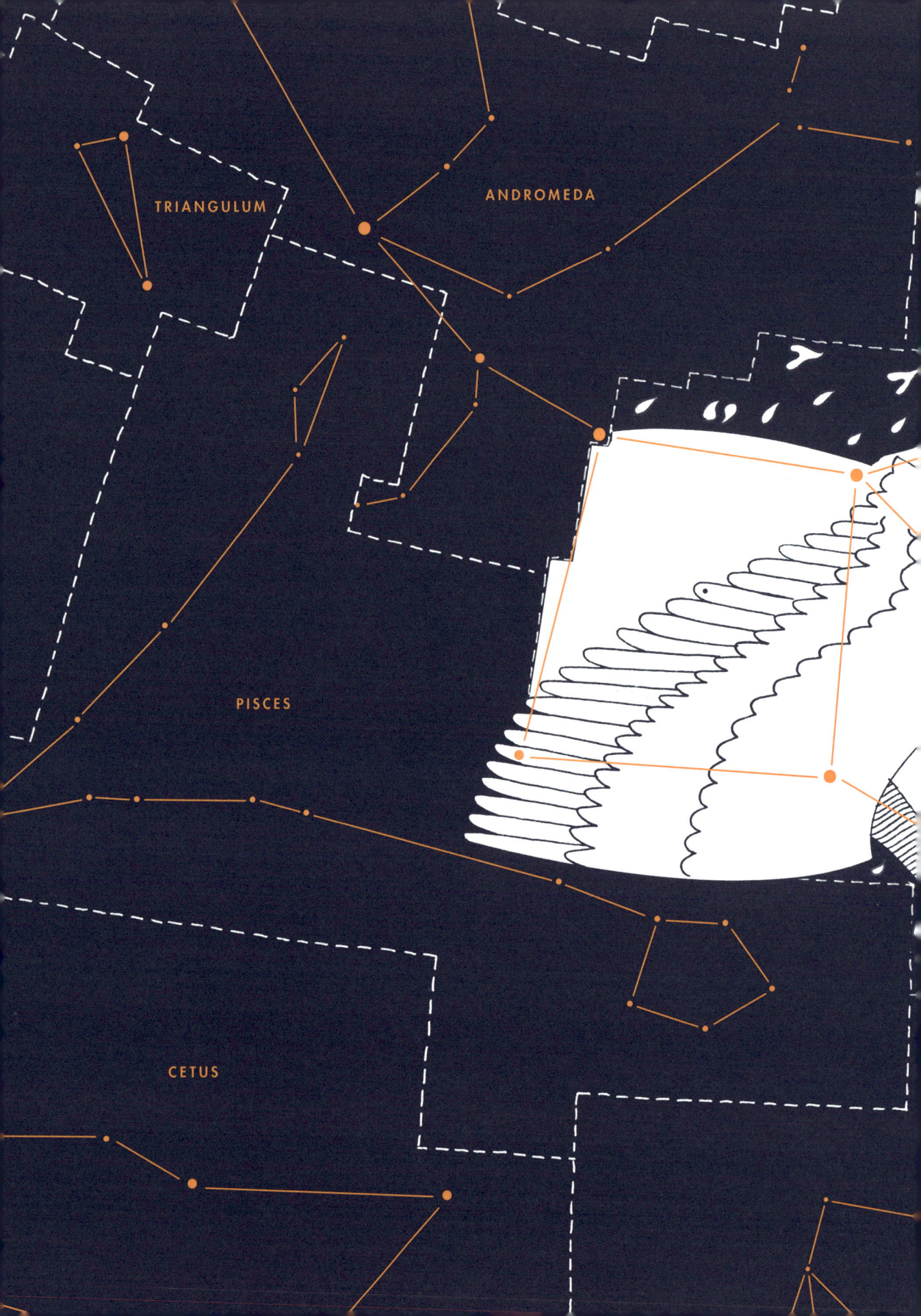

TRIANGULUM

ANDROMEDA

PISCES

CETUS

LYRA

LACERTA

CYGNUS

VULPECULA

SAGITTA

AQUILA

DELPHINUS

EQUULEUS

AQUARIUS

● ● ● ● · ·
0 1 2 3 4 5
MAGNITUDE

PERSEUS
PER/PERSEI, PERSEUS

HIMMLISCHER
DEPESCHENDIENST

An: **Perseus**, *sterblicher Sohn des* **Zeus**
Von: König Polydektes, Insel Seriphos

Deine Mutter Danaë und ich heiraten STOPP Geht dich eigentlich nichts an STOPP Warst aber schon immer ein Mamakind STOPP Gebe sie unter einer Bedingung auf STOPP Bring mir den Kopf der Gorgone **Medusa** STOPP

An: König Polydektes, Insel Seriphos
Von Perseus, sterblicher Sohn des Zeus

Wie bekannt unmögliche Aufgabe STOPP Erledige sie trotzdem STOPP Mutter genauso genervt von dir wie ich STOPP Von **Hermes** scharfe Sichel erhalten um alte Hexe zu erledigen STOPP Von Athene glänzenden Schild STOPP Um Blick zu vermeiden STOPP Läuft STOPP P Punkt S Punkt STOPP Jedes Jahr Klassenbester in Diskuswurf und Ringen STOPP Bin kein Mamakind STOPP

An: Perseus, sterblicher Sohn des Zeus
Von: Hermes, Olymp

Hab Vertrauen Perseus STOPP Wir Götter geben dir Helm für Unsichtbarkeit und Flügelsandalen und Zaubertasche STOPP Finde drei Graien in Königspalast Atlasgebirge STOPP Nymphen mit Schwanenkörpern STOPP Sind Schwestern der Gorgone Medusa STOPP Wissen wo sie wohnt STOPP Teilen sich ein Auge und einen Zahn STOPP Viel Glück STOPP

An: König Polydektes, Insel Seriphos
Von: Perseus, sterblicher Sohn des Zeus

Medusa erledigt STOPP Blinde Schwestern ausgetrickst wegen Adresse STOPP Angeschlichen als sie schlief STOPP Hab Kopf in Ledertasche STOPP Nicht so schwer wie gedacht STOPP Hat im Sterben geflügeltes Pferd geworfen STOPP Heimritt darauf über Äthiopien STOPP Hörte Schreie STOPP Schönheit namens Andromeda an Felsen gekettet in großer Not STOPP Sagte heiratet mich wenn ich Bestie erschlage STOPP Schnell Vater um Eheerlaubnis gebeten und Frau gerettet STOPP Meeresungeheuer mit Gorgonenhaupt zu Stein gemacht STOPP Ätsch STOPP Ich heirate und du nicht STOPP Mamakind STOPP Fragezeichen STOPP

CASSIOPEIA

CAMELOPARDALIS

AURIGA

ANDROMEDA

TRIANGULUM

ARIES

TAURUS

MAGNITUDE
0 1 2 3 4 5

PHOENIX
PHE/PHOENICIS, PHOENIX

PLATZ IN DER GRÖSSENORDNUNG: **37**
ASTERISMEN: **KEINE**

Una est, quae reparet seque ipsa reseminte, ales:
Assyrii phoenica vocant …

WER WEISS, ob **Keyser** und **de Houtman** an **Ovid** dachten, als sie ihre himmlische Menagerie um einen Phoenix erweiterten – dieses uralte Sinnbild der Unsterblichkeit und Auferstehung?

Die Worte, die Ovid Pythagoras im letzten Buch der *Metamorphosen* sprechen ließ, um die Römer über den Vogel Phoenix aufzuklären, übersetze ich so:

Einen gibt es.
Einen Vogel.
Der sich erneuert aus eigener Kraft
und sich mehrt,
der sich wiedergebiert
und der sich selbst
ENTSPRINGT!
Die Assyrer nennen ihn
Phoenix.

Er ernährt sich weder von Früchten noch von Gras oder anderem langweiligen Zeugs, sondern nimmt nur die *Tränen des Weihrauchbaumes* zu sich sowie einen Zaubertrank auf der Basis von Amomum, einer Ingwerart. Seine Lebenszeit beträgt fünf Jahrhunderte. Und dann. Plötzlich. Nur mithilfe seines unschuldigen Schnabels und seiner Krallen baut er sich inmitten schwankender Zweige im Wipfel eines Palmbaumes sein Nest. Sobald er es mit duftender Kassie, weichem Moschuskraut, der lohfarbenen Myrrhe und winzigen Stückchen aromatischen Zimts gepolstert hat,

legt er
sich
darauf,
um diesen Zyklus
seines Lebens
zu beenden.
Und aus dem Leib
von Vater Phoenix
wird wiedergeboren
ein kleiner Phoenix.

PICTOR
PIC/PICTORIS, MALER

··

PLATZ IN DER GRÖSSENORDNUNG: **59**
ASTERISMEN: **KEINE**

··

Die Farben der Sterne entsprechen natürlich nicht denen unserer Gemälde;
sie sind transparent und lichterfüllt; um sie wiederzugeben, bräuchten wir das azurne Blau
des Himmels und müssten unsere Pinsel in den Regenbogen tauchen können.
Camille Flammarion (1842–1925)

SEIT MITTE DES 18. Jahrhunderts kennt man den Kupferstich von Lacailles Himmelskarte, der auch seine vierzehn neuen Sternbilder enthält. Mit den ursprünglichen Sternbildern des **Ptolemäus** und den von **Keyser**, **de Houtman** sowie **Petrus Plancius** hinzugefügten ist diese äußerst sorgfältig gezeichnete, zugleich aber auch ästhetisch sehr ansprechende Planisphäre ein exaktes Abbild des Himmels, wie der französische Astronom ihn sah. (In einigen Fällen musste Lacaille ein bisschen improvisieren, um seine eigenen Entdeckungen noch unterbringen zu können. So kappte er zum Beispiel vom Schwanz des Hydrus ein Stückchen ab, um Platz für seinen Octans zu schaffen, und stibitzte der Kleinen Wasserschlange auch ein paar Sterne, damit seine noch etwas blässlich wirkenden Himmelsgerätschaften Horologium und Reticulum mehr hergaben.)

Inmitten der so hübsch wiedergegebenen Götter, Tiere und technischen Hilfsmittel befanden sich auch Staffelei und Palette. In dieser Würdigung des Talents und der Bedeutung von Malern spiegelt sich die hohe gesellschaftliche Achtung, die Künstler in Lacailles aufgeklärtem Zeitalter genossen. Für die zweite Auflage seiner Planisphäre gab er den Namen dieses Sternbildes auf Lateinisch als »Equuleus Pictorius« (sic) an. Auch spätere Astronomen dokterten an der Bezeichnung herum, bevor sich schließlich die auch heute noch verwendete Kurzform durchsetzte.

Obwohl lichtschwach, mit nur wenigen Sternen ausgestattet und unbedeutend, stellt Pictor sowohl eine Metapher für die Arbeit des Astronomen dar als auch für die des Malers. Mit ihrer Kartierung der Sterne geben die Wissenschaftler den Himmel wieder; es ist sozusagen ihre Chance, den Pinsel in den Regenbogen zu tauchen, um es mit den Worten der französischen Astronomin Camille Flammarion auszudrücken. Alle ihre Karten – angefangen bei **Johann Bayers** erstem großen Sternenatlas aus dem Jahr 1603 bis hin zu Bodes prächtiger *Uranographia*, 1801 – waren nicht nur Möglichkeiten, ihre erstaunlichen Beobachtungen und Entdeckungen zu vermitteln, sondern auch eindrucksvolle, höchst beliebte Kunstwerke.

Und was das Wunderbarste ist: Das Verhalten der Sterne selbst steht der fantasievollen ästhetischen Wiedergabe durch die Astronomen früherer Zeiten in nichts nach: Ein 1984 entstandenes Foto zeigt eine Staubscheibe, die den blau-weißen Stern β Pictoris umgibt und zu der Vermutung berechtigt, dass dieser Himmelskörper dabei ist, ein ganz neues Planetensystem zu erschaffen – und das Gesicht des Universums damit neu malt.

PISCES
PSC/PISCIUM, FISCHE

....

PLATZ IN DER GRÖSSENORDNUNG: **14**
ASTRISMUS: **KRÖNCHEN**

....

SCHON SEIT Stunden fuhr Todd über die wenig befahrene Autobahn, während irgendein Country-Sender im Hintergrund dudelte. Der Wagen vor ihm war der erste, den er heute sah. Eine rostige Kiste, die den Staub hinter sich hochwirbelte und mit ungewöhnlich hoher Geschwindigkeit durch die farblose, ausgedörrte Landschaft bretterte. Umso mehr erstaunte es ihn, als er bemerkte, dass eine Frau am Steuer saß und der Aufkleber, der auf der Stoßstange pappte, einen Fisch zeigte. Voller Freude über das bisschen Gesellschaft, das ihm die Straße jetzt bot, drückte Todd das Gaspedal durch und setzte mit einem breiten Grinsen auf den Lippen zum Überholen an. Sobald sie den Aufkleber hinten auf seinem Truck sah, hoffte er, würde sie hupen, wenn sie Jesus genauso sehr liebte wie er.

Sie hupte nicht. Im Rückspiegel sah er eine Frau Mitte dreißig; die dunklen Haare hatte sie sich aus ihrem erschöpft wirkenden Gesicht gekämmt. Sie starrte stur geradeaus, den Blick scheinbar fest auf die Straße gerichtet, doch bewusst nahm sie diese bestimmt nicht wahr. Enttäuscht beschleunigte Todd und brauste in der Septembersonne davon.

Carla hatte den Lkw kaum bemerkt, bis sie ein kehliges »Schluss! Schluss!« hinter sich vernahm und hörte, wie eine kleine Faust gegen die Fensterscheibe pochte. Billy schien immer noch nicht verstanden zu haben, was geschehen war. Er beschenkte das Universum, von dem er nicht wusste, dass es ihn auch weiterhin ziemlich mies behandeln würde, mit einem vergnügten Lächeln. Der Schmerz, der Carla bei diesem Gedanken durchfuhr, war so heftig, dass es selbst sie erschreckte – eine Frau, die unberechenbare, willkürliche Gewalt gewohnt war. Nach zwei Tagen begann sie zum ersten Mal wieder zu schluchzen. Unkontrollierbar. Sie fuhr rechts ran, stellte den Motor ab und stieg so schnell wie möglich aus dem Auto.

Lange muss sie dort gestanden haben. Inzwischen war es dunkel, und sie fröstelte. Eine wolkenlose Nacht, dachte sie, als sie den Kopf hob.

So etwas hatte sie noch nie gesehen. Die Sterne zeichneten sich dermaßen scharf am Himmel ab, dass es ihr vorkam, als sei alles Frühere nur verschwommen gewesen und jetzt plötzlich hätten sich Sinn und Mysterien der Welt in einer ganz neuen Sprache mit unbekanntem Alphabet der Dunkelheit eingeschrieben.

Später – als sie die fällige Lektion des Onlinebuchhaltungskurses, den sie im Anschluss an ihre Schicht im Diner absolvierte, wenn Billy im Bett lag und schlief, auf den nächsten Tag verschoben hatte – würde sie herausfinden, dass sie unter den Sternen von Pisces gestanden hatte; und dass es sich bei einem der beiden Fische, die in ihrem Blickfeld geschwommen waren, um **Venus** handelte und der andere **Cupido** war, der Sohn der Göttin. Im Netz suchte sie nach allem, was sie über Astronomie und den Weltraum finden konnte, stieß auf Asteroiden, Aliens und die alte Geschichte, die davon erzählt, wie das göttliche Mutter-Sohn-Paar in den Himmel gelangt war. Dass die beiden vor dem grässlichen **Typhon** flohen, einem furchterregenden Ungeheuer, das von **Gaia**, Mutter Erde, ausgesandt worden war, den Göttern den Kampf anzusagen. Bedrängt von der Bestie, deren Augen Feuer spien und die aus allen Kehlen ihrer hundert Köpfe schreiend jaulte, gelang es Mutter und Sohn schließlich doch noch, sich ins dichte Schilf am Ufer des Euphrats zu retten. Als Venus ihren Götterkollegen **Pan** in den Fluss springen sah (auf diese Weise wurde er zum Ziegen-Fisch Capricornus) und ein Rascheln hinter sich hörte, rief sie die Wassernymphen zu Hilfe. Doch bevor diese noch reagieren konnten, wurden Venus und Cupido von Typhon entdeckt. Mit seinen feuerspuckenden Augen und den schwarzen Zungen, die wild aus seinen hundert Mäulern schnalzten, kam er direkt auf die beiden zugerannt. In aller Eile befestigte Venus ihrem Sohn einen Schilfhalm am Fußgelenk, damit sie ihn nicht verlieren konnte, nahm das Kind in die Arme und stürzte sich in den Euphrat. Kaum waren sie im Wasser, verwandelten sie sich auch schon in Fische, die mit der reißenden Strömung davonhuschten.

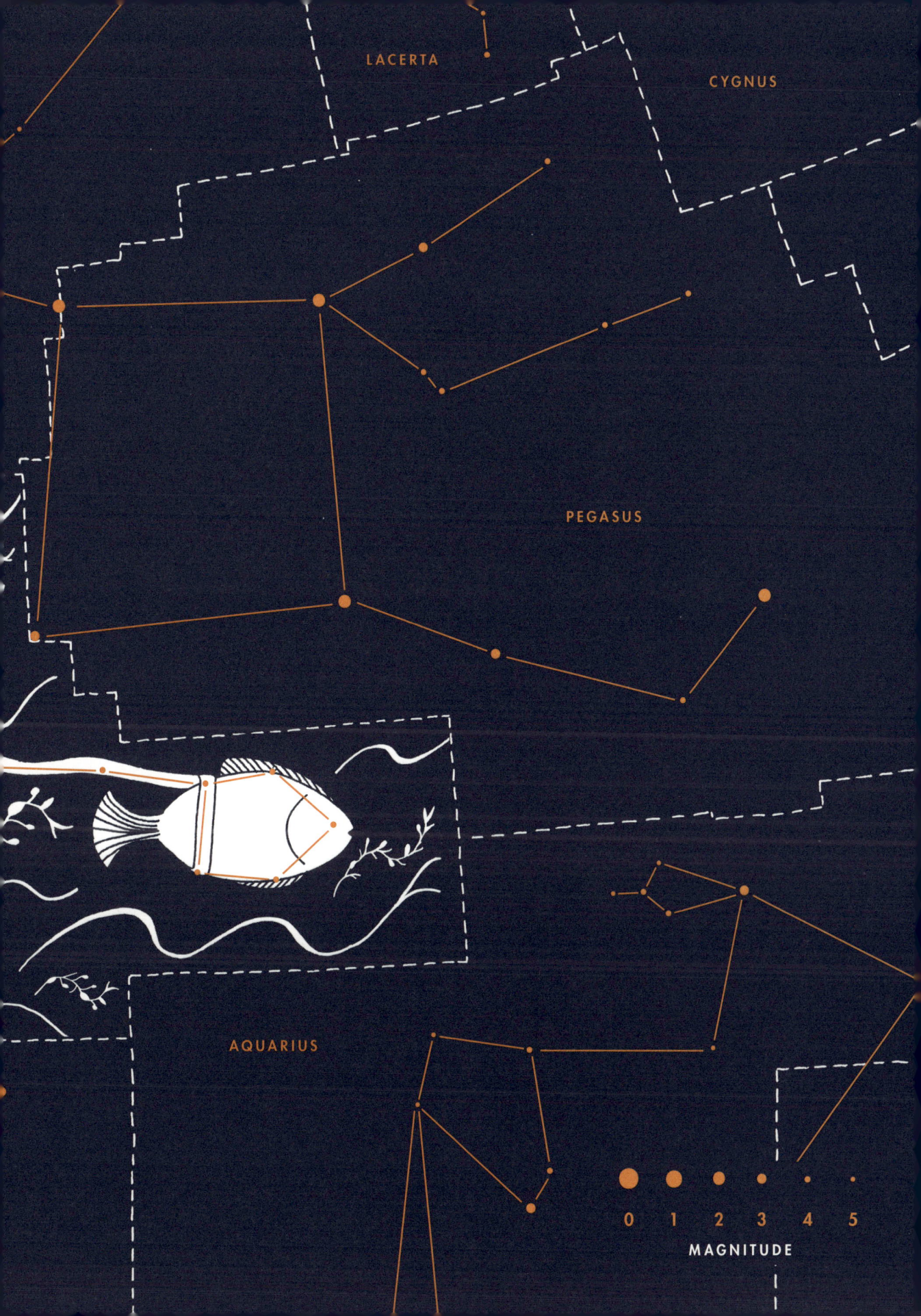

PISCIS AUSTRINUS
PSA/PISCIS AUSTRINI, SÜDLICHER FISCH

PLATZ IN DER GRÖSSENORDNUNG: **60**
ASTERISMEN: **KEINE**

ISCHTAR MALT eine Meerjungfrau. Von einer gehört hat sie noch nie. Alle Möglichkeiten, dass es dazu hätte kommen können – via Schule, Fernsehen, ihre Mutter und zwei Schwestern –, sind zunichtegemacht worden, als das Haus, in dem die Familie wohnte, vom Granatfeuer zerstört wurde. Doch da ist eine: mit roten Haaren, grünem Schwanz, pinkfarbenem Bikinitop und riesigen blauen Augen, aus denen sie ihr vom T-Shirt entgegenlächelt, das Ischtars Cousine trägt. (Aaliyah hatte es am ersten Tag bekommen, als sie im Lager eingetroffen waren, und beide staunten Bauklötze, als ihnen die freundliche Dame in dem blauen Pullover erklärte, das Shirt hätte den ganzen weiten Weg aus Deutschland hinter sich. Aber was um alles in der Welt konnte ein Mädchen, das auch nur einigermaßen bei Verstand war, dazu bewegen, sich von so einem Schatz zu trennen? Die entsetzlichsten, immer weiter hergeholten Horrorszenarien hatten die Cousinen heraufbeschworen, als sie sich das Schicksal dieses armen deutschen Mädchens vorzustellen versuchten.)

Der Schwanz ist erst halb fertig, da bricht der Stift ab. Es ist ihr nach Weinen zumute, aber wie üblich wollen sich keine Tränen einstellen. Der müde aussehende Mann mit den roten Joggingschuhen, der keine Haare hat, geht zu ihr und gibt ihr einen neuen, aber der hat die falsche Farbe. Dann setzt der Mann sich neben sie und beginnt aus einem Stück gelber Pappe Sterne auszuschneiden. Über dem Kopf der Meerjungfrau, der auch noch nicht ganz fertig ist, klebt sie sie auf. Ischtar hat schon lange nicht mehr zu den Sternen hochgeschaut. In den letzten zweieinhalb Jahren hat sie den Großteil des Tages und alle Nächte in der Angst vor Dingen verbracht, die aus dem Himmel fallen. Für sie spielt es keine Rolle, dass ihre Heimatstadt Manbidsch im Gouvernement Aleppo, aus der sie geflohen ist, bei ihren Vorfahren Bambyke hieß und im alten Griechenland Hieropolis (»Heilige Stadt«). Oder dass ihr Geburtsort, der etwa dreißig Kilometer westlich vom Euphrat liegt, einst auch das Zentrum des Kultes um die syrische Fruchtbarkeitsgöttin Atargatis war. Weder Ischtar noch Aaliyah haben je eine der vielen Geschichten gehört, die von ihr erzählt werden. Und über die zahlreichen einander widersprechenden Mythen, die sich darum drehen, wie, ob oder warum Atargatis in einen See fiel und entweder von einem Fisch gerettet oder in einen verwandelt wurde, werden sie sich bestimmt nicht so ereifern wie über die Herkunft des Secondhand-T-Shirts mit der Kleinen Meerjungfrau drauf.

Ischtar nahm schließlich ihr Bild und befestigte es mit einem Klebestreifen an der Wand. Unter den Zeichnungen der anderen Mädchen wirkte es ein wenig verloren.

AQUARIUS

CAPRICORNUS

SCULPTOR

MICROSCOPIUM

GRUS

PHOENIX

0 1 2 3 4 5

MAGNITUDE

PUPPIS

PUP/PUPPIS, ACHTERDECK DES SCHIFFS

PLATZ IN DER GRÖSSENORDNUNG: **20**
ASTERISMEN: **KEINE**

JASON UND DIE ARGONAUTEN: EIN EPOS ...

(in dem fünfzig hellenische Helden in einem Schiff mit fünfzig Ruderplätzen nach Kolchis aufbrechen,
*um das Goldene Vlies sowie den Geist des **Phrixos** nach Griechenland zurückzuholen)*

... RÜCKWÄRTS ERZÄHLT IN DREI TEILEN

*(ähnlich wie **Ptolemäus**' ursprüngliches Sternbild, das diesem Schiff zu Ehren den Namen Argo Navis trug,*
*1756 von dem französischen Astronomen **Lacaille** dreigeteilt wurde: in Carina, Puppis und Vela)*

TEIL II: PUPPIS

ERST ALS SICH der Drache zischend vor ihm aufbaut, bemerkt **Jason**, wie riesig er ist. **Medea** tritt vor. Sie blickt dem Drachen ins Auge und beginnt, ihn in fremder Zunge zu verzaubern. Mit einem Mal brennt Jason vor Begierde. Wie merkwürdig: Ausgerechnet jetzt, da sie mit Wacholderzweigen vor der wütenden Fratze herumwedelt und dem Untier eigenartige Tropfen in die Augen spritzt, verguckt er sich in sie. In diese Frau, die in Liebe zu ihm entflammt ist; die den Zorn ihres Vaters **König Aietes** heraufbeschworen hatte, indem sie ihm half, die praktisch unlösbaren Aufgaben zu erfüllen, die jener ihm gestellt hatte; die ihn mit dem blutroten Öl des Safrankrokus einrieb, damit er den feuerspuckenden Stier vor den Pflug spannen konnte; die ihn und seine Argonauten in der nächtlichen Dunkelheit hierher in diesen heiligen Hain geführt hatte; und für die er bisher nicht mehr als ein angemessenes Maß an Dankbarkeit empfunden hatte.

Angesichts der letzten Hürde seiner Reise denkt er an all die anderen Prüfungen, die hinter ihnen liegen. An die Stymphalischen Vögel mit ihren eisernen Federpfeilen. An die Harpyien, die sie vertrieben hatten, weil sie dem blinden Seher Phineus das Essen aus dem Mund raubten und die Reste mit Kot beschmierten. An den gefürchteten Engpass der Symplegaden, den sie mit Phineus Hilfe unbeschadet passieren konnten. Er denkt an den Helden Herakles, der die Wälder ganz Mysiens nach seinem Sklaven und Liebhaber Hylas absuchte – Nymphen hatten ihn beim Wasserholen in ihren Teich gezogen – und vor lauter Trauer herzergreifend heulte.

Was Jason nicht weiß, ist, dass ihn auf der Heimfahrt der Gesang der Sirenen in tödliche Gefahr bringen wird, aus der ihn nur der Klang von **Orpheus**' Leier retten kann. Und dass er schon morgen, wenn die Flotte König Aietes' die Verfolgung der *Argo* aufnimmt, Medeas Bruder Apsyrtos töten, dass er dem Jungen Hände, Füße, Nase und Ohren abschneiden, dann dessen Blut in den Mund nehmen und drei Mal ausspucken wird, damit sein Geist sich nicht an ihm rächt.

Jason umfasst Medea und lässt sich von ihr an dem schlafenden Ungeheuer vorbei zu der Eiche führen, in welcher der goldene Siegespreis seiner harrt.

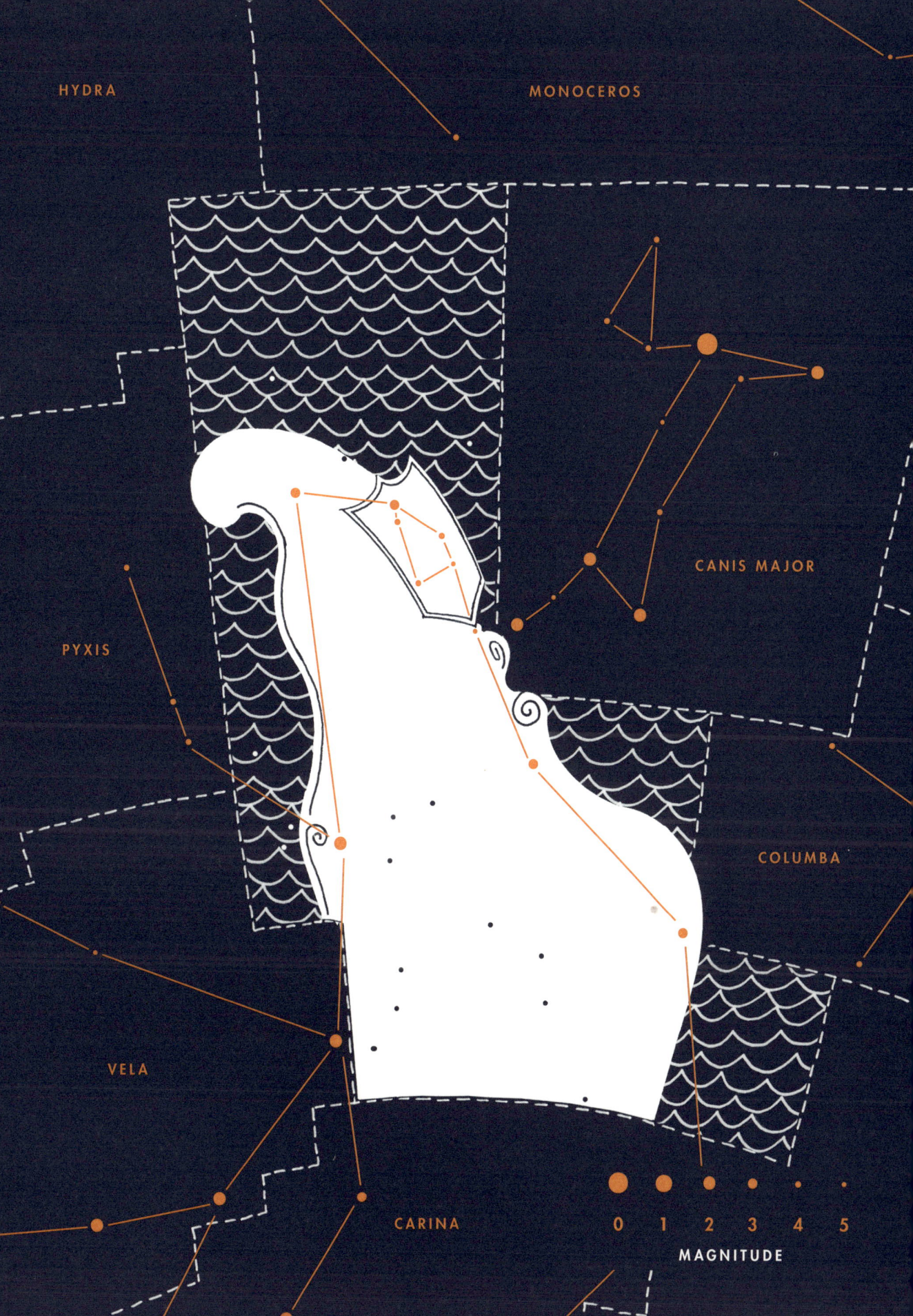

HYDRA

MONOCEROS

CANIS MAJOR

PYXIS

COLUMBA

VELA

CARINA

0 1 2 3 4 5

MAGNITUDE

PYXIS
PYX/PYXIDIS, SCHIFFSKOMPASS

PLATZ IN DER GRÖSSENORDNUNG: **65**
ASTERISMEN: **KEINE**

1269 RICHTETE ein Mann namens Peter Peregrinus einen Brief in lateinischer Sprache an seine »teuersten Freunde«, in dem er versprach, ihnen das eine oder andere über Anziehung und Abstoßung zu erklären. Über den Autor dieses Werkes – das der hohen Anzahl erhaltener Exemplare nach zu urteilen im Mittelalter sehr populär war –, einen französischen Gelehrten, ist wenig bekannt. Wörtlich übersetzt lautet sein Name »Peter, der Pilger«, und was wir wissen, ist, dass er sich als Angehöriger der Armee Karls I. von Anjou auf einem vom Papst sanktionierten Kreuzzug befand, als er diese (wie sich herausstellen sollte) bahnbrechende Epistel verfasste. Im lateinischen Wort »peregrinus« klingt auch einiges mit, was gut zu Peters Werk passt. Deshalb stellt sich die Frage, ob er sich bei der Wahl seines Namens nicht vielleicht mehr von Konnotationen wie »Vagabundieren«, »Migration« und »Umherwandern« leiten ließ als von religiöser Hingabe. Denn seine Ausführungen über Anziehung und Abstoßung stellten keineswegs eine mittelalterliche Anleitung zur Partnerwahl dar, sondern die erste überlieferte wissenschaftliche Untersuchung des Magnetismus und seiner Anwendung in der Navigation:

> *Nunmehr werde ich Euch in einfachen Worten mit der unbestreitbaren, aber verborgenen Eigenschaft des Magneteisensteins bekannt machen, über die uns die Philosophen bis auf den heutigen Tag in Unkenntnis halten, denn gute Dinge bleiben bezeichnenderweise immer im Dunkel, bevor sie durch den Nutzen allgemeiner Anwendung ans Licht kommen.*

So achtbar und für die westliche Wissenschaftsgeschichte wertvoll dieses Vorhaben auch war, beruhte es doch auf einem Irrtum: Zwar mögen die Philosophen die Kräfte des Magneteisensteins verheimlicht haben, nicht so jedoch die alten Chinesen, die sich ihrer bereits seit Beginn unserer Zeitrechnung bedienten. Schon lange bevor die portugiesischen Entdecker anfingen, nach den Schätzen der Karibik zu suchen, nutzten sie den natürlich vorkommenden Magneten, um ihre eigenen Edelsteine aufzuspüren. Nachdem sie herausgefunden hatten, dass er immer in dieselbe Richtung zeigt (nämlich auf die magnetischen Pole), verwendeten sie ihn ursprünglich nicht in Schiffskompassen, sondern für die Geomantie und das Wahrsagen sowie außerdem im Feng-Shui – zwecks harmonischer Gestaltung ihres Lebensumfeldes.

Wie genau der von den Chinesen erfundene Kompass seinen Weg nach Europa fand, ist nicht bekannt; viele Historiker glauben, es müsse über die Handelsrouten der Araber gewesen sein. In jedem Fall revolutionierte der Kompass die Seefahrt. Was natürlich auch der Grund dafür ist, dass **Lacaille** Pyxis in den Himmel projizierte.

SEXTANS

HYDRA

MONOCEROS

PUPPIS

ANTLIA

VELA

MAGNITUDE

0 1 2 3 4 5

RETICULUM
RET/RETICULI, NETZ

PLATZ IN DER GRÖSSENORDNUNG: **82**
ASTERISMEN: **KEINE**

WENN SIE DENKEN, der akribische Astronom **Lacaille** hätte sich in seinem Hang zum Kleinteiligen auf die Installation eines Mikroskops (Microscopium) am Himmel beschränkt, täuschen Sie sich. Das Sternbild Reticulum schuf er zu Ehren des Netzmusters eingravierter Linien auf einer Glasplatte vor dem Okular kleiner Teleskope. Wobei man sagen muss, dass er ohne dieses täuschend »kleine Instrument« – wie er in der Einleitung zu seinem Katalog der Sterne des Südhimmels schrieb – nicht in der Lage gewesen wäre, die Astronomie in dem Maße zu bereichern, wie er es getan hat.

König Alfons X. von Kastilien – Autor der Alfonsinischen Tafeln, mit denen er im 13. Jahrhundert die Ptolemäischen Planetentafeln verbesserte – sagte einmal: »Wäre ich bei der Schöpfung zugegen gewesen, hätte ich sicher ein paar Hinweise zur besseren Ordnung des Universums geben können.« Nicht, dass ich Lacaille oder den Leuten vor und nach ihm ihre wissenschaftlichen Gerätschaften zur Pflege des Nachthimmels verübeln würde, aber das eine oder andere hätte wohl auch ich ein bisschen anders gemacht. Würde ich über das astronomische Geschick, die mathematischen Kenntnisse oder auch nur den politischen Einfluss verfügen, die es mir erlaubten, die offiziellen 88 international anerkannten Sternbilder neu zu gestalten, würde ich bestimmt ein paar schwerwiegende Auslassungen korrigieren.

Wo zum Beispiel bleibt Buddha? Der Gedanke der Achtsamkeit wird heutzutage doch sogar schon vom britischen Gesundheitswesen anerkannt. Was ist mit Karl Marx, Gandhi, Einstein oder C. G. Jung? Und die Naturwissenschaften haben sich seit Lacailles Tagen in einem so rasanten Tempo weiterentwickelt, dass es nur fair wäre, wenigstens einigen der lebensveränderndsten Erfindungen ein Denkmal am Himmel zu setzen: Computer, Penizillin, Kraftfahrzeug, Knoblauchpresse. Ein netter Zug wäre es zudem, des Dodos und der Dinosaurier zu gedenken oder anderer ausgestorbener Geschöpfe. Was mir überhaupt nicht klar ist: warum die Alten vergessen haben, Kassandra einen Platz am Himmel zuzuweisen (wie sich herausstellte, sollten nicht einmal die Mythografen auf sie hören). Außerdem würde ich mich für Kleopatra einsetzen. Dichter und Schriftsteller gibt es auch viel zu wenige in den Sternen. Ganz sicher aber sollte Virginia Woolf ein Meteorschwarm für sich allein zugestanden werden. Und selbst der existenzialistische Samuel Beckett würde sich über ein Plätzchen in der Ewigkeit freuen. Pavo, der Pfau, würde, wenn es nach mir ginge, durch eine Hyäne im Petticoat ersetzt (so verunglimpfte Horace Walpole einst die Mutter des Feminismus, Mary Wollstonecraft). Und aus der an den Felsen gefesselten Andromeda würde ich wohl eine Suffragette machen, die sich im Kampf um das Frauenwahlrecht an ein öffentliches Gebäude gekettet hat. Oder vielleicht sogar Marilyn Monroe – in dem vom Luftzug der U-Bahn hochgeblasenen weißen Kleid.

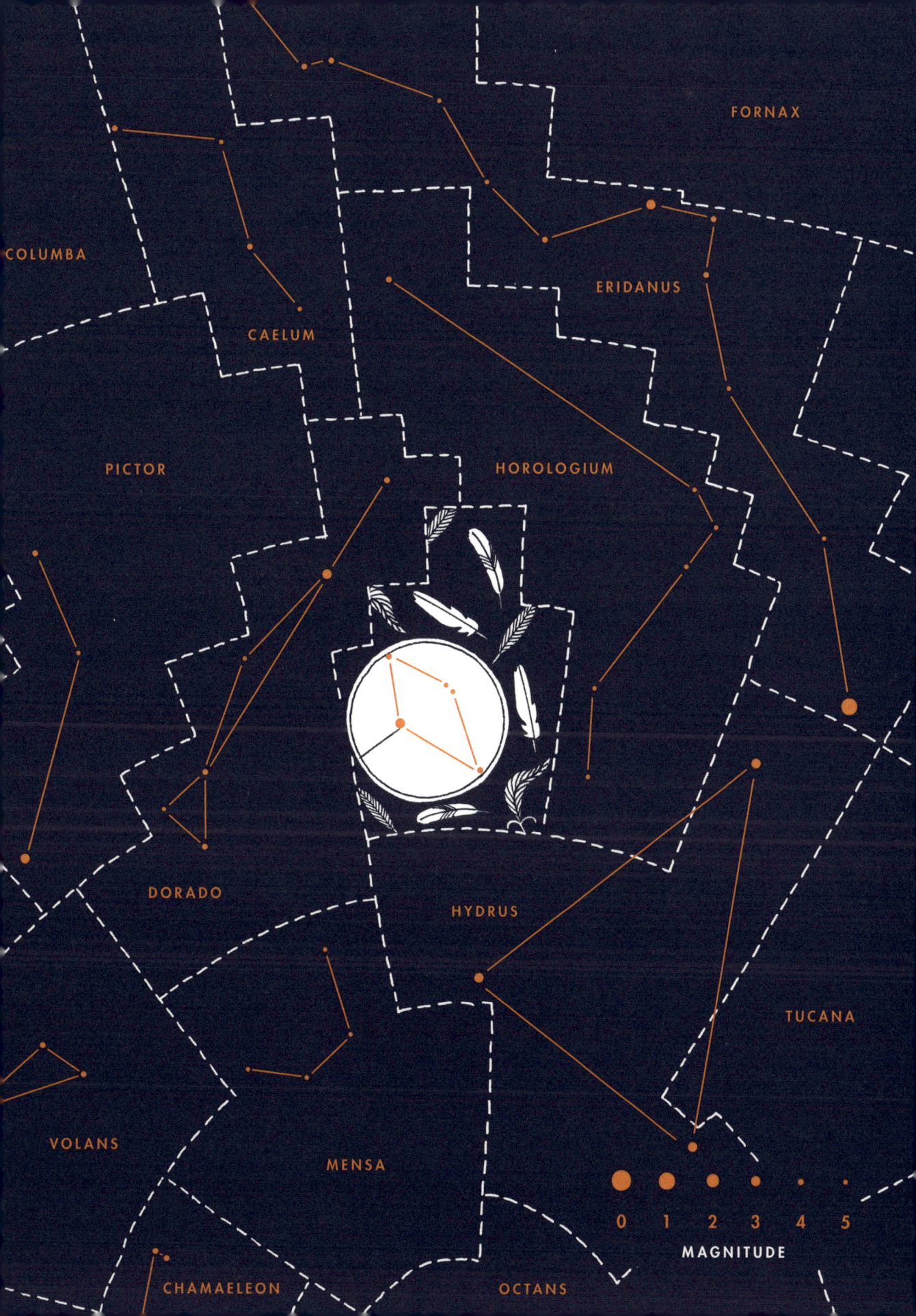

COLUMBA

FORNAX

CAELUM

ERIDANUS

PICTOR

HOROLOGIUM

DORADO

HYDRUS

TUCANA

VOLANS

MENSA

CHAMAELEON

OCTANS

0 1 2 3 4 5

MAGNITUDE

SAGITTA

SGE/SAGITTAE, PFEIL

PLATZ IN DER GRÖSSENORDNUNG: **86**
ASTERISMEN: **KEINE**

IN DEN GESCHICHTEN am Himmel wimmelt es nur so von Pfeilen. Aus welcher Richtung kommt also dieser hier geflogen? Mhm, das hängt ganz davon ab, wer guckt.

Gehörte der Pfeil dem legendären Helden **Herakles**? (O Herakles, Hercules, ihr sagt Erdapfel, wir sagen Kartoffel, auch die Griechen und die Römer hatten sprachlich schon so ihre Differenzen.) Vielleicht war es der, mit dem er den Adler Aquila niederstreckte, der von **Zeus** geschickt worden war, um an den Innereien des **Prometheus** zu picken. Vielleicht handelt es sich aber auch um einen der Pfeile, mit denen **Apollon** die **Zyklopen** erlegte, um sie dafür zu bestrafen, dass sie in ihren Waffenschmieden die Blitze hergestellt hatten, die seinen Sohn **Asklepios** töteten. Möglicherweise haben wir es sogar mit einem von **Eros'** Wurfgeschossen zu tun, die so tief in Zeus' Herz eingedrungen waren, dass er sich heillos in den attraktiven Schäfer **Ganymed** verliebte. Doch Ganymeds wird bereits im Sternbild Aquarius gedacht, Asklepios' in Ophiuchus; und über Prometheus hat Ihnen der Adler Aquila schon alles erzählt. Hören wir also eine Geschichte, die wir noch nicht kennen. Und die dreht sich dann doch wieder um Herakles.

Stellen Sie sich einen Verband zahlloser metallener Vögel vor – Flügel, Füße, Krallen und Schnäbel: alles aus Bronze –, die sich so vermehrt haben, dass sie das faulige Sumpfgelände, das ihren Lebensraum darstellt, nunmehr lückenlos bevölkern. Und was noch schlimmer ist: Die Spitzen ihrer metallenen Federn sind voller Gift, das bei Berührung unerträgliche Schmerzen hervorruft; und zu allem Überfluss ernähren sie sich von Menschenfleisch. All das erwartete unseren Helden, als er am Ufer des Stymphalischen Sees eintraf. Nun, er wusste, dass es für diese Vögel, die aussahen wie Ibisse und die Größe von Kranichen hatten, ein Leichtes war, Metallschilder und Brustharnische zu zerstören; dass sie in der Arabischen Wüste, wo sie sich auch verbreiteten, mehr gefürchtet waren als Leoparden, weil sie sich auf Reisende stürzten, um sie mit ihren Federn zu durchbohren und dadurch umzubringen, wusste er ebenfalls. Man tritt Herakles also keinesfalls zu nahe, wenn man sagt, dass er mehr als ein wenig Angst empfand.

Dankenswerterweise kam ihm die Göttin **Athene** zu Hilfe. Um ihn im Kampf gegen die bronzenen Vögel zu unterstützen, gab sie ihm eine bronzene Klapper, die übrigens in der Schmiede von **Hephaistos**, dem Gott des Feuers und der Metallkünste, entstanden war und mit der er die geflügelten Ungeheuer, die als sehr schreckhaft galten, aufscheuchen konnte. Und tatsächlich klapperte Herakles so laut, dass der gesamte abscheuliche Verband panisch gen Himmel flatterte. Unser Held schickte den Biestern seine Pfeile hinterher und erwischte einen der Stymphalischen Vögel mit solcher Wucht, dass er in seine giftigen Einzelteile zerlegt wurde. Das astrale Projektil zwischen den himmlischen Vögeln Cygnus und Aquila wird bis in alle Ewigkeiten an diese schauerliche Szene erinnern.

CYGNUS

LYRA

VULPECULA

HERCULES

DELPHINUS

AQUILA

OPHIUCHUS
& SERPENS

UARIUS

0   1   2   3   4   5

MAGNITUDE

SAGITTARIUS
SGR/SAGITTARII, SCHÜTZE

PLATZ IN DER GRÖSSENORDNUNG: **15**
ASTERISMUS: **MILCHKELLE**

WOLLTEN SIE einen Pfeil direkt ins Zentrum der Milchstraße schießen, würden Sie auf einen Punkt ganz am Rand dieses Sternbildes zielen – direkt an der Grenze zu Scorpius, ganz nahe bei γ Sagittarii. Würden Sie dann Ihren Bogen so weit spannen, dass das Projektil, das Sie abschießen wollen, eine Entfernung von 26 000 Lichtjahren überwinden kann, würden Sie unvermeidlich Sagittarius A* treffen, das supermassenreiche Schwarze Loch im Epizentrum unserer Galaxis, die Staub und Gase verzehrende Quelle von Radiowellen, die als der gravitative Anker der Milchstraße fungiert, ihr galaktisches Fadenkreuz.

Schneller, als Sie »Raum-Zeit-Kontinuum« sagen könnten – dieses Schwarze Loch verspeist ganze Sterne zu Mittag –, würde Ihr Pfeil in einem Nichts von circa vier Sonnenmassen verschwinden. Und wer weiß, welches Narnia ihn dort erwartet?

Kann gut sein, dass Herr Tumnus Lucy zum Tee geladen hat; vielleicht brennt in seiner Höhle sogar ein Feuer, und es gibt Sardinen auf Toast sowie Kuchen. Denn Sagittarius ist auch als Teekanne bekannt; den Dampf der Milchstraße, der aus ihrer Tülle aufsteigt, können Sie selbst sehen, wenn Sie Glück haben; so auch die Milchkelle, die sich aus den Sternen Lambda, Phi, Sigma, Tau und Zeta Sagittarii zusammensetzt. Außerdem handelt es sich bei Herrn Tumnus um einen Faun, was zwar nicht ganz dasselbe ist wie ein Satyr (beide sind halb Mensch, halb Ziege, aber Faune haben das Gesicht eines Menschen), der wiederum nicht vollkommen identisch ist mit einem Zentaur (beide haben Schwänze, die dem eines Pferdes ähneln, Zentauren verwenden aber keinen Bogen), trotzdem ist er alles in allem ein Nachfolger **Pans**, ein Waldbewohner und genau die Art von Geschöpf, die bereits die Sumerer am Himmel zu sehen meinten.

Der galaktische Ziegengott der Griechen war Krotos, ein verspielter Satyr, der sowohl das Bogenschießen erfand als auch den Beifall. Seine Mutter war die Nymphe Eupheme. Und da diese als Amme der neun Musen fungierte, zog sie Krotos an der Seite ihrer göttlichen Schutzbefohlenen groß, und die ganze Kinderschar tobte fröhlich auf dem Helikon herum. Die Musen sangen, während Euphemes Sohn auf einem Baumstamm saß und lauschte. Als sie fertig waren, schlug er seine Hände aneinander, immer und immer wieder, immer schneller, immer begeisterter, und das dabei entstehende Geräusch entzückte die neun jungen Mädchen. Als ihr Spielkamerad starb, baten die Musen Zeus, ihn in den Himmel zu versetzen. Papa war einverstanden, ja mehr noch: Um seinen Töchtern eine besondere Freude zu machen, verewigte er sogar Krotos' Blütenkranz (der ihm zu Lebzeiten beim Spielen immer vom Kopf gefallen war) zu Füßen des Schützen in jenem Bogen von Sternen, der als Corona Australis bekannt ist – die »Südliche Krone«.

Und da ist er nun, der Schütze: Auf den Skorpion neben ihm zielend, lässt er seinen Pfeil in den Staub und das Gas des Weltraums fliegen.

AQUILA

SCUTUM

OPHIUCHUS
& SERPENS

RICORNUS

SCORPIUS

CORONA AUSTRALIS

DUS

TELESCOPIUM

0 1 2 3 4 5

MAGNITUDE

SCORPIUS
SCO/SCORPII, SKORPION

PLATZ IN DER GRÖSSENORDNUNG: **33**
ASTERISMUS: **ANGELHAKEN**

DA WIR KEINESWEGS alle dasselbe sehen, wenn wir in den Nachthimmel schauen, ist es auch gar nicht merkwürdig, dass die Menschen unterschiedliche Bilder von den Göttern haben. Auf der nördlichen Erdhalbkugel wurde Scorpius, der Vorbote des Winters und der Dunkelheit, schon immer mit dem Bösen assoziiert; je weiter südlich Sie dagegen reisen – und je heller dieses Sternbild damit wirkt –, desto mehr schwindet seine Niedertracht. Während die Sumerer die Himmelskörper, aus denen sich dieses Sternbild zusammensetzt, als Girtab kannten, einen giftigen Skorpion, und die Ägypter eine Schlange wahrnahmen, sahen die Bacairis, ein indigenes Volk im südlichen Brasilien, darin eine Mutter, die ihr Baby auf dem Rücken trägt. Was dem einen Schwanz und Stachel sind, kann dem anderen durchaus ein Babytuch sein.

Die Lucida – der hellste Stern – im Zentrum von Scorpius und deshalb mitunter auch Cor Scorpii (Herz des Skorpions) genannt – ist α Scorpii, ein leuchtend Roter Überriese, dessen Durchmesser 400 Mal größer ist als die Sonne. Für das Volk der Tuhoe auf der Nordinsel Neuseelands handelt es sich hierbei um Rehua, den mächtigsten aller Sterne: eine im Himmel beheimatete Gottheit, die Kranke heilen und den Blinden das Augenlicht zurückgeben kann. Westliche Astronomen nennen diesen Stern Antares, und selbst auf ein und derselben Erdhalbkugel besteht keine Einigkeit, was diesen Namen betrifft. Er setzt sich aus den griechischen Wörtern *anti* und *ares* zusammen, und die einen schließen daraus, er bedeute »Rivale des Ares«, die anderen »Äquivalent von Ares«. Doch von dieser sprachlichen Zweideutigkeit mal abgesehen ist bekannt, dass **Ares** der griechische Kriegsgott ist und Mars sein römisches Gegenstück. Sicher ist, dass dieser feurige Stern genauso kampfeslustig funkelt wie der Rote Planet.

Die Geschichte, die sich die Maori über diese Sterne erzählen, kommt mit weniger Gewalt aus – weit und breit gibt es darin keinen Stachel. Der raffinierte Halbgott Maui, ein Abkömmling Rehuas, fuhr mit dem Kieferknochen seiner Ahnfrau Muri-ranga-whenua zum Fischen aufs Meer raus. Als Köder nahm er Blut, das aus seiner Nase getropft war. Plötzlich spürte er etwas Schweres an seiner Angel. Er zog und zog und hievte schließlich einen riesengroßen inselförmigen Fisch aus der Tiefe. Während er ging, um den weisen Mann zu suchen und ihn zu fragen, welche Zeremonien jetzt angeraten waren, ließ er seinen Fang in der Obhut seiner Stammesbrüder und -schwestern. Doch als er zurückkehrte, hatten die Leute bereits begonnen, die Fisch-Insel zu zerteilen, um sich an ihr gütlich zu tun. So zerklüftet war sie schon, dass Maui sie kaum mehr wiedererkannte: Der Küstensaum war wild gezackt und der Fischkörper voller Klippen, Berge und Täler. Dann plötzlich riss er mit solcher Wucht entzwei, dass Mauis Angelhaken bis zu den Sternen hochgeschleudert wurde, und sein großer Fang teilte sich in die zwei Inseln, die heute als Nord- und Südinsel Neuseelands bekannt sind.

LIBRA

OPHIUCHUS
& SERPENS

SAGITTARIUS

LUPUS

CORONA AUSTRALIS

ARA

NORMA

TELESCOPIUM

0 1 2 3 4 5

MAGNITUDE

SCULPTOR
SCL/SCULPTORIS, BILDHAUER

PLATZ IN DER GRÖSSENORDNUNG: **36**
ASTERISMEN: **KEINE**

GENAU WIE SEINE griechischen Vorgänger betrachtete auch der französische Astronom **Nicolas Louis de Lacaille** Kunst als Wissenschaft. Neben den bedeutenden Gerätschaften der Chemie, Physik, Mathematik und Astronomie, denen zu Ehren er ihr Abbild in den Himmel projizierte, setzte er dort auch dem Maler (Pictor), dem Grabstichel (Caelum) und eben der Werkstatt des Bildhauers ein Denkmal.

Nur dass bedauerlicherweise einiges vom ursprünglichen Block dieses Sternbildes abgehauen wurde, seit Lacaille sein *L'atelier du sculpteur* (»Bildhauerwerkstatt«) schuf. Während auf Lacailles Planisphäre 1756 noch ein höchst detailliertes Bild zu sehen war – lorbeerbekränzte Büste auf gediegenem Tischstativ, zwei Meißel und auf einem Marmorblock daneben ein Bildhauerklüpfel –, vereinfachte **Johann Bode** später die Szenerie. Für seine *Uranographia* aus dem Jahr 1801 schlug er den Lorbeerkranz sowie den Marmorblock ab – wobei man ihm allerdings zugestehen muss, dass er die Büste originalgetreu wiedergab. Sogar der Name dieses Sternbildes wurde nach altem Vorbild in *Apparatus Sculptoris* umgeändert, bevor der britische Astronom John Herschel schließlich auch davon noch die Hälfte abhackte, sodass nur noch der Bildhauer blieb: Sculptor.

Was mir aber wunderbar nostalgisch anmutet, ist, dass sich Lacaille so bemüht hat, den Künstler am Himmel auf dieselbe Stufe zu stellen wie den Naturwissenschaftler. Er war in eine Revolution hineingeboren worden, die die Welt bald in einen Ort des Empirismus, der Rationalität und des Fortschritts verwandeln sollte. An dem der kühle Forschungsdrang aber auch schnell begann, das urwüchsige, emotionale, nicht beweisbare Reich der Kunst zu überlagern und zu bevormunden. Einen Ort, an dem die Möglichkeit, auch noch den letzten Stern zu zählen und zu benennen, den Himmel seiner Mysterien zu berauben drohte.

Trotz Lacailles astraler Bevorzugung wissenschaftlicher Apparate ist es deshalb doch herzerfrischend, sich vor Augen zu führen, dass auch er selbst – wie alle Astronomen vor und nach ihm – ein Künstler war: Aus sonst beliebigen Ansammlungen von Sternen meißelte er strahlende Bilder und gab so den Geschichten, die uns das Firmament erzählt, Form und Bedeutung.

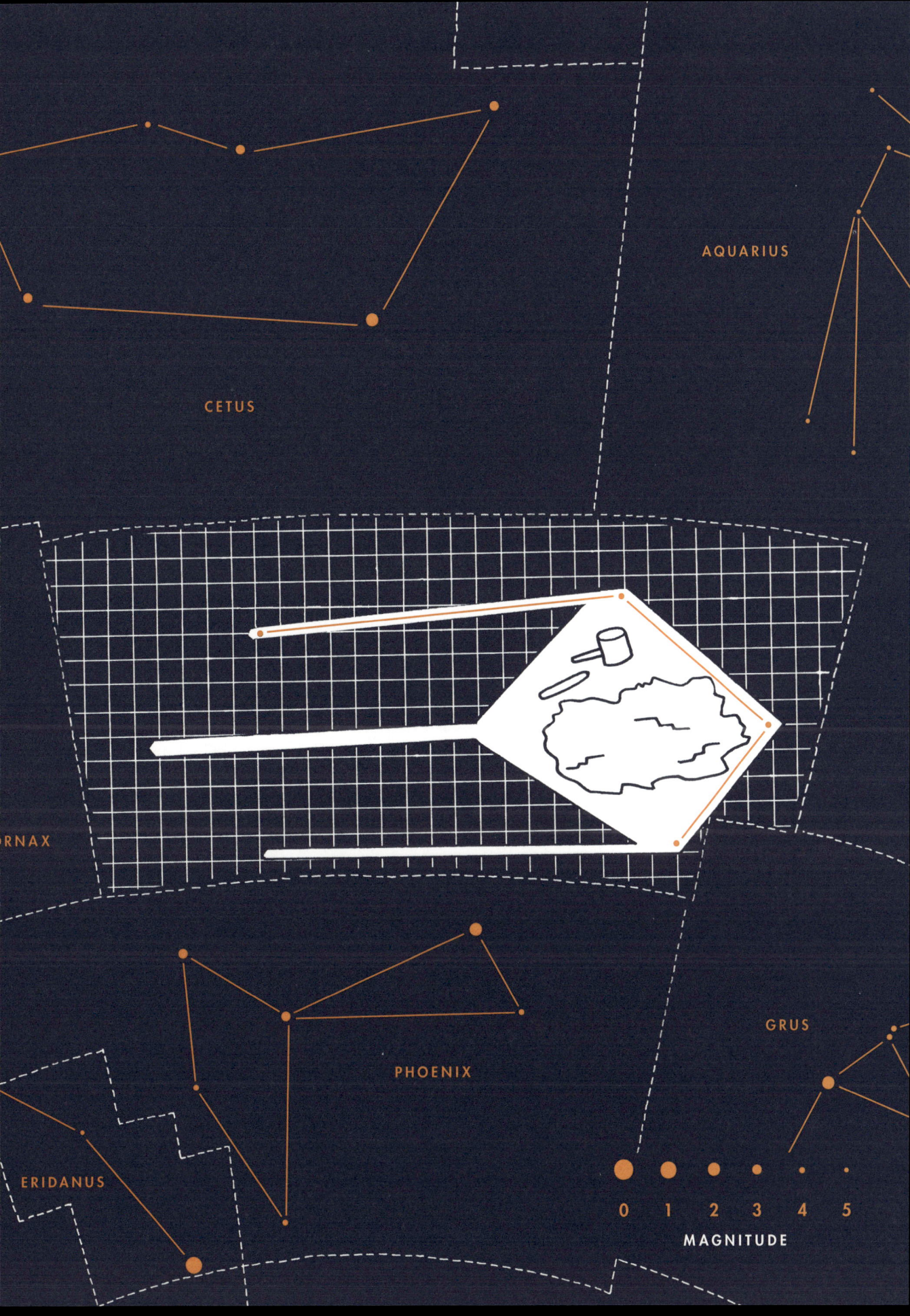

SCUTUM
SCT/SCUTI, SCHILD

PLATZ IN DER GRÖSSENORDNUNG: **84**
ASTERISMEN: **KEINE**

ICH BIN EINFACH nicht mehr der Alte. **Johannes Hevelius** quälte sich mit Selbstvorwürfen, als die Pferdekutsche Danzig durch das Stadttor verließ. Mit einer mörderischen Arbeitsmoral, die religiösem Eifer in nichts nachstand, hatte er sich durch sein bisheriges Leben gepeitscht. Obwohl er sich gezwungen sah, die familieneigene Brauerei weiterzuführen, und er seiner Stadt unermüdlich als Ratsherr und später auch Bürgermeister diente, hatte er eigene astronomische Instrumente hergestellt, sogar das Glas für die Teleskope selbst geschliffen, und trotzdem noch die Zeit gefunden, die beste Sternwarte der Welt zu erschaffen – oben auf seinem eigenen Haus. Allmählich aber machten sich seine achtundsechzig Lebensjahre doch bemerkbar. Mitten in der Nacht war er von einer unbekannten Angst aus dem Schlaf gerissen worden. Und jetzt verließen sie Danzig, um in ihr Landhaus zu fahren – damit er sich erholen konnte! Der Frust stand Johannes bis oben hin. Gut nur, dass **Elisabetha** seinen Blick nicht suchte.

Seine junge Frau schaute aus dem Fenster. Es war ein sternenklarer Septemberabend. Sie bedauerte, nicht im Observatorium sein zu können, doch ihr geschultes Auge rasterte den Himmel und verharrte auf einem dunklen Fleck, um darin blass schimmernde Sterne auszumachen. (1690, also elf Jahre später, sollte sie der Welt im Zuge der Veröffentlichung des Himmelsatlas ihres verstorbenen Mannes dieses Sternbild unter dem Namen Vulpecula präsentieren.) Als sie am Ziel der kurzen Reise angekommen waren, herrschte Südwind, und der Himmel hatte sich zugezogen. Die Eheleute schickten den Kutscher heim und gingen gleich darauf ins Bett.

Als der Kutscher kurz vor Toresschluss wieder in Danzig eintraf, schliefen sie bereits. Auch als er die Pferde in den Stall brachte, schliefen sie. Und sie schliefen immer noch, als der Kutscher – aus Versehen oder absichtlich (wie Hevelius vermutete) – eine brennende Kerze im Stall stehen ließ, die ihn in Brand setzte. Die Flammen fraßen sich durch Stroh und Holz, verzehrten die Pferde bei lebendigem Leib und griffen schließlich auch auf das angrenzende Wohnhaus über. Angefacht durch den heftigen Südwind, zerstörte das Feuer Johannes' und Elisabethas Heim, vernichtete fast alle astronomischen Instrumente, Manuskripte, Bücher und Einrichtungsgegenstände. Trotz der Bemühungen wachsamer Nachbarn, die so viel wie möglich aus den Fenstern geworfen hatten, um zu retten, was zu retten war (so etwa einige astronomische Lehrbücher), wurde das meiste von Hevelius' Lebenswerk ein Opfer der Flammen. Vor allem aber sein gesamtes Observatorium.

Als es dem seiner Besitztümer beraubten Astronomen aufgrund der Unterstützung Johanns III. Sobieski gelang, sein weltberühmtes Observatorium im alten Glanz wiederaufzubauen, sah er nur eine Möglichkeit, dem polnischen König zu danken: 1684 versetzte Hevelius Scutum in den Himmel, »Sobieskis Schild«.

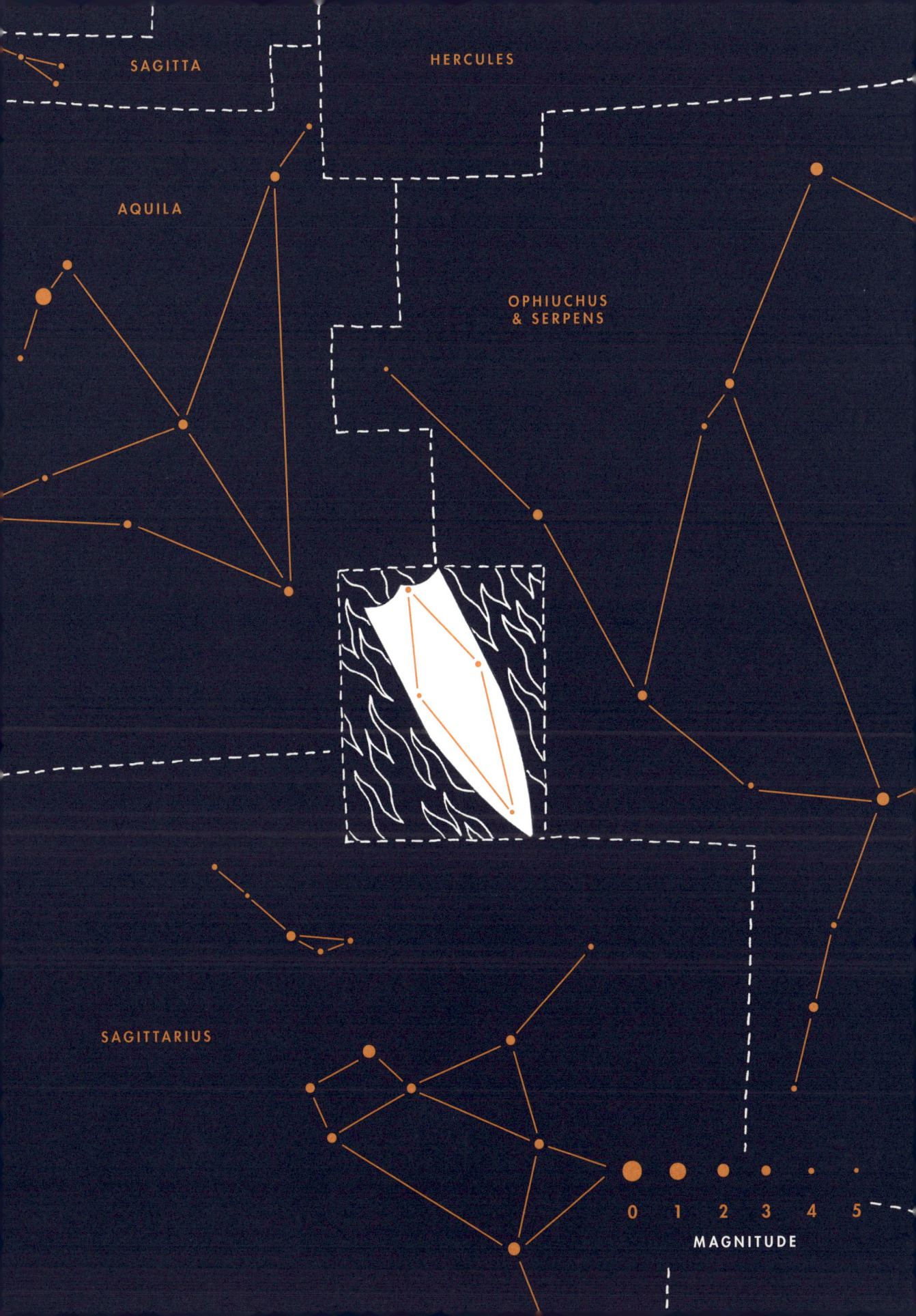

SAGITTA

HERCULES

AQUILA

OPHIUCHUS
& SERPENS

SAGITTARIUS

0   1   2   3   4   5

MAGNITUDE

SEXTANS

SEX/SEXTANTIS, SEXTANT

PLATZ IN DER GRÖSSENORDNUNG: **47**
ASTERISMEN: **KEINE**

SECHS ERHELLENDE FAKTEN
ÜBER DEN SEXTANTEN AM HIMMEL

1 Nicht identisch mit dem nautischen Sextanten, mit dessen Hilfe man die Winkelverhältnisse zwischen Himmelskörpern und Horizont bestimmen kann. Dieser hier vermisst dagegen Sternenpositionen. Beide Sextanten arbeiten jedoch mit 60°-Winkeln, also Sechsteln (lat.: »sextans«) des Kreises.

2 Auch nicht dasselbe wie ein Sexton. Das war eine britische Selbstfahrlafette im Zweiten Weltkrieg.

3 Drei der Himmelskörper in diesem Bild stellen in der chinesischen Astronomie die Konstellation Tiānxiàng, den Himmlischen Premierminister, dar.

4 Der Sextant gedenkt des Messinginstruments, das sich im Besitz **Johannes Hevelius'** befand – der auch der Schöpfer dieses Sternbildes war –, bis es 1679 beim Brand seines berühmten Danziger Observatoriums zerstört wurde. (Es gibt einen sehr anrührenden Kupferstich, auf dem Hevelius und seine Frau **Elisabetha** gemeinsam mit dem Gerät arbeiten.)

5 *Kein* Denkmal setzt dieses Sternbild dem in der Breite 36 Meter messenden Sextanten, den der Timuriden-Fürst und Astronom Ulugh Beg für sein Observatorium in Samarkand, Usbekistan, konstruierte. In den Zwanzigerjahren des 15. Jahrhunderts errichtet, wurde es 1449 zerstört und – obwohl es zu den größten Observatorien der islamischen Welt gehörte – erst 1908 wiederentdeckt und ausgegraben.

6 Ursprünglich hieß dieses Sternbild Sextans Uraniae, also »Sextant der **Urania**« – nach der griechischen Muse der Astronomie.

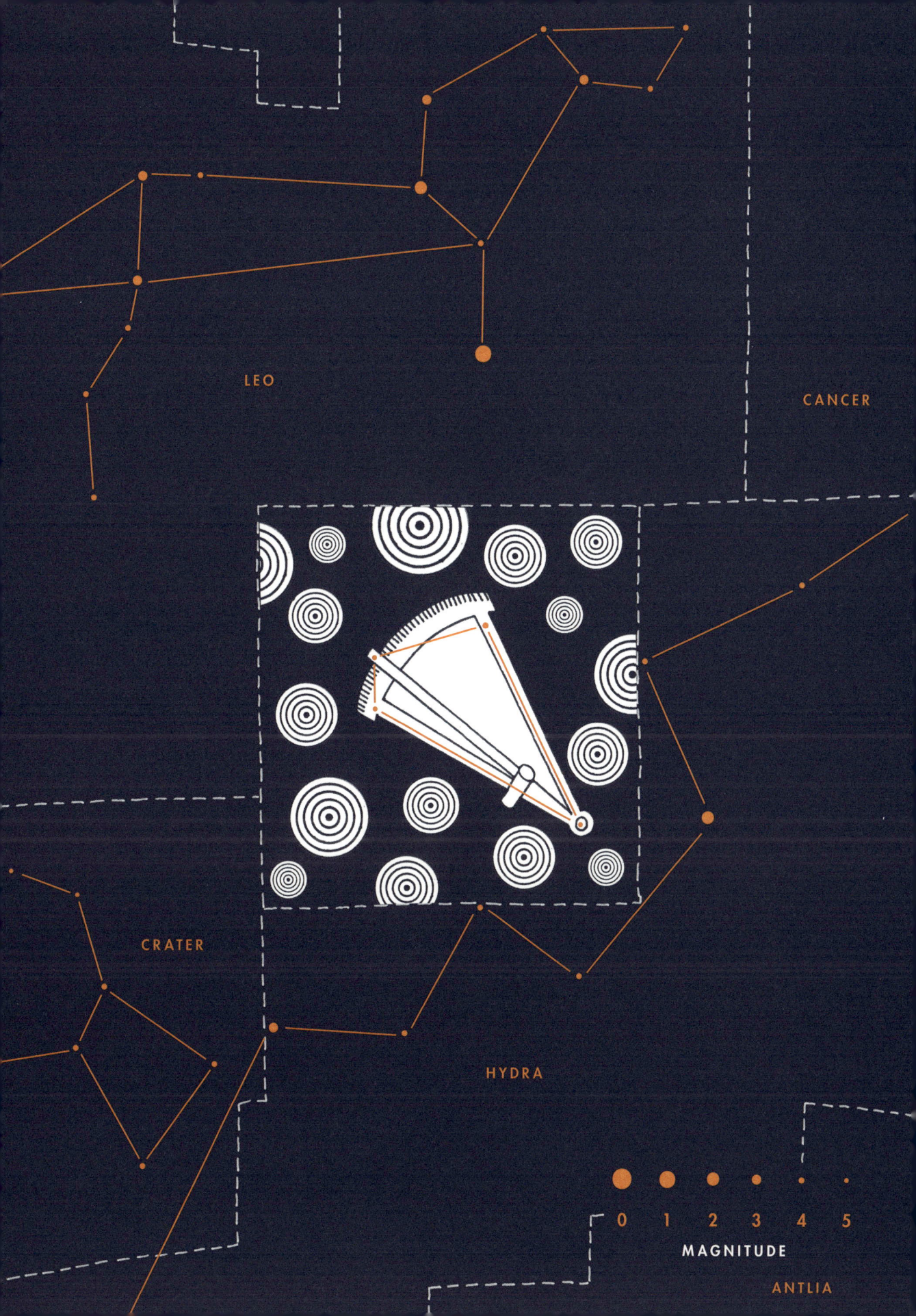

LEO

CANCER

CRATER

HYDRA

MAGNITUDE
0 1 2 3 4 5

ANTLIA

TAURUS
TAU/TAURI, STIER

PLATZ IN DER GRÖSSENORDNUNG: **17**
ASTERISMEN: **HIMMLISCHES G, HYADEN, PLEJADEN,
V, WINTERSECHSECK, WINTEROVAL**

UM DIE LEUCHTEND gestirnten Hörner von Taurus ranken sich zwei Legenden von Lust und Leidenschaft. Und in beiden spielt der liebestolle **Zeus** die Hauptrolle.

Die erste Legende ist die von **Io**, auch so ein göttlicher Seitensprung mit zweifelhaftem Ausgang. Sie fing an wie so ziemlich alle: Es war einmal ein schönes Mädchen. Zeus verliebte sich in die unschuldige Maid und entzückte sie (ein Euphemismus für Vergewaltigung, der den Autoren der Antike offenbar besonders zusagte). Als **Hera** ihn zur Rede stellte, log er frech: »Ich habe das Mädchen nie auch nur angerührt.« In die Augen schauen konnte er seiner Gattin dabei freilich nicht. In der Hoffnung, Io, die ihm immer noch am Herzen lag, vor eifersüchtigen Nachstellungen beschützen zu können, verwandelte er sie in eine Kuh. Doch Hera, welche die junge Kuh für sich beanspruchte, schickte den hundertäugigen **Argus** aus, sie zu bewachen. Nun wäre Zeus nicht Zeus gewesen, hätte er es dabei bewenden lassen. Also beauftragte er **Hermes**, die Kuh zurückzuholen. Mit süßem Flötenklang versetzte der Götterbote Argus in den Tiefschlaf, schlug ihm dann den Kopf ab und befreite die arme muhende Io. Aus Rache schickte Hera ihr eine Rinderdassel hinterher, eine Bremse, die sie auf Schritt und Tritt verfolgte, umschwirrte, biss und quälte. Und all die vielen Augen, die Argus besessen hatte, sind seither auf den Federn der Pfauen zu sehen, Hera sei Dank.

Die zweite Legende ist die vom Raub der **Europa**, eine Rindergeschichte mit umgekehrten Vorzeichen, wenn man so will. Denn wenn Zeus seine Geliebten gerade einmal nicht in Kühe verwandelte, trat er selbst als Bulle auf. Auch Europa war so ein niedliches junges Ding, die Tochter des phönizischen Königs Agenor. Lüstern schaute Zeus der Prinzessin von oben zu – aber vielleicht meinte er es in diesem Fall ja sogar ernst –, als sie mit Freundinnen am Strand spielte und ihre zarten Fußknöchel in der Gischt des Meeres aufblitzen ließ. Mithilfe seines gewieften Sohnes Hermes entwarf er einen weiteren listenreichen Schlachtplan. König Agenor besaß eine Herde feinster Rinder. Hermes trieb sie von den Bergwiesen hinab an die Küste, und unterwegs reihte Zeus sich ein. Als Europa den Kopf vom Meer abwandte, bemerkte sie einen herrlichen weißen Bullen, der sie aus dicht bewimperten samtbraunen Augen anschmachtete. Sie streichelte ihn, ließ sich von ihm die Hand lecken und legte Blumen um seine Hörner, bevor sie auf seinen Rücken kletterte und sich direkt ans Wasser tragen ließ. Doch der Bulle Zeus blieb dort nicht stehen. Vielmehr schwamm er mit Europa ins offene Meer hinaus. Ihre Freundinnen waren wie gelähmt vor Entsetzen, während das Rind am Horizont Richtung Kreta verschwand, mit der Prinzessin auf dem Rücken. Bald zeugte von ihm nur noch eine Spur aus Blumen, die auf den Wellen tanzten.

TELESCOPIUM
TEL/TELESCOPII, TELESKOP

PLATZ IN DER GRÖSSENORDNUNG: *57*
ASTERISMEN: **KEINE**

ES IST wahnsinnig kalt, und ich stehe hier schon seit Ewigkeiten. Obwohl es mein Geschenk ist – von dir an mich –, hast du es längst in Beschlag genommen.

»Warte mal. Ich glaub, jetzt hab ich's. Es ist vermutlich genau andersrum. Dieses Teil hier gehört da hin.«

Wieder fummelst du an einer der Linsen herum, schraubst etwas ab und befestigst an der Stelle irgendein Stück Plastik. Ich verlagere mein Gewicht auf den anderen Fuß, stecke die Hände tiefer in die Taschen. Erstaunlich, wie klar die Sterne heute zu sehen sind, im Osten dieser Stadt mit ihrer verschmutzten Luft an einem wolkenlosen Montagabend.

»Er ist immer noch vollkommen unscharf.«

Jetzt wirst du grantig. Anders als vor zehn Minuten noch versuche ich diesmal nicht, dich aufzumuntern.

Als **Galileis** Zeitgenossen zum ersten Mal durch sein Teleskop geschaut haben, behaupteten viele, sie hätten überhaupt nichts gesehen. Was vielleicht sogar stimmte. Vielleicht opponierte der Klerus gar nicht deshalb gegen das wackelige Instrument mit der Tunneloptik (selbst das, was du da gerade zusammenzubauen versuchst, ist ausgefeilter), weil es die revolutionären Thesen **Kopernikus'** und **Keplers** bestätigte und die Vormacht der Religion infrage stellte, sondern einfach, weil es in der Bedienung so umständlich war. Aber natürlich hatte nicht Galilei das Teleskop erfunden, nach dem **Lacaille** später das Sternbild benennen sollte. Diese Ehre gebührt dem deutsch-niederländischen Brillenmacher Hans Lipperhey, der im September 1608 bei den Generalstaaten in Den Haag das Patent auf eine Erfindung beantragte, mit der man »alle Dinge in weiter Entfernung sehen kann, als wären sie ganz in der Nähe«.

»Oh! Mein! Gott!«

Begeistert springst du auf und ab, stößt Freudenschreie aus. Dann endlich darf auch ich einen Blick hineinwerfen. Und da ist er. Der Mond.

Mit seinen zahllosen weißen und grauen Kratern bewegt sich der Mond so schnell, dass ich unmittelbar *beobachten* kann, wie er über die Linsen huscht, um sehr bald aus meinem Blickfeld zu verschwinden. Der Mond, der zwar schon von Menschen betreten wurde, auf den ich mir aber bis jetzt trotzdem nie einen Reim machen konnte. Die »helle Scheibe« des 2004 verstorbenen Dichters Michael Donaghy, »die in der schwarzen Lagune scheint, erkannt vom Astrophysiker und Liebenden«, an die ich nie so recht geglaubt habe und von deren Lauf um die Erde ich mich jetzt mit eigenen Augen überzeuge.

Du zeigst mir den Mond. In der Gegenwart. Und das ist kein Symbol, sondern der größtmögliche Liebesbeweis.

TRIANGULUM
TRI/TRIANGULI, DREIECK

PLATZ IN DER GRÖSSENORDNUNG: **78**
ASTERISMEN: **KEINE**

FÜR DIEJENIGEN UNTER uns, die in öden Prüfungssälen lange, erbärmliche Stunden ihrer wertvollen Lebenszeit über den mathematischen Eigenschaften gleichschenkliger Dreiecke gebrütet haben, wobei uns der Schweiß über die panisch verzerrten Brauen auf das schrecklich kleine Pult troff – das zu allem Überfluss meistens auch noch wackelte –, war das Ergebnis der Bemühungen, die Note, oft ein gefürchtetes Delta. Für die mathematisch begabten alten Griechen dagegen nur der vierte Buchstabe ihres Alphabets mit dem Zahlenwert vier und groß geschrieben ein gleichschenkliges Dreieck: Δ. (Das kleine Delta sieht aus wie eine nicht ganz fertig gewordene 8 oder auch unser kleines *d*, geschrieben allerdings von jemandem, der ein paar Gläser zu viel intus hatte: δ.) Seither bezeichnet dieses Delta so unterschiedliche Dinge wie wissenschaftliche Konzepte und Indie-Bands: Für Fans bestimmter Musik steht das Δ für die Gewinner des britischen Mercury Music Prize 2012, die Alternative-Pop-Gruppe Alt-J, die ihren Namen dem Umstand verdankt, dass man das Symbol auf Mac OS X mit dieser Tastenkombination erzeugt. Jazzmusiker dagegen denken beim Δ vermutlich eher an einen Dominantseptakkord.

Die Griechen leiteten ihr Δ von dem phönizischen Buchstaben *daleth* ab, der ebenfalls ein Dreieck darstellt, das sie drehten und wendeten und dessen Winkel sie in Operationen berechneten, die Ihnen wahrscheinlich den kalten Schauer über den Rücken jagen würden, müssten Sie sie nachvollziehen. Der griechische Universalgelehrte Eratosthenes hätte das Ergebnis dagegen wahrscheinlich auch gewusst, wenn man ihn mitten in der Nacht aus dem Schlaf gerissen hätte. Jener hellenische Mathematiker-Dichter-Musiker-Astronom, der die Geografie erfand und dem es als Erstem gelang, den Erdumfang sowie die Neigung ihrer Achse zu berechnen – und zwar mit bemerkenswerter Genauigkeit –, war es auch, der des Nachts seine Blicke zum Firmament richtete und entschied, dass die drei hell leuchtenden Himmelskörper, welche dieses Sternbild bilden, das in der Antike *Deltoton* genannt wurde, das Nil-Delta repräsentierte.

Die Römer assoziierten dieses Sternbild mit Sizilien, der dreiecksförmigen Insel, einst Trinacria genannt – schrieb jedenfalls ein mysteriöser Autor namens Hyginus. Ein Großteil unseres traditionellen Wissens über die Sterne stammt aus einem didaktischen Poem von ihm, dem *Poeticon astronomicon*, einem verzwickten Werk, das offiziell erstmals 1482 in Venedig veröffentlicht wurde. Obwohl reich an Himmelsgeschichten, ist das Latein, in dem es geschrieben wurde, so miserabel, dass einige Historiker vermuten, in Wahrheit handele es sich um die Notizen eines Schülers, der die Inhalte eines anderen Buches zusammengefasst habe. Wer auch immer dieser Hyginus gewesen sein mag, er verrät uns immerhin, dass die Römer in diesem Sternbild Sizilien wiedererkannten, die der Göttin Ceres geweihte Insel, auf der Pluto deren Tochter Proserpina entführte: eine teleologische Fabel, die darauf abzielte, den Lauf der Jahreszeiten zu erklären.

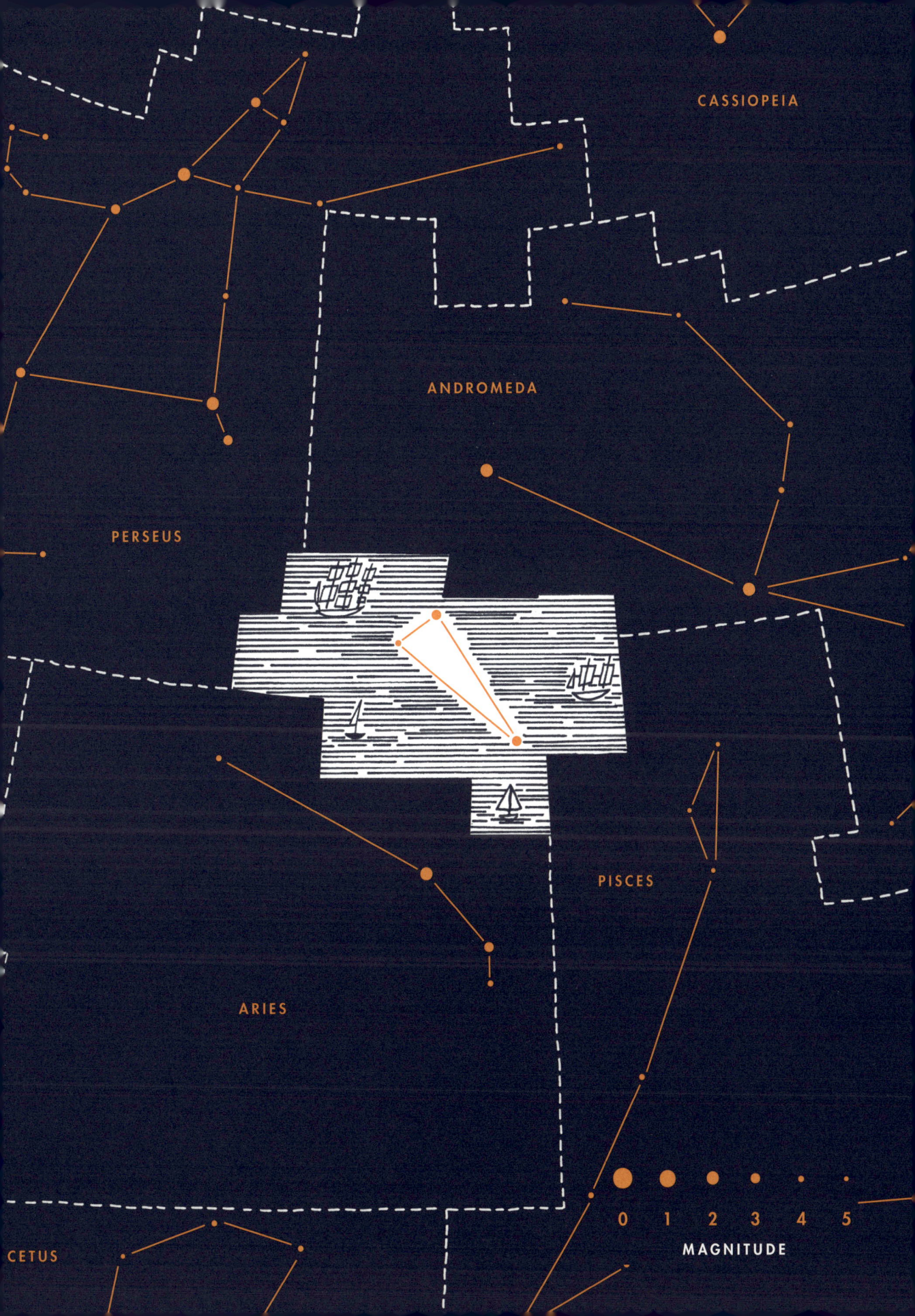

CASSIOPEIA

ANDROMEDA

PERSEUS

PISCES

ARIES

CETUS

MAGNITUDE

0 1 2 3 4 5

TRIANGULUM AUSTRALE
TRA/TRIANGULI AUSTRALIS, SÜDLICHES DREIECK

PLATZ IN DER GRÖSSENORDNUNG: **83**
ASTERISMUS: **DREI PATRIARCHEN**

IRGENDWELCHE ANSPIELUNGEN eines eventuellen Schuljungen auf *dieses* Dreieck sind mir nicht bekannt. Was ich aber weiß, ist, dass es neben Norma und Circinus zu den drei Bau- und Vermessungsinstrumenten am Südhimmel gehört. Doch während es sich bei diesen beiden um Konstrukte des französischen Astronomen **Lacaille** aus dem 18. Jahrhundert handelt, tauchte das Triangulum Australe bereits 1603 in einem Himmelsatlas auf – wobei der italienische Seefahrer Amerigo Vespucci es schon einhundert Jahre zuvor erwähnt hatte. Dennoch gelten im Allgemeinen die Navigatoren **Keyser** und **de Houtman** als offizielle Schöpfer dieses Sternbildes. Sie gaben die Ergebnisse der Beobachtungen, die sie auf ihren Expeditionen auf der Südhalb- kugel gemacht hatten, an den Astronomen **Petrus Plancius** weiter, dessen Himmelsglobus aus dem Jahr 1589 zu den Grundlagen des Sternatlas *Uranometria* von **Johann Bayer** gehörte.

Um die Sache noch etwas komplizierter zu gestalten, nannte Lacaille dieses Sternbild *le Tri- angle Austral ou le Niveau* (»Südliches Dreieck oder Wasserwaage«). Allerdings erklärt Ian Rid- path, der verehrungswürdige Astronom, ohne dessen Bücher ich heillos aufgeschmissen wäre: »Aufgrund eines Fehlers beim Lesen verlieh der Historiker R. H. Allen die Bezeichnung ›Wasser- waage‹ dem nahe gelegenen Sternbild Norma und nannte jenes andere Wasserwaage und Win- kelmaß (statt Lineal und Winkelmaß), wodurch er bei Generationen von Astronomen für Ver- wirrung sorgte.«

All diese Geschichten dürften allerdings für die Generationen von Seefahrern, die ihre Schiffe unter den drei glänzenden Eckpunkten dieses Dreiecks navigierten, keine Rolle gespielt haben. Nördlich der Tropen vollkommen unsichtbar, ist dieses strahlend leuchtende Sternbild in der südlichen Hemisphäre für die Orientierung am Himmel unverzichtbar – was natürlich vor allem für die Zeiten galt, in denen es noch kein Satellitennavigationssystem gab; oder wenigs- tens den Marinechronometer, der es den Seefahrern erlaubte, den Längengrad zu bestimmen, auf dem sie unterwegs waren. Kühne Entdecker neuer Kontinente orientierten sich genau wie die Zugvögel am Südlichen Dreieck, die unter seinem Einfluss ganze Erdteile überqueren. Und während die europäischen Seefahrer diese geballte Sternenkraft mithilfe ihrer Astrolabien und Oktanten nutzten, schipperten die indigenen Bewohner ebenjener Teile der Welt, die sie erobern wollten, ganz präzise dahin, ohne dafür irgendetwas anderes zur Verfügung zu haben als ihr Gedächtnis (man kann aber auch von Mnemotechnik sprechen). Denn in Polynesien wurde das alte navigatorische Wissen in Gesängen von einer Generation an die nächste weitergegeben, und so orientierten sie sich in ihren Booten am Auf- und Untergehen der Sterne wie denen, die das Südliche Dreieck bilden und deren Bewegungen den Menschen dort quasi in Fleisch und Blut übergegangen waren. Kein Wunder, dass die Zahl Drei fast überall als magisch gilt.

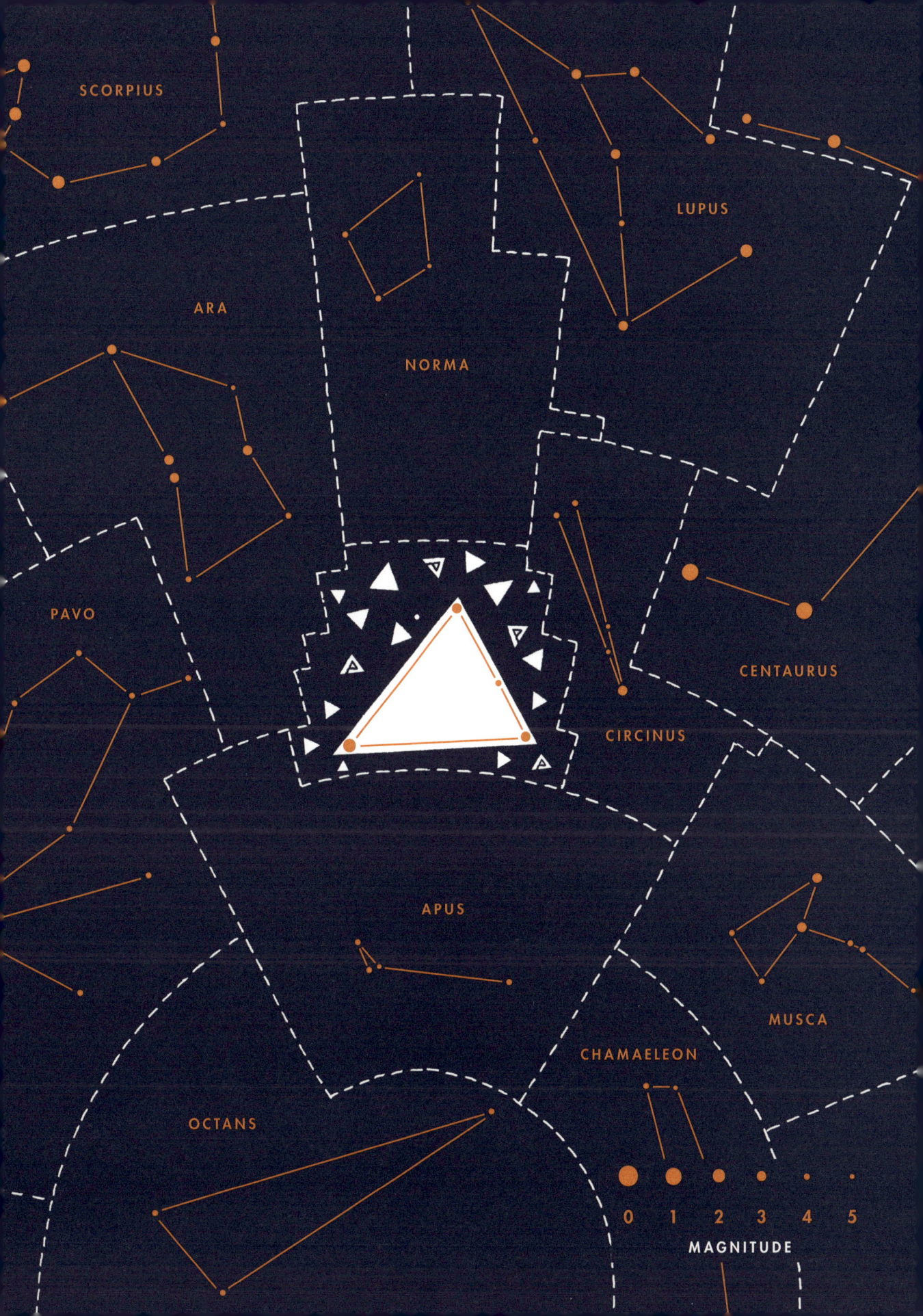

SCORPIUS

LUPUS

ARA

NORMA

PAVO

CENTAURUS

CIRCINUS

APUS

MUSCA

CHAMAELEON

OCTANS

0   1   2   3   4   5

MAGNITUDE

TUCANA

TUC/TUCANAE, TUKAN

PLATZ IN DER GRÖSSENORDNUNG: **48**
ASTERISMEN: **KEINE**

TAUSENDE VON JAHREN hatte das Volk der Tupi in Brasilien mit diesem tropischen Vogel gelebt, bevor die portugiesischen Entdecker ihn zum ersten Mal zu Gesicht bekamen, als sie den Fuß in eine fremdartige neue Welt setzten. Beim Anblick des geflügelten Wesens mit dem quietschbunten Schnabel, das die Tupi *tukana* nannten, bekamen sie vor Erstaunen kaum mehr den Mund zu. Und auch schon lange bevor die unerschrockenen niederländischen Seefahrer **Pieter Dirkszoon Keyser** und **Frederick de Houtman** dieses Sternbild Ende des 16. Jahrhunderts offiziell einführten, hatten die Menschen dort ihren Kindern Geschichten über die Himmelskörper erzählt. Es war allerdings unser plattfüßiger Astronom **Petrus Plancius**, der entschied, den Vogel und die Sterne zusammenzubringen, und der dem Sternbild auch seinen Namen gab.

Deshalb gibt es keine Legenden um ein freundliches Tukanweibchen, das sein Junges zu dessen Schutz im Schnabel trägt, die die Verewigung dieses Vogels am Himmel erklären könnten. Und es gibt auch keine Schauergeschichte, in der ein Junge die Nase in ein Tukannest steckt – sie nisten in den Hohlräumen von Bäumen – und diesen Übergriff mit dem Leben büßen muss. Allerdings sind in den Tiefen des Sternbildes Tucana, Lichtjahre von der Erde entfernt, zwei der berühmtesten Deep-Sky-Objekte des Weltraums verborgen – die Kleine Magellansche Wolke und der Kugelsternhaufen 47 Tucanae –, und mit dem Mann, dessen Namen das erste der beiden trägt, verbindet sich durchaus eine schauerliche Geschichte.

1480 geboren, verlor **Ferdinand Magellan** bereits mit zehn Jahren beide Elternteile. Dennoch war dieser portugiesische Entdecker ein unerschrockener Navigator, der sich vom Duft der Gewürzinseln angezogen fühlte und im Versuch, eine westliche Route zu diesen Gewinn versprechenden Eilanden zu finden – den Molukken im heutigen Indonesien –, die Expedition zusammenstellte, die 1522 die erste Weltumsegelung vollendete. Als erster Europäer äußerte sich Magellan in einem Brief über einen verschwommenen Lichtfleck am Südhimmel, im Durchmesser ungefähr vier Mal so groß wie der Vollmond, der aussieht, als sei er ein Stück, das von der Milchstraße abgebrochen ist, der aber in Wirklichkeit eine Zwerggalaxie voller Strahlung, Sternenwinden und Haufen strahlender neuer Sterne darstellt. Leider war es Ferdinand Magellan nicht mehr beschieden, die Heimkehr der Expedition mitzuerleben. Die Portugiesen hatten bislang alle indigenen Stämme kolonialisiert und zum Christentum bekehrt, denen sie über den Weg gelaufen waren. Lapu-Lapu jedoch, der Häuptling der heutigen zu den Philippinen gehörenden Insel Mactan, wollte sich nicht so leicht erobern lassen, sondern wehrten sich gegen die Eroberer. Magellan selbst wurde von einem Bambusspeer getroffen und als der Rest der Besatzungen geschlagen und verzweifelt zu ihren Schiffen zurückkehrten, sah ihnen ihr Kapitän traurig nach, während er Menschen, Entermessern und blankem Zorn zum Opfer fiel.

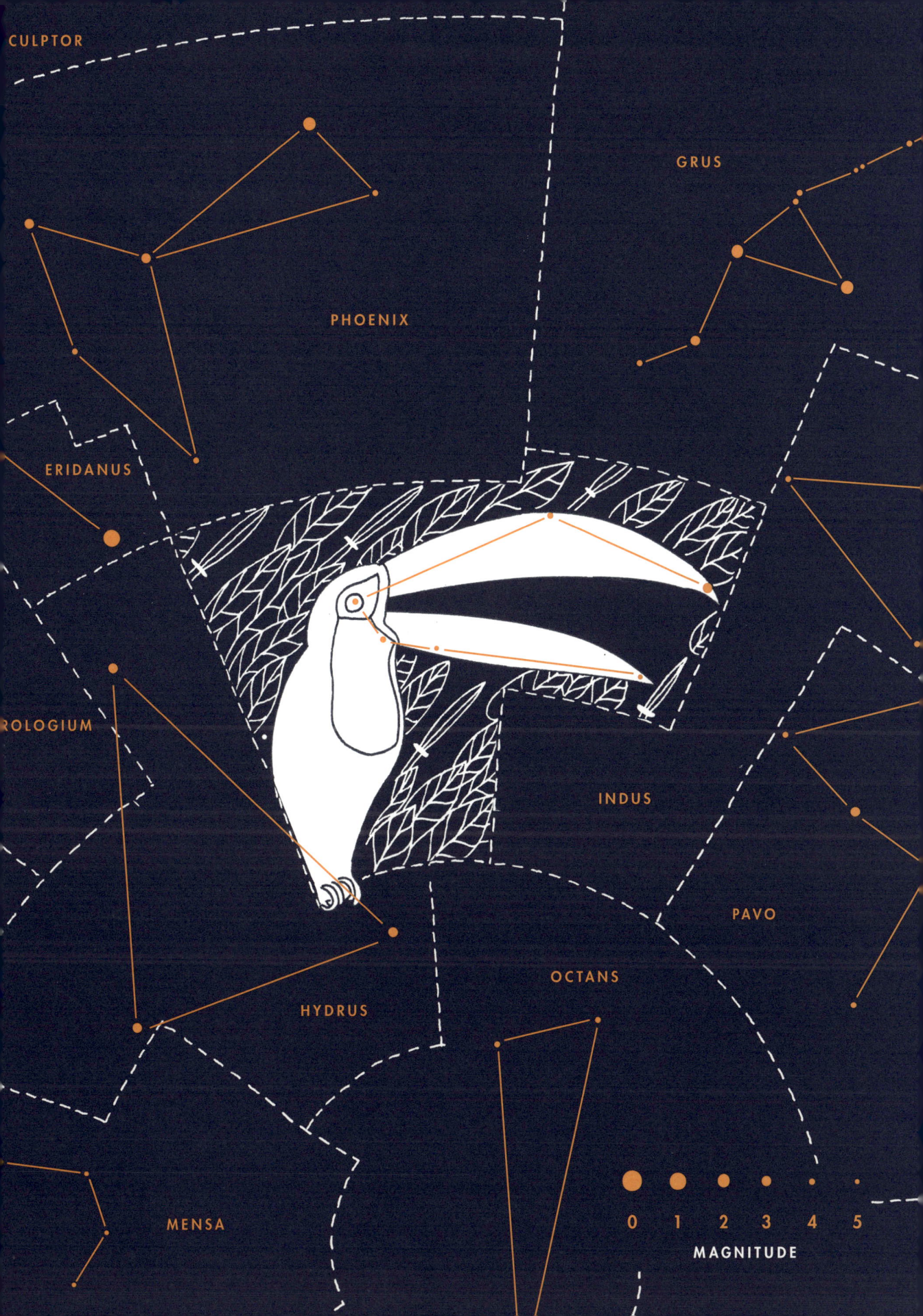

CULPTOR

PHOENIX

GRUS

ERIDANUS

ROLOGIUM

INDUS

PAVO

OCTANS

HYDRUS

MENSA

0 1 2 3 4 5

MAGNITUDE

URSA MAJOR
UMA/URSAE MAJORIS, GROSSER BÄR

....

PLATZ IN DER GRÖSSENORDNUNG: **3**
ASTERISMEN: **BOGEN, BAHRE, GROSSER WAGEN,**
PFERD UND REITER, DIE WEGWEISER

....

DA IST ES nun endlich. Das, was eigentlich jeder kennt. Das Sie am Nachthimmel vielleicht tatsächlich eindeutig identifizieren können. Der Große Wagen, die Schöpfkelle, der Sarg, die Stielpfanne: Wie Sie es auch nennen wollen, dieses berühmte Sternenmuster (beziehungsweise der Asterismus) im Herzen von Ursa Major ist eines der ganz wenigen, die tatsächlich so aussehen wie die Dinge, die sie darstellen sollen. Deshalb ist es sozusagen der Startblock jedes Sternguckers. Denn sobald Sie die sieben hellen Sterne, die den himmlischen Wagen bilden, einmal gedanklich miteinander verbunden haben, lässt sich vom hinteren Teil aus – den Sternen Merak und Dubhe – leicht eine Linie zu **Polaris** in Ursa Minor hochziehen. Dies ist der Nord-, unser aktueller Polarstern: der, der praktisch unmittelbar über dem Nordpol steht und um den sich der gesamte Himmel zu drehen scheint, der Mittelpunkt jener Laterna magica von Mythen, die das gesamte nächtliche Firmament verzaubert.

Das alles aber natürlich nur, wenn Sie auf der Nordhalbkugel leben. In der südlichen Hemisphäre sehen die Dinge natürlich ganz anders aus. Ursa Major ist dort längst nicht mehr so groß; von 40° Süd an kann man den Bären kaum mehr sehen, und in mittleren Breitengraden ist er den Blicken schließlich ganz entzogen. Wie in so vielen Bereichen haben die Europäer auch in der Astronomie ihre Sichtweise zur allgemeingültigen erklärt. Interessanterweise wurde Ursa Major auch von den Ureinwohnern Amerikas sowie in der hebräischen Tradition als Bär gesehen; und die Kelten bezeichneten den Großen Wagen als »Arthurs Pflug«. Lassen wir die Fragen der anthropologischen Politik aber für den Moment einmal unberücksichtigt. Schlüpfen wir aus den Hauslatschen, lehnen uns gemütlich zurück und lauschen einfach nur der Geschichte. Sind Sie so weit? Okay, ich fange dann mal an.

Zeus war natürlich der König der Götter: Herr über und göttlicher als alle anderen Götter. Seine Schwester **Hera** war zugleich auch seine Frau, und die Schar von Kindern, die er allenthalben zeugte, Legion. Eine seiner außerehelichen Töchter hieß **Artemis** und war die Göttin der Jagd, der Löwen, Hirsche und anderer wilder Tiere. Mit Pfeil und Bogen und einer Gruppe von Nymphen, die ihr feierlich ewige Keuschheit geschworen hatten, streifte sie durch die Wälder und über die Ebenen. Zu diesen ungezähmten Jungfrauen gehörte auch **Kallisto**.

Eines Tages – die hübsche kleine Waldnymphe hieb gerade einen schmalen Ast ab, um einen Bogen daraus zu schnitzen – fiel sie Zeus ins Auge. In Gestalt der Artemis näherte er sich der naiven Kallisto. Als diese sich umdrehte, sah sie ihre Anführerin und lächelte. Doch bevor Kallisto wusste, wie ihr geschah, war aus Artemis wieder Zeus geworden, der Ast ihr aus der Hand gefallen, und das mit der Keuschheit hatte sich auch erledigt.

Ob sie das Kind des Gottes sofort gebar oder sich die üblicheren neun Monate im Wald versteckte, kann ich nicht mit Sicherheit sagen. Was wir jedoch wissen, ist, dass es sich bei dem Nachwuchs um einen Jungen namens **Arkas** handelte, der von seinem Großvater **Lykaon**, einer wahrlich boshaften Gestalt, aufgezogen wurde. Im Kapitel über Lupus können Sie das alles nachlesen, aber hier geht es ja um Ursa Major, den Großen Bären, der eigentlich eine Bärin war. Und im Moment streift Kallisto mutterseelenallein als genau das durch die Wälder: eine große Bärin. Denn in einem Anfall wütender Raserei hat Zeus' eifersüchtige Gattin sie verwandelt und dafür gesorgt, dass aus Kallistos zarter Haut dickes braunes Fell wuchs, Leib und Gliedmaßen Bärengestalt annahmen.

Einige Jahre vergingen, vierzehn oder fünfzehn vielleicht. Dann, an einem hellen Herbstmorgen, an dem das Sonnenlicht sanft durch das Blätterdach im Wald fiel, hörte die Bärin Kallisto plötzlich ein lautes Rascheln im Laub. Als sie sich umdrehte, um nach dem Rechten zu sehen, erblickte sie einen sehr jungen Jägersmann, der den Pfeil seines Bogens direkt auf sie gerichtet hatte. Instinktiv und mit der ganzen Liebe, zu der nur eine Mutter fähig ist, spürte sie sofort, dass es sich um ihren Sohn handelte. Sie schrie und weinte und rief ihn beim Namen, aber Arkas vernahm natürlich nur das laute Brummen eines Bären. Voller Angst vor der Kreatur, die sich wie wild gebärdete, spannte er seinen Bogen …

Fortsetzung folgt

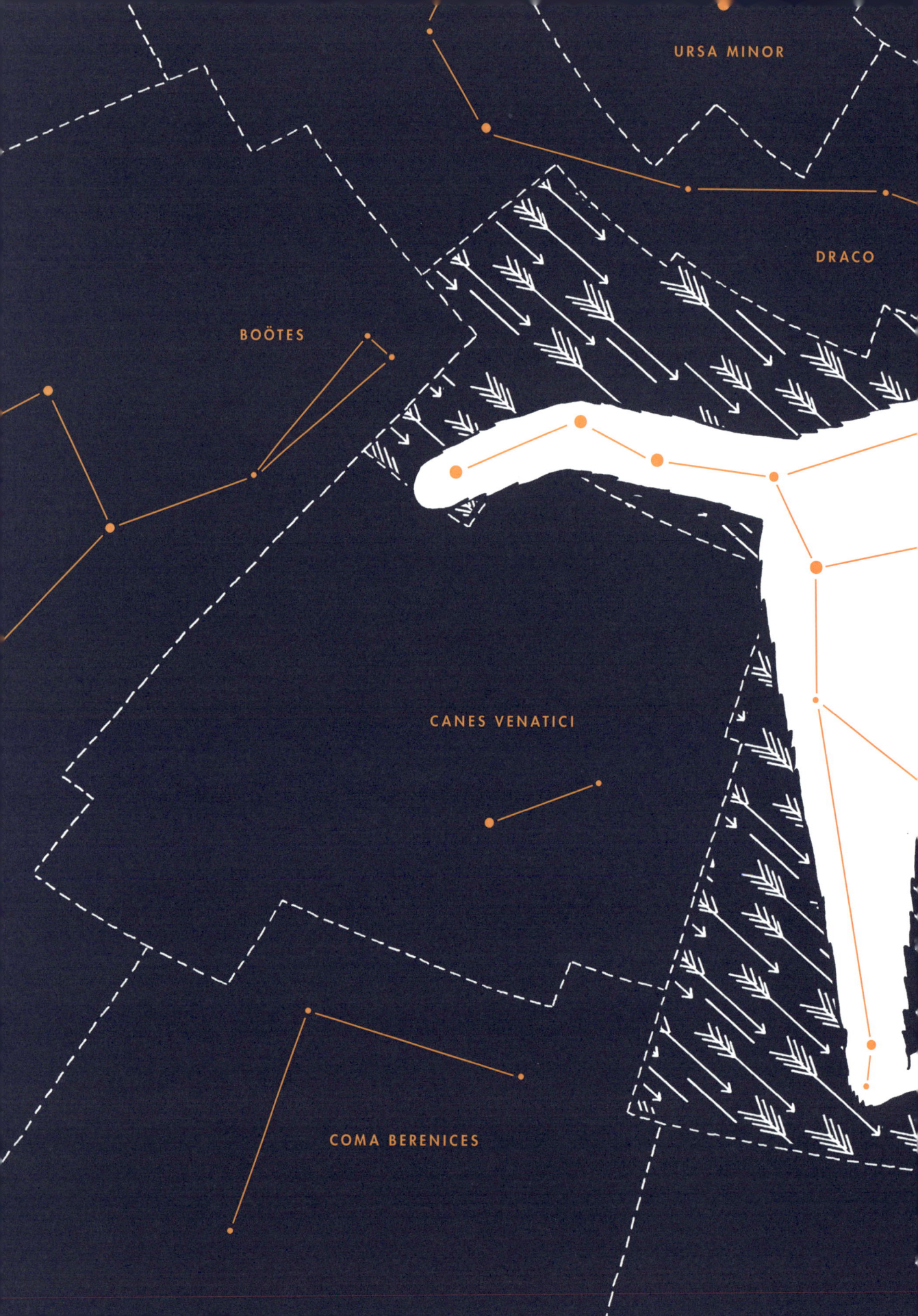

URSA MINOR

DRACO

BOÖTES

CANES VENATICI

COMA BERENICES

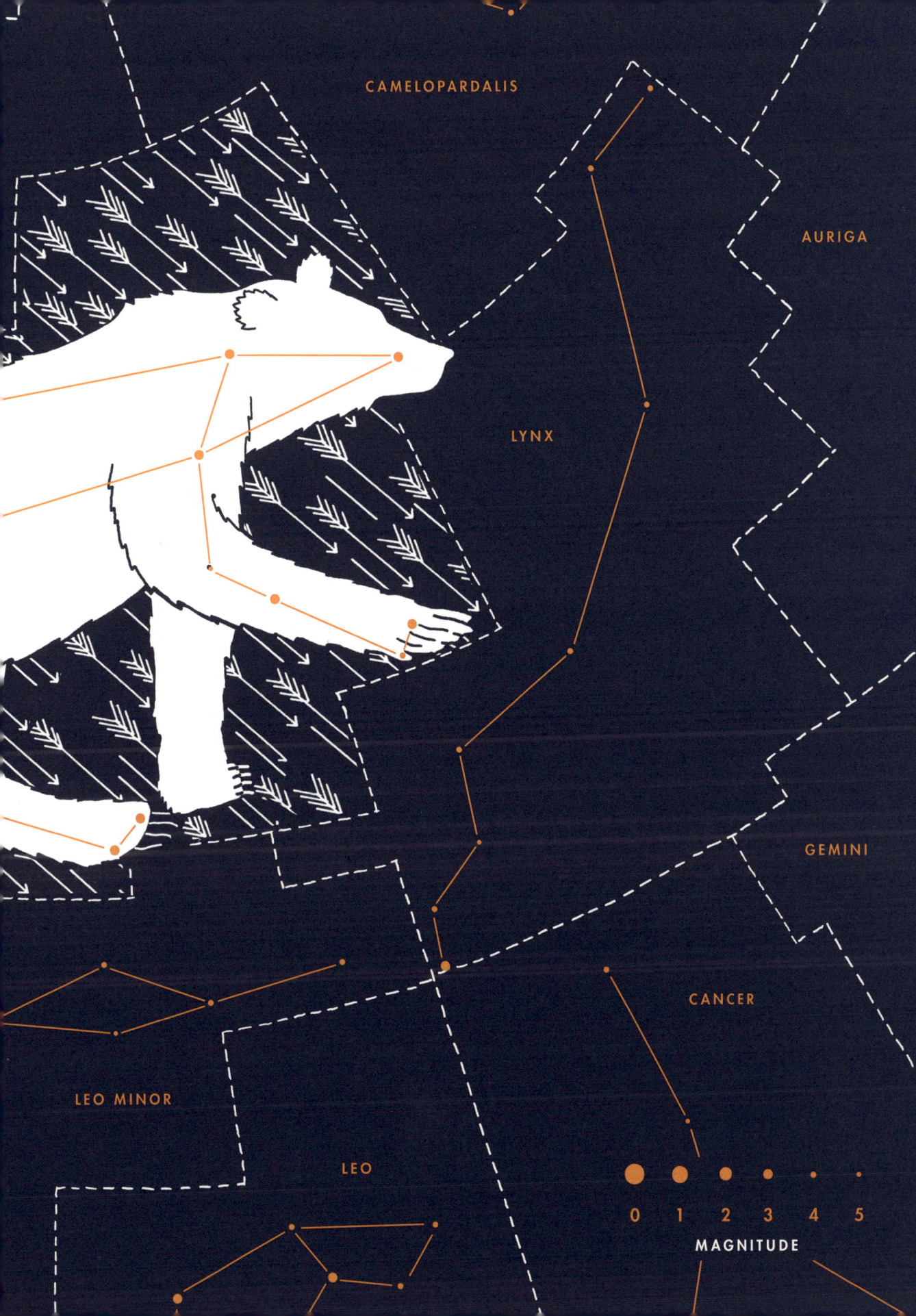

URSA MINOR
UMI/URSAE MINORIS, KLEINER BÄR

PLATZ IN DER GRÖSSENORDNUNG: **56**
ASTERISMEN: **HÜTER DES POLS, KLEINER WAGEN**

DIE GRIECHISCHEN SEEFAHRER orientierten sich an Ursa Major, doch die Phönizier navigierten mithilfe des *Kleinen* Bären. Genau wie bei seinem berühmteren Gegenstück können Sie auch in diesem Sternbild einen (weniger großen) Wagen erkennen, dessen Deichsel jedoch nach oben gebogen ist. An der Schwanzspitze des Bärenkindes ist jener helle Himmelskörper zu sehen, für den dieses nördlichste aller Sternbilder berühmt ist: α Ursae Minoris, der Polarstern, der sich derzeit nur einen halben Grad vom nördlichen Himmelspol entfernt befindet. Die Himmelssphäre ist eine gedachte Kugelschale, die von der Erde aus in den Himmel projiziert wird; der nördliche Himmelspol stellt also den Zenit dar, das heißt den Punkt auf der Kugelschale, den man praktisch direkt über sich sieht, wenn man auf dem Nordpol der Erde steht. Polaris, wie α Ursae Minoris auch genannt wird, war aber nicht immer unser Polarstern – jener Punkt, der fast vollkommen stillzustehen scheint, während der gesamte Himmel um ihn rotiert. Als Ptolemäus im 2. Jahrhundert unserer Zeitrechnung die Sterne kartierte, befand sich α Ursae Minoris noch in einer Entfernung von elf Grad. Das liegt an etwas, was man Präzession nennt – dem allmählichen, aber zunehmenden Prozess des Kippelns der Erde auf ihrer Rotationsachse. Etwa alle 26 000 Jahre vollendet diese Achse eine ihrer kegelartigen Umdrehungen, was dazu führt, dass sich die Position der Sterne alle zweiundsiebzig Jahre um etwa einen Grad verändert.

Aber ich habe Ihnen gerade erst den Anfang der Geschichte vom Großen Bär erzählt und eine Fortsetzung versprochen. Also: In der Gestalt einer Bärin steht die arme **Kallisto** im Wald, und ihr Sohn, der nicht wissen kann, dass er in Wahrheit seine Mutter vor sich hat, richtet seinen Bogens auf sie.

Doch wie es das Schicksal so will, schalteten sich die Götter ein. Zeus verwandelte den jungen Arkas blitzschnell in einen Bären, sodass er mit einem Mal Kallistos Hilferufe verstehen konnte. Dann packte der Gott die beiden vorsichtig, damit ihm ihre scharfen Krallen nichts anhaben konnten, am Schwanz und wirbelte sie immer schneller daran herum, um sie schließlich in den Himmel emporzuschleudern. (Was übrigens auch der Grund dafür ist, dass Ursa Major und Ursa Minor im Gegensatz zu »echten« Bären so lange Schwänze haben.) Zeus eifersüchtige Gattin **Hera** wollte es damit allerdings noch nicht bewenden lassen. Sie begab sich zum Unterwasserpalast ihres Bruders **Poseidon** und überredete ihn, dafür zu sorgen, dass die Bären nie in den Genuss eines Bades in den himmlischen Wassern kommen würden. Poseidon gewährte seiner Schwester diesen Wunsch, was zur Folge hatte, dass die Sterne in den Bildern Großer und Kleiner Bär im größten Teil der nördlichen Hemisphäre (wo die ganze Geschichte angefangen hat) nie unter den Horizont abtauchen. Was aber umgekehrt auch bedeutet, dass Sternengucker südlich von Rio de Janeiro oder Alice Springs die beiden nie zu sehen bekommen.

CASSIOPEIA

CEPHEUS

DRACO

CAMELOPARDALIS

BOÖTES

URSA MAJOR

0 1 2 3 4 5

MAGNITUDE

VELA

VEL/VELORUM, SEGEL DES SCHIFFS

PLATZ IN DER GRÖSSENORDNUNG: **32**
ASTERISMEN: **KEINE**

JASON UND DIE ARGONAUTEN: EIN EPOS ...

(in dem fünfzig hellenische Helden und so weiter und so fort)

... RÜCKWÄRTS ERZÄHLT

TEIL III: VELA

ZEUS' GEFLÜGELTER WIDDER trägt Phrixos und Helle über den Himmel. Er hat die beiden Kinder König Athamas' von dem Altar gerettet, auf dem sie geopfert werden sollten, und ist jetzt mit ihnen unterwegs nach Kolchis. Die Nacht ist kalt, und Phrixos klammert sich an den goldenen Pelz, das Vlies des Widders. Helle aber kann sich kaum mehr festhalten und stürzt dann durch den Himmel direkt in die See: in eine Meeresenge, die die Griechen der Antike Hellespont nennen. Als er in Kolchis ankommt, opfert ihr untröstlicher Bruder zum Dank für seine Rettung den Widder und übergibt das goldene Vlies dem Herrscher über jene Gegend. **König Aietes** hängt es in einem dem Kriegsgott **Ares** geweihten Hain an eine Eiche und betraut einen Drachen, der unter Schlaflosigkeit leidet, mit der Aufgabe, es zu bewachen.

Jahre später und zurück in Iolkos klopft ein Mann, der nur eine Sandale trägt, am Tor eines gewissen Pelias. Einige Zeit zuvor hat Pelias voller Machtgier nach dem Thron gegriffen, der von Rechts wegen seinem Halbbruder Aison gebührte. Um ihr Baby vor Pelias zu schützen, versteckten Aison und seine Frau ihr Kind bei dem berühmten Heldenerzieher, dem Zentauren **Cheiron**. Die Seelenruhe des Pelias wurde bloß von einem Orakelspruch gestört, dem zufolge er getötet würde von einem Mann mit nur einer Sandale.

Jason, so heißt der junge Mann mit dem einen nackten Fuß, ahnt nichts von dieser Prophezeiung. Das Einzige, was er weiß, ist, dass ihm bei seiner Geburt nicht der Name Jason gegeben wurde und dass er der rechtmäßige Erbe des Throns ist, den Pelias innehat. Und auf ebenden will er nun seinen Anspruch geltend machen. Da er dem jungen Mann sein Geburtsrecht nicht rundweg abzusprechen möchte, bedient sich der alles an sich reißende Pelias, sein Halbonkel, eines Tricks, der es in sich hat. Selbstverständlich würde Jason den Thron besteigen dürfen, klar doch, zuvor aber müsse er sich nach Kolchis begeben, um den unruhigen Geist Phrixos', der in Iolkos umgeht, zurückzuholen, zusammen mit dem Goldenen Vlies – eine Aufgabe, so schwer, dass der König nicht befürchten muss, Jason könnte sie bewältigen.

Doch vor Pelias steht ein Mann aus Stahl: eine gequälte Seele, ausgebildet zum Helden. Keine zwei Wochen später hat er sich mit ein wenig Hilfe von **Athene** ein Schiff gebaut, und unter ihrem Anführer Jason stechen die Argonauten in See.

188

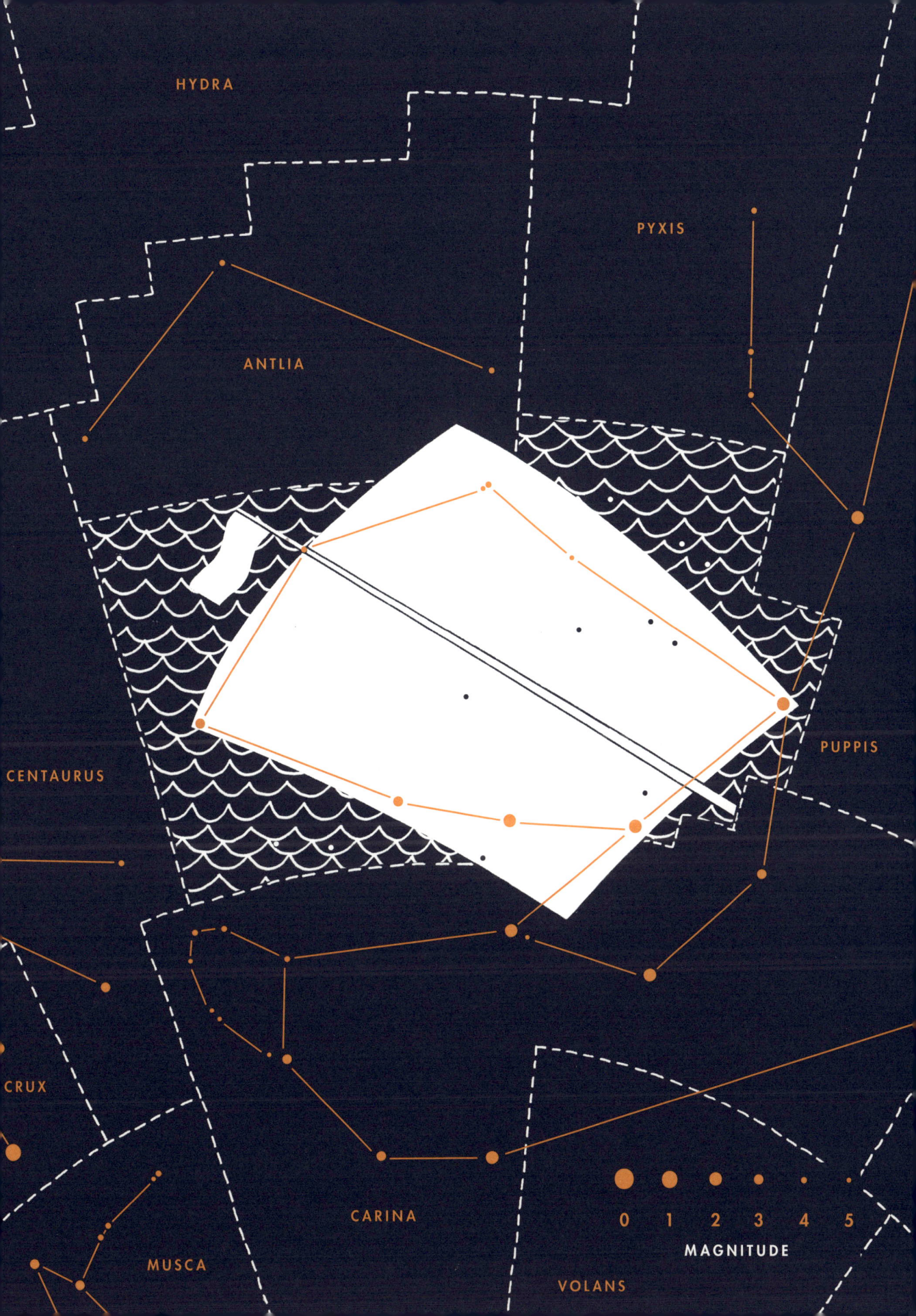

HYDRA

PYXIS

ANTLIA

CENTAURUS

PUPPIS

CRUX

CARINA

MUSCA

VOLANS

0 1 2 3 4 5

MAGNITUDE

VIRGO
VIR/VIRGINIS, JUNGFRAU

....

PLATZ IN DER GRÖSSENORDNUNG: **2**
ASTERISMEN: **RAUTE, FRÜHLINGSDREIECK, Y**

....

ES FÄNGT MIT diesem Erwachen irgendwo tief im Mark der wintergeplagten Knochen an, mit dieser Hoffnung, die in der Luft zu liegen scheint, dann kommen die Narzissen und die Abende. Abende! Man hatte ja schon ganz vergessen, dass sich der Tag nicht übergangslos in Nacht verwandeln muss, bevor man auch nur die Bürotür hinter sich geschlossen hat. Frühling! Endlich ist der Lenz da! Als Nächstes stellen sich diese Spätfrühlingstage ein, die die Herzen schneller schlagen lassen und alsbald mit den Anfängen des Sommers verschmelzen, wenn die ganze Welt so ausgeglichen wirkt. Die Dinge sind nicht mehr blutjung, aber auch noch nicht zu ihrer vollen Größe herangewachsen; die Sonne wärmt bereits, aber die Luft ist noch kühl; alles steht in voller Blüte und atmet Verheißung, doch geerntet werden kann noch nicht. Über Jahrhunderte und Kontinente hinweg kennt man diese Zeit als die der Jungfrau – fruchtbar, prall und beinahe reif. Und natürlich ist es auch die Zeit, in der man nur in die Sterne schauen muss, um auch am Himmel eine Jungfrau erkennen zu können, eine Weizenähre oder einen Maiskolben haltend und von Engelsflügeln getragen: Virgo.

Die Babylonier nannten sie Ištar. Oder Aštart. Oder Astarte. Bei den Ägyptern wurde sie mit Isis in Verbindung gebracht, deren Göttin der Magie, Mutterschaft und Fruchtbarkeit. Am strahlendsten wirken die Sterne von Virgo immer in jener berauschenden Übergangszeit im Jahreskreislauf, wenn die alten angelsächsischen Heiden Ostara, ihrer Fruchtbarkeits- und Frühlingsgöttin, gefärbte Eier opferten, die sie im Rahmen eines Festes der Wiedergeburt auf Gräber legten – woraus sich später das christliche Osterfest entwickelte. Obwohl Virgo das zweithellste Sternbild überhaupt darstellt, sind die Himmelskörper, aus denen es sich zusammensetzt, nicht besonders hell. Ausgenommen Spica, ein blauer Riese, dessen lateinischer Name in der Übersetzung auf die Kornähre hinweist, die die Jungfrau in der Hand hält. Die Bewohner der Arabischen Wüste nannten diesen einsam wirkenden Stern auch Azimech (»unverteidigt«). Dem bloßen Auge mag er tatsächlich wie ein Solitär vorkommen, aber er ist leicht zu finden: Man ziehe eine Linie durch die Deichsel des Großen Wagens in Ursa Major und verlängere sie in südlicher Richtung durch Arcturus in Boötes und noch weiter nach unten, und schon trifft man auf α Virginis beziehungsweise »Stachel der Jungfrau«, wie man im alten England zu sagen pflegte.

Aber wir befinden uns nicht in Albion. Vielmehr stehen wir auf einer Wiese in Sizilien, und **Persephone** fährt mit den Fingern über das lange Gras. Hin und wieder pflückt sie eine Blume, gelegentlich wird eine Strähne ihres Haares vom Wind erfasst. Als sie sich bückt, um an einer blühenden Narzisse zu schnuppern, spürt sie, wie die Erde unter ihren Füßen einen Riss bekommt, und wird direkt bis in den Hades hinabgezogen. Weder an diesem Abend noch am nächsten kommt sie zurück, und außer sich vor Sorge sucht ihre Mutter **Demeter** nach ihr. Da sie die Göttin des Getreides ist, bleibt ihr Kummer auf den Feldern nicht unbemerkt: Auch die Früchte der Erde verkümmern. Demeter erkundigt sich bei der Großen Bärin, ob sie in der Nacht etwas bemerkt habe, aber nur der Sonnengott **Helios** weiß Bescheid. Als Demeter erfährt, dass **Hades**, der König der Unterwelt, seine eigene Nichte entführt – und sich eine Jungfrau gekrallt – hat, sucht sie wütend **Zeus** auf, Persephones Vater, und zwingt ihn, ihre Tochter zu retten.

Doch der hinterlistige Hades lässt sich etwas ganz Perfides einfallen. Wie alle braven Mädchen weiß auch Persephone, dass man im Falle einer Entführung in die Unterwelt nie, aber wirklich *nie* auch nur das kleinste Häppchen Essen zu sich nehmen darf, weil man sonst nämlich nicht wieder ins Reich der Lebenden zurückkehren kann. Und tatsächlich ist bislang nicht der kleinste Krumen zwischen die Lippen der widerstrebenden Braut in spe gelangt. Als sie und ihr Onkel dann aber erfahren, dass sie bald befreit werden soll, bereitet Hades ihr ein Abschiedsmahl zu. Er bietet Persephone das leckerste Brot und den süßesten Wein an, und noch kann sie der Versuchung widerstehen – doch als er ihr dann einen Granatapfel unter die Nase hält, ist es um sie geschehen. Nur sechs der saftigen Kerne genießt sie, aber diese sechs kleinen Regelverstöße sind es, die ihr Schicksal besiegeln. Von nun an muss sie ein Drittel jedes Jahres im Hades verbringen. Sobald sich der Winter nähert, kommt Trauer über die Erde, die Früchte des Feldes müssen sterben, um erst zu neuem Leben zu erwachen, wenn Persephone zurückkehrt: im nächsten Frühling.

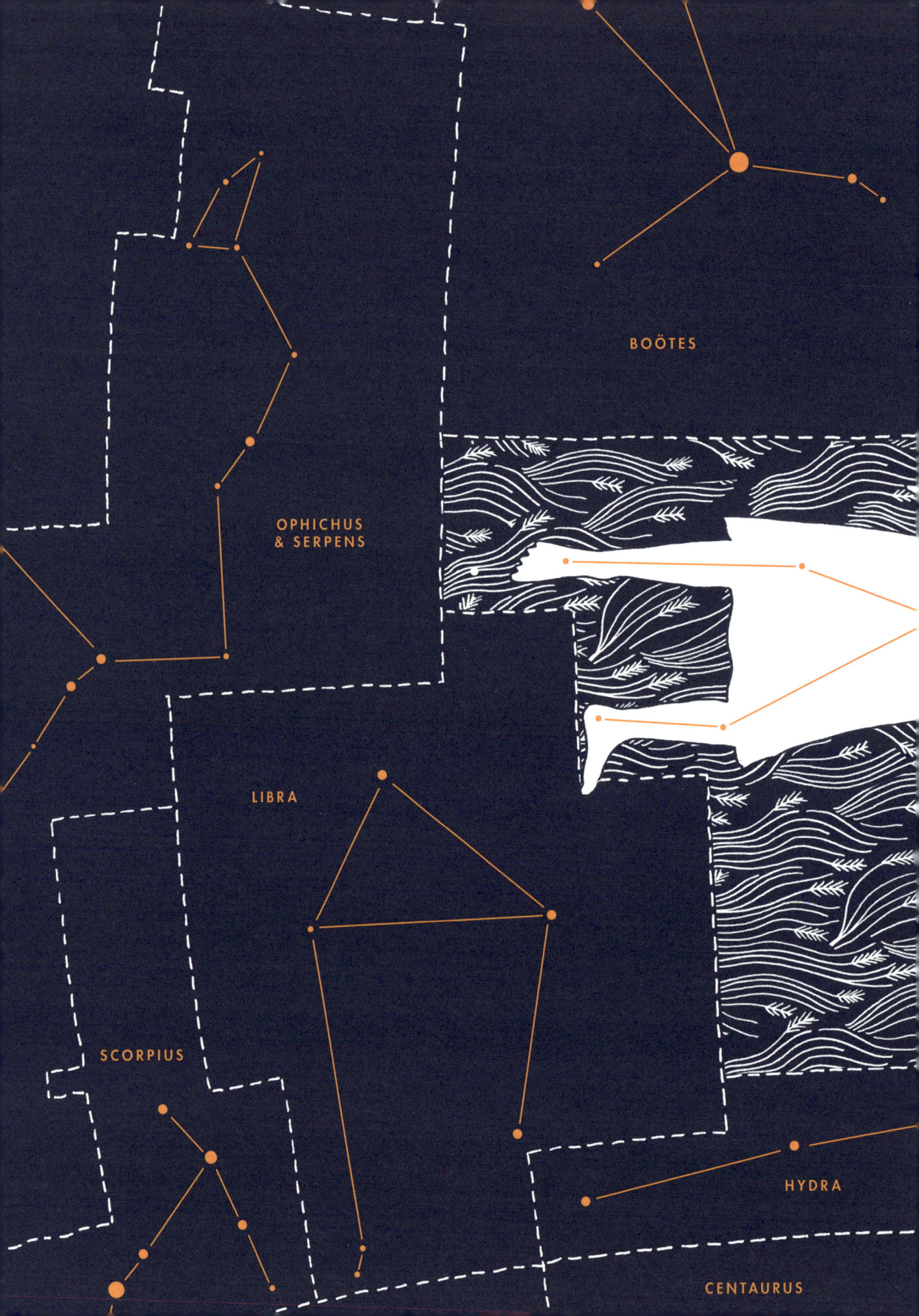

BOÖTES

OPHICHUS
& SERPENS

LIBRA

SCORPIUS

HYDRA

CENTAURUS

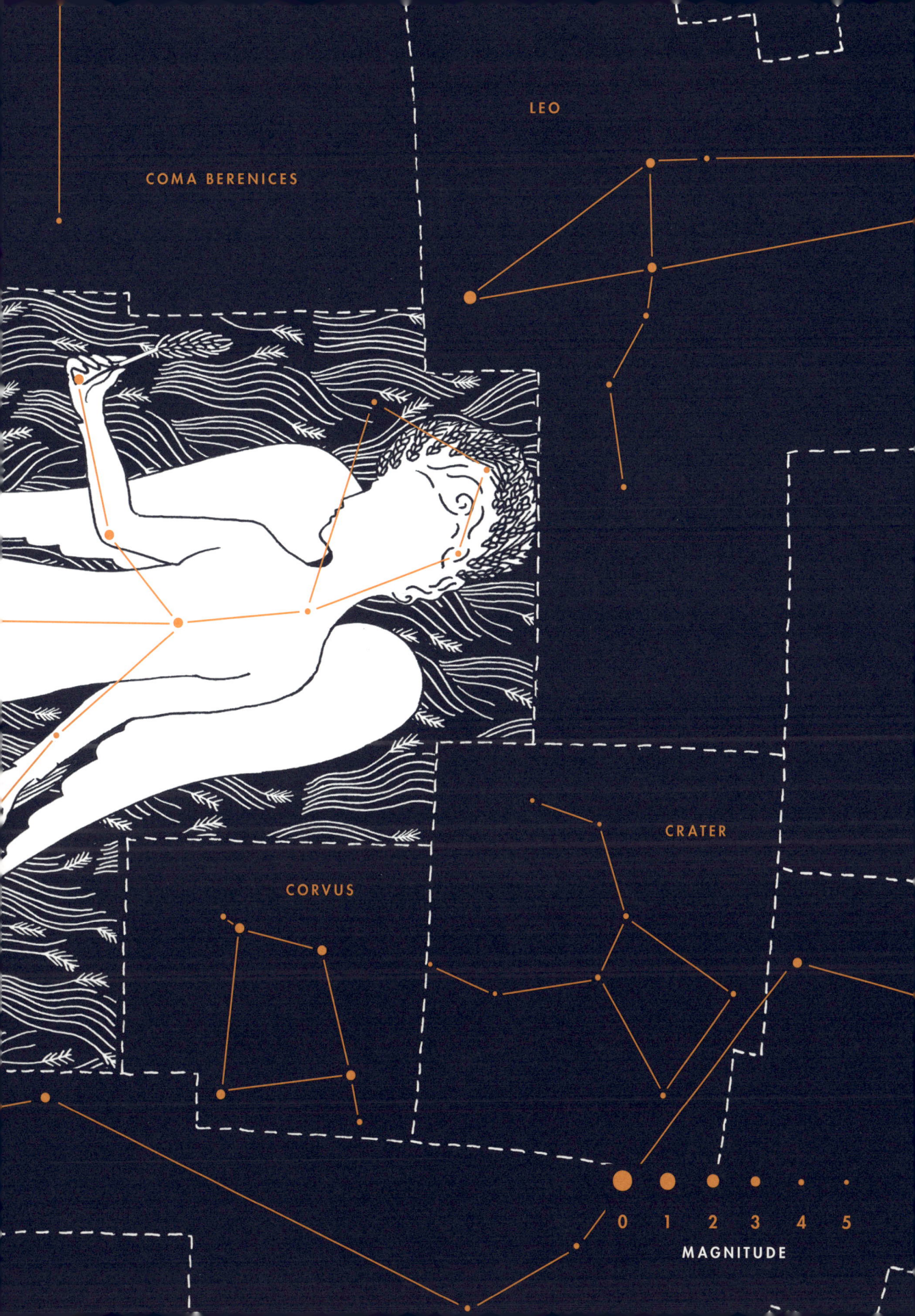

COMA BERENICES

LEO

CRATER

CORVUS

MAGNITUDE

0   1   2   3   4   5

VOLANS
VOL/VOLANTIS, FLIEGENDER FISCH

PLATZ IN DER GRÖSSENORDNUNG: **76**
ASTERISMEN: **KEINE**

SO ETWAS WIE EIN HAIKU über einen kurzen Moment an einem Abend irgendwann Ende des 16. Jahrhunderts, als der Entdecker **Pieter Dirkszoon Keyser** von seinem Schiff aus müde auf die bislang unbefahrene tropische See schaute und eines Fliegenden Fisches gewahr wird.

Segel-fliegend, flossen-beschwingt
Den Gruß des Fremdlings erwidern
Erstaunte Fische und der Seemann selbst.

PUPPIS

VELA

CARINA

PICTOR

DORADO

MUSCA

CHAMAELEON

MENSA

HYDRUS

OCTANS

APUS

0 1 2 3 4 5

MAGNITUDE

VULPECULA
VUL/VULPECULAE, FUCHS

PLATZ IN DER GRÖSSENORDNUNG: **55**
ASTERISMEN: **KEINE**

ALS MIR MEIN Vater die Geschichte erzählte, waren es ein Fuchs, eine Henne und ein Sack mit Getreide. In dem frühmittelalterlichen Mathematikbuch »Rätselfragen zur Schärfung des jugendlichen Geistes« ging es um einen Wolf, ein Schaf und einen Kohlkopf.

Als ich bei meinem Vater auf dem Schoß saß, nachdem er von der Arbeit gekommen war, und er mir anstelle einer Gutenachtgeschichte diese Denksportaufgabe stellte, die ich schon so oft gehört hatte (deren Lösung mir aber immer wieder entfallen ist), hatte ich natürlich keine Ahnung, dass es sich dabei um das berühmte »Logikrätsel Flussüberquerung« handelte. Oder dass es mindestens auf das 8. Jahrhundert zurückgeht und seither Kindern in vielen Teilen der Welt gestellt wird, von Rumänien bis Zimbabwe, von Schottland bis Kamerun.

...

Es war einmal ein Bauer, der auf dem Markt einen Fuchs, eine Gans und einen Sack Bohnen kaufte. Zufrieden mit seinen Einkäufen, freute er sich schon auf das Lächeln seiner Frau angesichts der fetten Gans, des buschigen Fuchses und des prall gefüllten Bohnensacks.

Er brachte seine Schätze zum Fluss, um sie in seinem kleinen blauen Ruderboot nach Hause zu bringen. Doch beim Versuch, alles aufzuladen, stellte er schnell fest, dass nicht genug Platz war. Er musste sich entscheiden, mit was an Bord er den Fluss zuerst überqueren wollte: mit der Gans, dem Fuchs oder dem Sack Bohnen. Derweil würden die anderen beiden am Ufer bleiben müssen, bis er wiederkam.

Wenn er die Gans mit dem Fuchs zurückließe, würde er sie fressen. Ließe er aber die Gans bei den Bohnen, würde sie diese verzehren! Unglücklich kratzte sich der Bauer am Kopf.

Wie konnte er es bloß anstellen, alle seine Einkäufe unbeschadet über den Fluss nach Hause zu seiner hungrigen Frau zu bringen?

...

Historiker versichern, dass mit diesem Sternbild keinerlei Legenden verbunden sind. Aber vielleicht hatte der polnische Astronom **Johannes Hevelius** ja dieses volkstümliche Rätsel im Sinn, als er der Konstellation 1687 den Namen »Vulpecula com Ansere« (Füchslein mit Gans) gab.

Genauso, wie es mir immer ergangen ist, wenn ich bei meinem Vater auf dem Schoß saß, scheinen im Laufe der Jahrhunderte auch die Astronomen die Lösung des Rätsels vergessen zu haben. Und die Gans ist auch aus diesem Sternbild verschwunden – vielleicht hat das schlaue Füchslein sie ja gefressen. Aber viele behaupten auch, sie verstecke sich im hellsten Stern, Alpha Vulpeculae, der auch unter dem Namen Anser (lat. für »Feldgans«) bekannt ist.

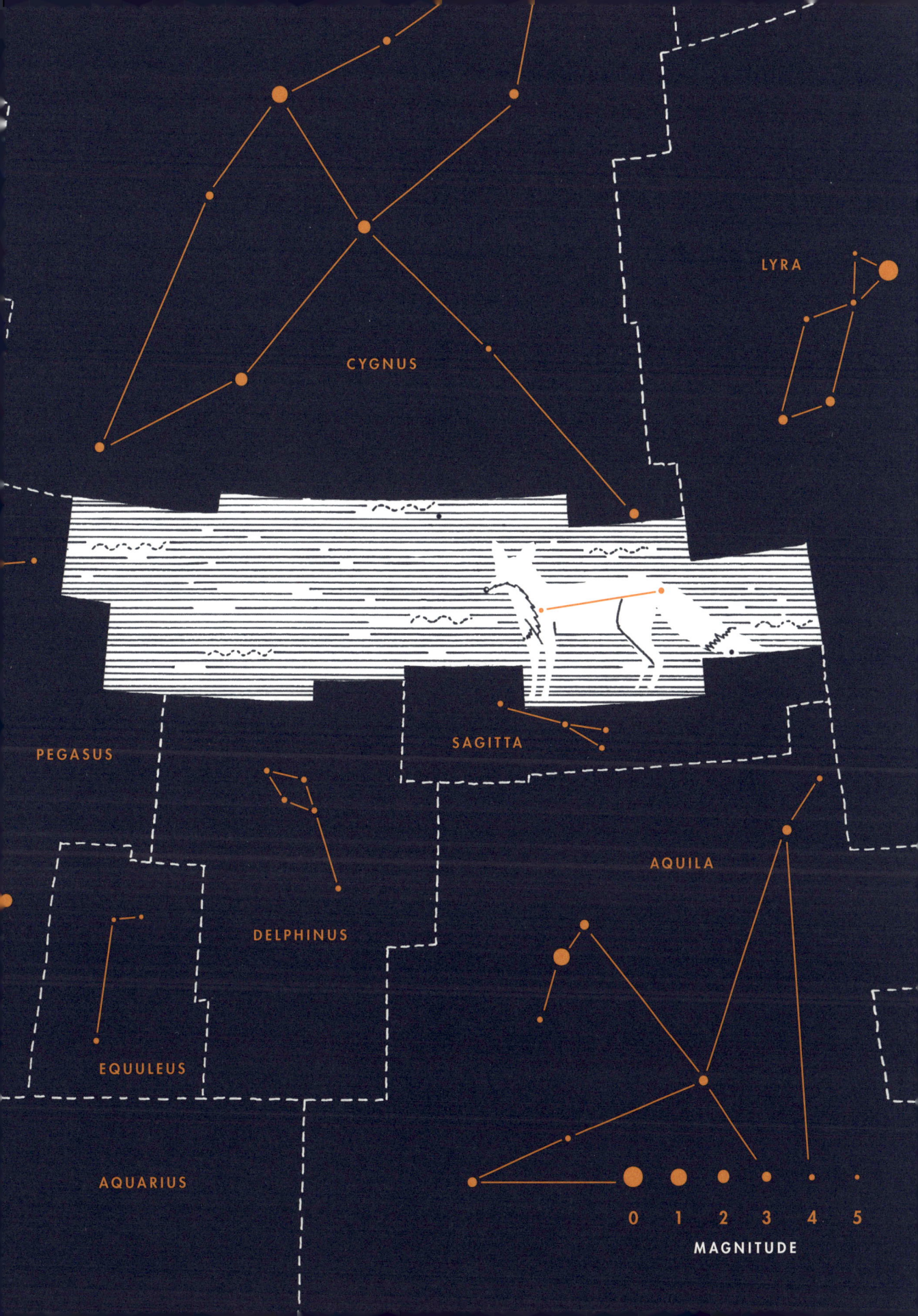

LYRA

CYGNUS

SAGITTA

PEGASUS

DELPHINUS

AQUILA

EQUULEUS

AQUARIUS

0 1 2 3 4 5

MAGNITUDE

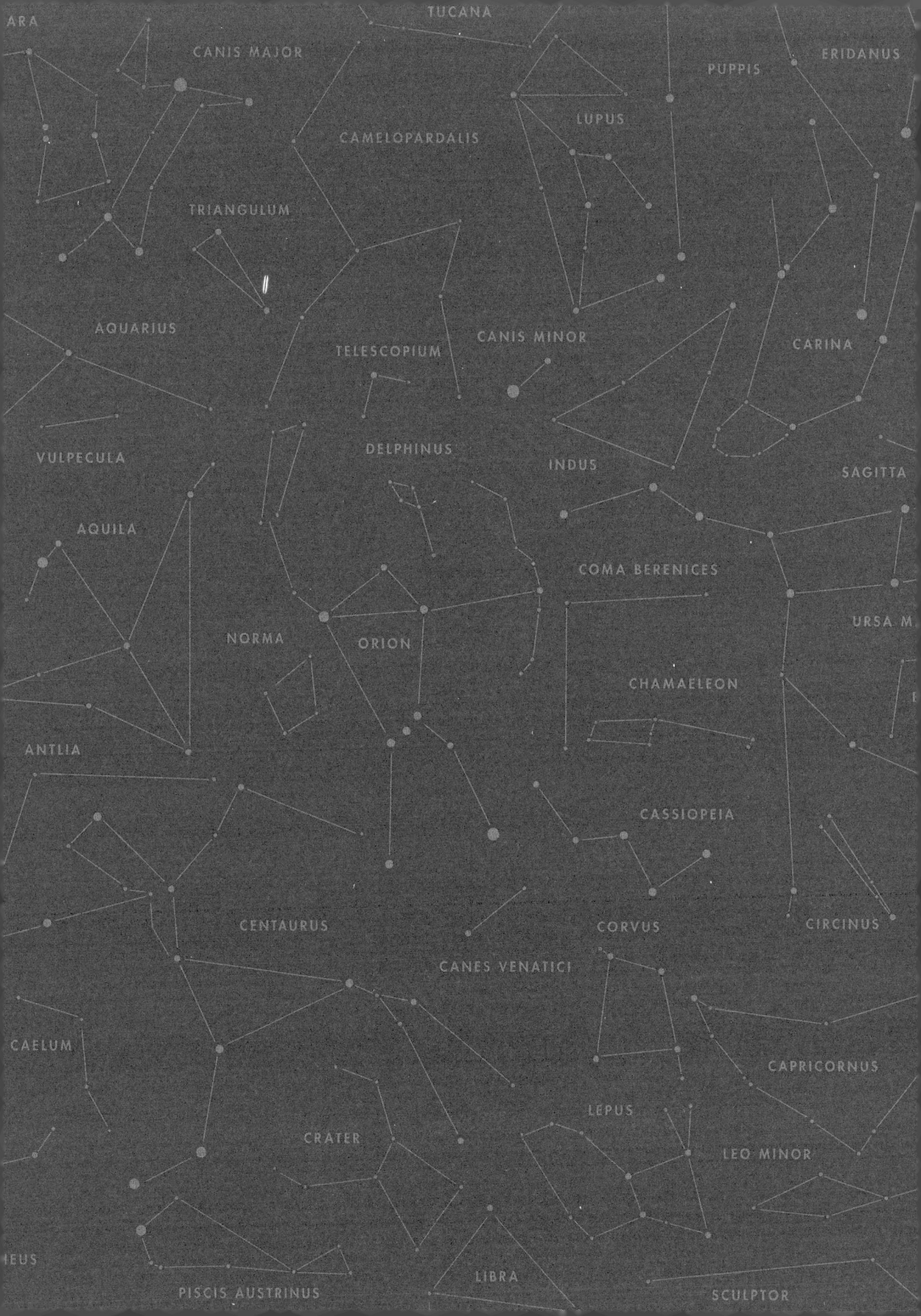

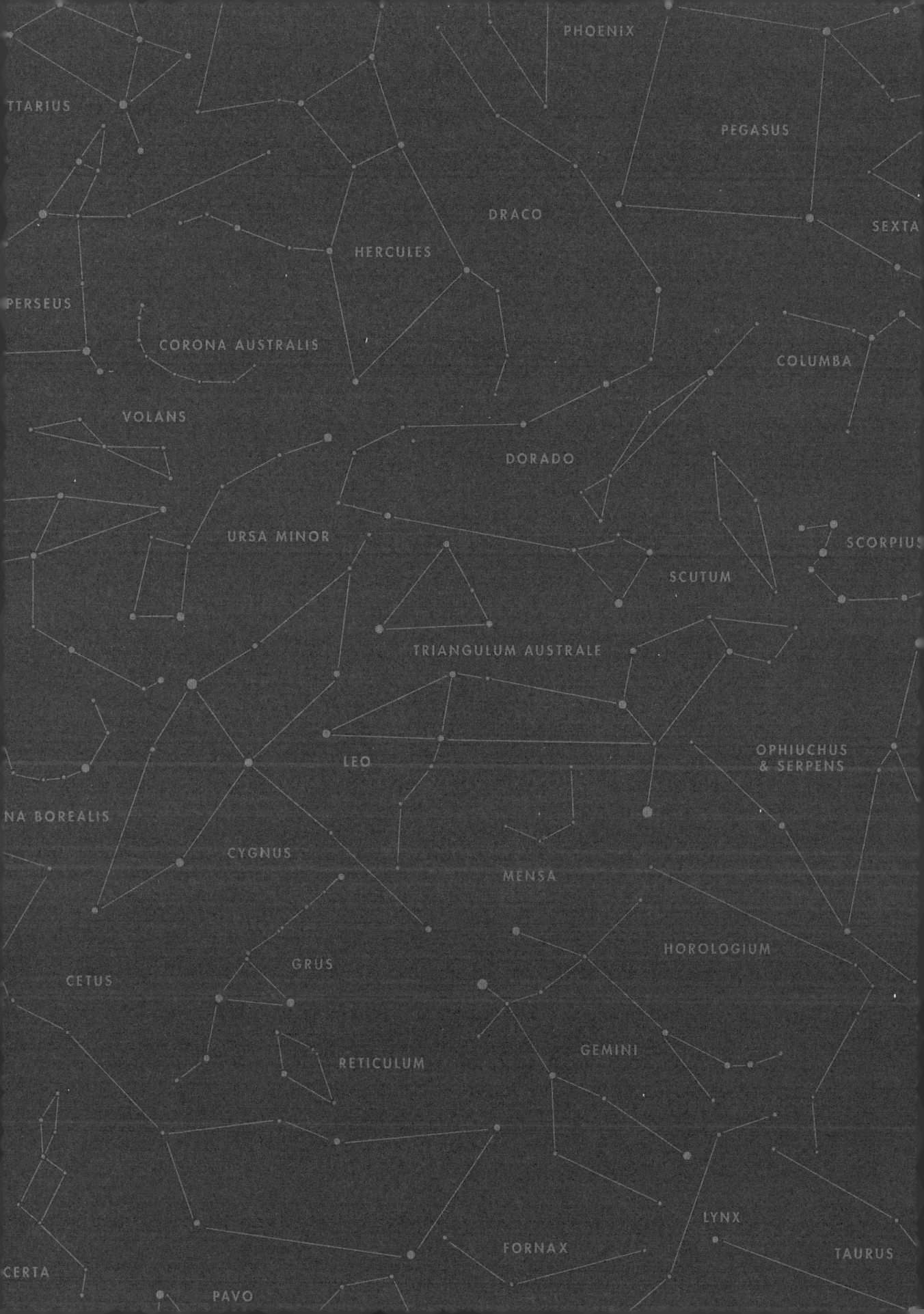

DANK

MEIN ALLERHERZLICHSTER DANK GEHT AN DIE IM FOLGENDEN GENANNTEN
PERSONEN, OHNE DIE DIESES BUCH NIE GESCHRIEBEN WORDEN WÄRE:
FLORA ALEXANDER, PATRICK ALEXANDER, SARA BIELECKI,
AARON DEEMER, KATE DONMALL, SOPHIE ELMHIRST,
CHARLOTTE FAIRCLOTH, JANE FINNIGAN, CLAIRE HARRIS,
JENNIFER HEWSON, ALEXANDER HISLOP, IAN HISLOP, ARTHUR HOUSE,
SAM KNIGHT, ANNA LEDWICH, VICTORIA LEPPER, SARAH LUTYENS,
THOMAS MARKS, MINETTE MARRIN, ATHENA MATHEOU,
JULIAN MILLS, SUZANNE MURRAY, JAMES PURDON, BENJAMIN RAMM,
NAOMI REYNOLDS, MARK RICHARDS, IAN RIDPATH, SARAH RIGBY,
FELICITY RUBENSTEIN, CHARLOTTE SACHER, PETE SCOTT,
ANNA STEADMAN, DAN STEVENS, EMILY STOKES, POLLY STOKES,
HANNAH WALDRON, WILL WEBB, HANNAH WESTLAND, MAX WHITBY
UND **CAROLINE WILLIAMS**. ICH DANKE ALLEN BEI **HUTCHINSON**.
UND WIE IMMER GILT MEINE GANZE LIEBE **PATRICK**.

S.H.

ICH MÖCHTE MICH BEI **SARAH RIGBY** VON HUTCHINSON,
BEI **SUSANNA HISLOP** SOWIE DEM BUCHGESTALTER **WILL WEBB**
DAFÜR BEDANKEN, DASS DIE ZUSAMMENARBEIT MIT EUCH SO
FANTASTISCH WAR. FERNER GILT MEIN DANK AUCH **HUGH FROST**.
ER HAT MICH WÄHREND DES GESAMTEN PROJEKTS UNTERSTÜTZT
UND WAR DARÜBER HINAUS BEREIT, MIR IN ALLEN MÖGLICHEN
HELDENPOSEN ALS MODEL ZUR VERFÜGUNG ZU STEHEN.

H.W.

LEKTORAT UND VERLAG DANKEN **SUSANNA HISLOP**,
HANNAH WALDRON UND **WILL WEBB** FÜR IHRE GRENZENLOSE
KREATIVITÄT UND BEGEISTERUNGSFÄHIGKEIT SOWIE **IAN RIDPATH**
FÜR SEINEN EXPERTENRAT.

REGISTER

T

U

ÜBER DIE URHEBERINNEN

SUSANNAH HISLOP IST SCHAUSPIELERIN, AUTORIN, REGISSEURIN UND THEATERMACHERIN SOWIE HERAUSGEBERIN DES VIERTELJÄHRLICH ERSCHEINENDEN ONLINEMAGAZINS *THE JUNKET* UND KÜNSTLERISCHE LEITERIN DER THEATERKOMPANIE *SLIP OF STEEL*.

HANNAH WALDRON IST KUNSTSCHAFFENDE UND DESIGNERIN IN LONDON UND STOCKHOLM. IHRE GRAFISCHEN ARBEITEN WERDEN IN EINER VIELZAHL VON MEDIEN VERWENDET, UNTER ANDEREM IN BÜCHERN UND IM TEXTILDRUCK. DA SIE DAS WEBEN ALS NATÜRLICHE ERGÄNZUNG IHRES BISHERIGEN WIRKENS FÜR SICH ENTDECKT HAT, ENTSCHLOSS SIE SICH ZU EINEM AUFBAUSTUDIUM IN TEXTILWISSENSCHAFT, DAS SIE KÜRZLICH ERFOLGREICH ABSCHLOSS.

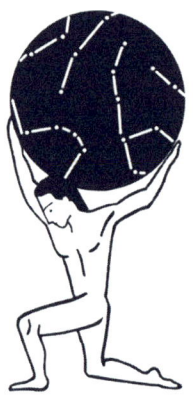

»WIR LIEGEN AUF DEM RÜCKEN UND
SCHAUEN IN DEN NACHTHIMMEL.
SO HAT DAS MIT DEN GESCHICHTEN
EINST ANGEFANGEN ...«

JOHN BERGER